하나님의 경륜

초판1쇄	2025년 11월 10일
저자	정보배
발행처	회개와천국복음연구소
발행일	2025년 11월 10일
ISBN	979-11-986644-3-3
가격	20,000원

펴낸곳	회개와천국복음연구소
등록번호	제 2024-000005호
펴낸이	정보배
주소	경기도 화성시 동탄반석로 120, 8층
대표전화	031)613-2001
이메일	alleteia@naver.com
홈페이지	https://DongtanMS.kr

출간문의 발해커뮤니케이션 T. (02)2279-7915

※ 본 저작물은 저작권법에 의하여 보호를 받는 저작물이므로 무단 전재와 무단 복제를 금합니다.
※ 잘못 만들어진 책은 구입하신 서점에서 교환해 드립니다.

성경 전체를 꿰뚫는 하나님의 비밀 설계도로서,
구원의 전 과정과 성도의 영원한 미래의 청사진을 보여주는

하나님의 경륜

목 차

프롤로그 ··· 8

제1부
하나님의 경륜의 정의
제1장 창조 사역에 나타난 영원한 하나님의 경륜은 나와 무슨 상관이 있는가?
··· 13
제2장 창세 전에 품으신 하나님의 경륜(經綸)이란 대체 무엇을 가리키는가?
··· 27
제3장 하나님의 경륜(經綸)의 핵심 개념과 분배는 어떻게 이뤄지는가? ··· 35
제4장 에덴동산에 계시된 하나님의 경륜(經綸)은 대체 무엇인가? ··· 45
제5장 하나님의 경륜(經綸)의 최종적인 목표는 무엇인가? ··· 53
제6장 하나님의 경륜에 따른 회개와 천국 복음의 역할은 대체 무엇인가? ··· 59
제7장 하나님의 경륜의 최종단계로서 땅의 분배의 예표는 무엇인가? ··· 69

제8장 하나님의 생명을 더 풍성히 누리는 방법은 대체 무엇인가?   ··· 81
제9장 그리스도 곧 생명 주는 영은 우리의 어느 부분에 거처하시는가?   ··· 91

제2부
하나님의 경륜의 과정

제1장 내가 영으로 돌이키고 접촉하는 첫 번째 방법은 무엇인가?   ··· 101
제2장 내가 영으로 돌이키고 접촉하는 두 번째 방법은 무엇인가?   ···109
제3장 내가 영으로 돌이키고 접촉하는 세 번째 마지막 방법은 무엇인가?···119
제4장 자기 혼(魂)(souls)의 영역까지 생명을 확장하려면 어떻게 해야 하는가?
   ···127
제5장 하나님의 경륜에 따라 그리스도께서 우리 마음에 거처를 정하게
   하려면?   ···135
제6장 어떻게 하면 혼(魂)의 생각과 감정과 의지를 새롭게 변화시킬 수
   있을까?   ···149
제7장 왜 자기 혼(魂)을 부인하고 영 안에 계신 그리스도를 접촉해야 하는가?
   ···157
제8장 생명 분배의 최종단계로서 몸(육체)의 구원이란 무엇을 가리키는가?
   ···165
제9장 어떻게 할 때 영 혼 육 중에서 육체까지도 구원할 수 있는가?   ···175
제10장 몸과 육의 구원을 이루는 구체적인 방법은 무엇인가?   ···181
제11장 몸과 육의 구원을 이루는 것이 왜 그리 중요한가?   ···187
제12장 몸과 육의 구원을 위해 살았던 자가 천국에서 받게 될 상은 무엇인가?
   ···195

제3부

하나님의 경륜의 방해자

제1장 구원의 최종적인 완성 단계에서 반드시 귀신의 집을 파괴해야만 하는 이유는? ···211

제2장 어떻게 하면 우리도 귀신의 집을 깨뜨릴 수 있는가? ···227

제3장 귀신은 어떤 존재이며 우리는 왜 귀신을 쫓아내야 하는가? ···235

제4장 예수의 이름과 귀신을 쫓아내는 놀라운 영적 무기들은 무엇인가? ···243

제5장 귀신을 쫓아내는 영적 무기들은 실제로 어떻게 사용할 수 있는가? ···251

제4부

하나님의 경륜의 완성

제1장 하나님께서 에덴동산 중앙에 선악과를 두신 이유는 무엇인가? ···261

제2장 하나님의 아들이 육신을 입고 이 세상에 오셔야 했던 또 하나의 이유는? ···271

제3장 우리가 누릴 생명이란 어떤 것이며, 그것의 속성과 특징은 무엇인가? ···287

제4장 이제 나도 하나님의 경륜을 성취하는 사람이 되려면? ···294

에필로그 ···302

프롤로그

프롤로그

성경은 인류를 향한 하나님의 가장 위대한 사랑의 편지라고 합니다. 그러나 때로 우리는 그 편지를 읽으며 길을 잃곤 합니다. 창조의 장엄함, 족장들의 이야기, 이스라엘의 역사, 시편의 찬양과 지혜, 선지자들의 외침, 그리고 복음서의 감동과 서신서의 깊은 교리들이 각기 다른 목소리로 들려와 하나의 그림으로 그려지지 않을 때가 많기 때문입니다.

나는 오랫동안 성경을 단편적인 사건과 교훈의 모음으로 이해하고 있었습니다. 하지만 어느 날, 이 모든 흩어진 구슬들을 하나의 실로 꿰어 영롱한 보석 목걸이로 만들어주는 '실'과 같은 존재가 바로 '하나님의 경륜(經綸)'이라는 사실을 깨닫게 되었습니다. 창세 전부터 종말에 이르기까지, 성경 전체를 관통하며 흐르는 하나님의 거대하고도 세밀한 경영 계획이 있음을 발견했을 때, 성경은 제게 완전히 새로운 책으로 다가왔습니다.

바로 이 책, 『하나님의 경륜』은 바로 그 놀라운 발견의 여정을 담은 기록입니다. 이것은 단순히 신학적 개념을 정리한 책이 아닙니다. 하나님께서 만세 전에 '나'라는 한 존재를 얼마나 귀하게 계획하셨으며, 그 계획을 성취하기 위해 지금 이 순간에도 얼마나 열정적으로 일하고 계시는지를 확인하는 감격의 파노라마입니다.

이제 이 책을 통해 독자 여러분은 다음의 두 가지 위대한 흐름을 발견하게 될 것입니다.

첫째는 '생명의 분배'입니다. 하나님께서 당신의 생명을 우리에게 나누어 주시기 위해 얼마나 놀라운 계획을 세우셨는지, 그리고 그 생명이 단지 우리의 '영(靈)'에 머무는 것이 아니라, 우리의 '혼(魂)'을 새롭게 하고 마침내 '육(肉)'의 영역까지 온전히 장악해 나가는 전인적인 구원의 여정을 구체적으로 살펴보게 될 것입니다.

둘째는 '땅의 분배'입니다. 구원이 단지 죽어서 천국에 가는 것에서 그치는 것이 아니라, 이 땅에서 생명의 풍성함을 누리고 영적 싸움에서 승리한 자들에게 하늘의 상속자로서 영원한 기업과 영광을 예비해 두셨다는 소망의 메시지를 확인하게 될 것입니다.

어쩌면 이 책에서 다루는 '자아의 부인', '육체의 구원', '귀신과의 싸움'과 같은 주제들이 조금은 낯설고 도전적으로 느껴질 수도 있습니다. 그러나 이는 우리가 영광스러운 상속자가 되기 위해 반드시 통과해야 할 과정이며, 성경이 분명히 증언하고 있는 영적 실제입니다.

부디 이 책을 통해 성경 전체를 꿰뚫는 하나님의 원대한 계획을 발견하시고, 그 안에서 나를 향한 하나님의 사랑이 얼마나 깊고 넓은지 깨닫게 되시기를 바랍니다. 그리하여 오늘 나의 신앙이 하나님의 위대한 경륜 속 어느 지점에 서 있는지를 발견하고, 영광의 소망을 향해 힘차게 전진하는 모든 분에게 이 책이 작은 등불이 되기를 간절히 기도합니다.

여러분도 이 책에서 하나님의 경륜을 함께 발견하며 성취하기를 소망하며…

사명의 땅 동탄에서
정보배 목사

제**1**부

하나님의 경륜의 정의

제1장 창조 사역에 나타난 영원한 하나님의 경륜은 나와 무슨 상관이 있는가?
제2장 만세 전에 품으신 하나님의 경륜(經綸)이란 대체 무엇을 가리키는가?
제3장 하나님의 경륜(經綸)의 핵심 개념과 분배는 어떻게 이뤄지는가?
제4장 에덴동산에 계시된 하나님의 경륜(經綸)은 대체 무엇인가?
제5장 하나님의 경륜(經綸)의 최종적인 목표는 무엇인가?
제6장 하나님의 경륜에 따른 회개와 천국 복음의 역할은 대체 무엇인가?
제7장 하나님의 경륜의 최종단계로서 땅의 분배의 예표는 무엇인가?
제8장 하나님의 생명을 더 풍성히 누리는 방법은 대체 무엇인가?
제9장 그리스도 곧 생명 주는 영은 우리의 어느 부분에 거처하시는가?

제1장
창조 사역에 나타난 영원한 하나님의 경륜은 나와 무슨 상관이 있는가?

창세기 2:7~18

7 여호와 하나님이 땅의 흙으로 사람을 지으시고 생기를 그 코에 불어넣으시니 사람이 생령이 되니라 8 여호와 하나님이 동방의 에덴에 동산을 창설하시고 그 지으신 사람을 거기 두시니라 9 여호와 하나님이 그 땅에서 보기에 아름답고 먹기에 좋은 나무가 나게 하시니 동산 가운데에는 생명나무와 선악을 알게 하는 나무도 있더라 10 강이 에덴에서 흘러 나와 동산을 적시고 거기서부터 갈라져 네 근원이 되었으니 11 첫째의 이름은 비손이라 금이 있는 하윌라 온 땅을 둘렀으며 12 그 땅의 금은 순금이요 그 곳에는 베델리엄과 호마노도 있으며 13 둘째 강의 이름은 기혼이라 구스 온 땅을 둘렀고 14 셋째 강의 이름은 힛데겔이라 앗수르 동쪽으로 흘렀으며 넷째 강은 유브라데더라 15 여호와 하나님이 그 사람을 이끌어 에덴동산에 두어 그것을 경작하며 지키게 하시고 16 여호와 하나님이 그 사람에게 명하여 이르시되 동산 각종 나무의 열매는 네가 임의로 먹되 17 선악을 알게 하는 나무의 열매는 먹지 말라 네가 먹는 날에는 반드시 죽으리라 하시니라 18 여호와 하나님이 이르시되 사람이 혼자 사는 것이 좋지 아니하니 내가 그를 위하여 돕는 배필을 지으리라 하시니라

1. 들어가며

하나님은 처음과 마지막이시며, 알파와 오메가이시다(사 41:4, 44:6, 48:12, 계1:17, 22:13). 그러므로 언제나 그분이 시작하시고 또한 그분이 끝을 맺으신다. 사실 이 우주의 모든 것은 그분에 의해 시작되었고 앞으로 그분에 의해 마무리될 것이다. 따라서 우리는 구약의 여호와 하나님께서 행하신 창조와 신약의 예수 그리스도께서 다시 오실 재림으로 모든 것이 끝난다는 것을 알고 있어야 한다.

그런데 하나님께서는 시간과 공간 밖에 존재하실 때 이미 어떤 일을 계획하셨으며, 그 일을 지금도 순차적으로 이루어가고 계신다. 그러므로 우리는 영원 전에 품으셨던 하나님의 계획을 알아야 한다. 그래야 지금 우리가 어디에 위치해 있는지, 현재 위치에서 무엇을 해야 하는지를 알 수 있기 때문이다. 그래서 이번 장에서는 하나님의 원대한 경륜을 이해하고, 그것의 씨앗으로 주어진 창조 기사를 통해 그 안에 담긴 하나님의 경륜을 살펴보고자 한다. 그리하여 창조의 경륜 속에 담긴 하나님의 뜻을 알아 우리 모두 자신의 천국 집을 금과 진주와 보석으로 단장해 가는 복된 성도가 되기를 바란다.

2. '하나님의 경륜(經綸)'이란 무엇을 가리키는가?

'하나님의 경륜'이란 무엇인가? 우리 그리스도인에게 '경륜'이라는 단어는 조금 생소할 수 있다. 성경에 여러 번 나오지 않기 때문이다.

하지만 우리가 성경을 이해하고 하나님의 뜻을 알려 할 때, '하나님의 경륜'을 반드시 알아야 한다. 이 단어는 모든 시간을 포함하는 개념이기에 그 범위가 매우 넓다.

그렇다면 '하나님의 경륜'은 무슨 의미인가? '경륜(經綸)'이라는 단어는 헬라어로 '오이코노미아(oikonomia)'이다. 이 단어는 '경영, 계획'이라는 뜻으로, 하나님의 계획과 그 계획을 성취하는 모든 과정을 일컫는 표현이다. 그러므로 성경이 말하는 '하나님의 경륜'이란, 하나님이 이 우주와 역사 가운데 이루고자 하시는 거대한 경영 방식이나 프로젝트를 가리킨다.

그런데 이러한 하나님의 경륜은 오랫동안 감추어져 있었다. 심지어 하나님께서는 천사들 중 그 누구에게도 이것을 공개한 적이 없으셨다(엡 3:10, 벧전 1:12). 루시퍼도 몰랐고 가브리엘도 몰랐으며, 미가엘도 모르고 있었다. 그것은 그리스도께서 이 땅에 오셔서 구속을 성취하시고 성령을 보내 주셔서, 마침내 하나님의 자녀들이 태어나기 시작할 때 비로소 공개되었다(엡 3:1~5). 그러다 드디어 사도 바울의 서신에 그 내용이 담기게 되었다.

따라서 하나님의 경륜을 온전히 이해하고 그 단어를 잘 사용하려면 사도 바울의 서신들을 주목해야 한다(엡 1:9, 3:9, 3:2, 골 1:25, 딤전 1:4). 사도 바울은 자신이 하나님의 은혜의 경륜을 깨닫게 된 것이 결코 자신이 잘나서가 아니라, 하나님께서 베풀어 주신 은혜 덕분이라고 했다. 그리고 그 비밀은 영원부터 만물을 창조하신 하나님 안에 감추어져 있었는데, 말세에 비로소 드러나게 된 것이라고 했다. 그렇다면 그 내용은 무엇인가? 바로 이번 장의 말씀인 하나님의 창조 기사에 숨겨져 있다. 왜냐하면 하나님께서 만세 전에 가지셨던 그 경륜을 성취하기 위해 우주 만물의 창조를 시작하셨기 때문이다. 그리고 우주 만물 가운데 지구를 창조하셨으며, 지구 안에 에덴동산을 만드시고, 그 안에 사람을 두신 뒤 그 사람에게서 여자를 만드셨다.

3. 창조 사역에 나타난 하나님의 영원한 경륜은 무엇인가?

하나님의 영원한 경륜의 내용은 무엇인가? 한마디로 하나님께서 이 땅에서 당신이 생명을 가진 한 무리의 사람을 얻으시고, 그들을 천국으로 옮겨 영원히 살게 하시는 것이다. 하나님께서는 이 경륜을 이루시기 위해 창조 사역을 시작하셨다. 그러므로 하나님의 창조 과정을 살펴보면, 창조 기사가 그분의 원대한 계획에 대한 한 폭의 암호 그림이라는 것을 알 수 있다. 창조 사역에 장차 하나님이 얻고자 하시는 것이 무엇인지 이미 계시되어 있기 때문이다.

그렇다면 하나님은 왜 우주 만물을 창조하셨는가? 가장 먼저 인간이 살 수 있는 환경을 마련하기 위함이었다. 그래서 하나님께서는 하늘과 지구를 창조하셨고, 땅에 식물을 만드셨으며, 해와 달과 별들을 창조하셨고, 동물들도 지으셨다. 그리고 마지막 날에 땅의 흙으로 사람(아담)을 지으셨다. 여기까지가 창세기 1장의 내용이다.

그리고 2장으로 이어진다. 하나님은 왜 창세기 2장을 기록하게 하셨는가? 바로 당신의 창조 의도를 드러내기 위함이었다. 2장의 기사를 보면, 하나님께서는 땅의 흙으로 사람을 빚으시고 생기를 그 코에 불어넣어 주셨다. 그리고 에덴동산을 만드시고 지으신 사람을 그곳에 두셨다. 그 후 에덴동산에 각종 열매 맺는 나무가 자라게 하셨는데, 동산 한가운데에는 생명나무와 선악을 알게 하는 나무가 있었다. 강물이 에덴동산 꼭대기에서부터 흘러내려 동산을 적신 후에 네 개의 강, 곧 비손, 기혼, 힛데겔, 유브라데를 이루었다. 그 물이 흘러가는 첫째 강에서는 순금과 베델리엄과 호마노가 나왔다. 그때 하나님께서는 지으신 사람에게 에덴동산을 경작하며 지키라고 하셨다. 에덴동산의 모든 열매는 먹어도 좋지만, 선악을 알게 하는 나무의 열매만은 먹지 말라고 하셨다. 그것을 먹으면 반드시 죽을 것이라고 하셨다. 그리고는 아담이 홀로 있는 것이 좋지 않아 보여, 그를 위해 돕는 배필을 지으셨다. 아담의 갈빗대 하나를 취해 여자를 만드시고 살을 붙여 사람이 되게 하셨다. 그리하여 둘이 한 몸을 이루어 에덴동산에서 행복하게 살도록 하셨다.

4. 하나님의 경륜은 어떻게 파괴되었으며, 어떻게 회복될 수 있었는가?

창조 과정에 나타난 하나님의 경륜은 무엇이었는가? 그것은 아담이 생명나무 열매를 먹고 하나님의 생명을 가진 자녀가 되어 에덴동산을 다스리는 것이었다. 하나님께서 아담을 창조하실 때 무언가를 담을 수 있는 그릇으로 만드셨기 때문이다(고후 4:7). 이때 하나님께서는 사람을 당신의 형상과 모양대로 창조하셨으나, 그 안에 생명을 넣어두지는 않으셨다. 그러므로 아담과 그의 아내 하와는 반드시 그 생명을 취하여 하나님의 경륜을 이루어야 했다.

하지만 그들이 생명나무 열매를 먹기 전에, 사탄 마귀의 개입으로 선악을 알게 하는 나무의 열매를 먼저 먹고 말았다. 사탄은 창조되던 날 교만하여 타락한 천사였다. 그는 보이는 천지만물이 창조되기 전에 먼저 창조되어 모든 창조 과정을 지켜본 존재였다. 하나님께서 하늘과 지구를 창조하시고 아담까지 지으시는 것을 모두 지켜보았던 것이다. 그런데 하나님께서 흙으로 지어진 존재에게 만물의 통치권을 주시는 것을 보고 시기심과 질투심이 일어났다. 그러자 사람을 자기의 종으로 삼으려고 뱀으로 위장하여 에덴동산에 침투했다.

선악과 금지 명령이 내려진 후에 창조된 하와에게 뱀이 먼저 접근했다. 뱀은 선악과를 먹으면 하나님과 같이 된다고 그녀를 꾀었다. 하지만 그것은 거짓말이었다. 하나님의 생명을 먹어야 신성한 본성을 지닌 하나님의 자녀이자 상속자가 될 수 있는데, 마귀가 속인 것이다. 하와는 뱀의 말을 믿고 욕심이 생겨 선악과를 따 먹었고, 그것을 아담에게도 주어 먹게 했다. 그리하여 인간 속에 하나님의 생명이 들어가기 전에 사망이 먼저 들어오게 되었다.

그렇다면 하나님께서는 중간에 훼방받은 당신의 경륜을 어떻게 회복시키셨는가? 그것은 죄의 대가인 죽음을 대신 겪으시기 위해 하나님께서 직접 사람이 되어 오시는 방법을 택하신 것이다. 그때 오신 분이 바로 2천 년 전에 이 땅에 탄생하신 예수님이시다. 사람들은 그분을 하나님의 아들이라고 했다. 골고다 언덕에서 모든 인류의 죄값을 짊어지고 대신 죽으신 예수는 자신에게 죄가 없으셨으므로 약속대로 3일 만에 부활하셨다. 그리고 40일 동안 부활하신 몸을 보여 주시고 하늘로 올라가셨다. 그 후 생명 주는 영이 되시어 성령으로서 이 땅에 다시 오셨다. 그래서 누구든지 자신이 죄인임을 시인하고 그리스도를 구주로 믿는 자에게 생명 주는 영이신 성령으로 들어오신다. 그리하여 그 사람이 하나님의 생명을 얻어 하나님의 자녀로 태어나게 하신다. 또한 회개하는 자의 몸속에 선악과를 통해 침투했던 귀신들을 지금도 떠나가게 하신다.

5. 하나님의 경륜에 관하여 에덴동산이 들려주는 놀라운 영적인 비밀은 무엇인가?

에덴동산이 들려주는 놀라운 영적인 비밀이 있다. 우리는 그 비밀을 성경의 마지막 책이자 계시의 결론인 요한계시록을 통해 확인할 수 있다. 창세기가 '씨 뿌리는 책'이라면, 요한계시록은 '열매 거두는 책'이라고 할 수 있다. 그러므로 우리는 창세기 창조 기사의 의미를 요한계시록의 거둠의 기사를 통해 확인해 보아야 한다. 창세기 2장과 요한계시록 21~22장을 비교하면 놀라운 사실을 발견하게 된다.

첫째, 에덴동산은 하나님의 보좌를 중심으로 펼쳐진 새 예루살렘 성을 본떠 만들어졌다는 것이다. 에덴동산 한가운데에는 생명나무가 있었고 거기서 발원한 물이 동산을 적시며 아래로 흘러내려 네 개의 강을 만들었다. 마찬가지로 새 예루살렘 성 한가운데에도 하나님과 어린 양의 보좌가 놓여 있고, 그 아래에서 생명수가 흘러나와 천국 온 땅을 적신다. 그리고 그 강 좌우에 생명나무가 있어 천국 백성들이 그 열매를 먹고 산다.

둘째, 에덴동산에서 흘러나온 물이 땅을 변화시켜 그곳에서 정금과 베델리엄과 호마노가 나왔다는 것이다. 당시가 에덴동산이 창설된 지 얼마 되지 않은 시점이어서인지, 첫째 비손강이 흐르는 곳에서만 정금과 베델리엄과 호마노가 산출되고 있었다. 여기의 '베델리엄'은 '진주'를 가리키며(창 2:12, 민 11:7), '호마노'는 대제사장의 에봇 두 어깨띠에 물린 보석으로 이스라엘 12지파의 이름이 새겨져 있다(출 28:9~11). 그러므로 호마노는 열두 보석을 대표하는 보석임을 알 수 있다. 그런데 요한계시록 21~22장에 나오는 새 예루살렘 성은 온통 정금과 진주와 보석들로 가득한 곳이다(계 21:18~21). 성의 길은 맑은 유리 같은 정금 길이며, 성문은 진주 문이고, 성벽과 기초석 역시 보석으로 꾸며져 있다. 그곳이 정금과 진주, 보석으로 가득한 이유는 오직 한 가지, 생명수가 땅에 흘러들어 그 땅을 보석으로 바꾸기 때문이다. 그렇다. 천국이 아름다운 것은 하나님의 보좌로부터 생명수가 천국 구석구석으로 흘러가 생명을 공급하기 때문이며, 결국 생명수의 흐름이 천국의 흙을 정금과 진주와 보석으로 바꾸어 놓았음을 알 수 있다.

  셋째, 에덴동산은 하나님의 생명을 가진 자만이 계속해서 살 수 있는 곳이라는 점이다. 처음 아담과 하와는 에덴동산에 잠시 살았지만, 그곳을 지키는 데 실패하여 이내 쫓겨나고 말았다. 뱀이 들어오는 것을 허용하고 그의 말을 들어 하나님의 경륜을 파괴했기 때문이다. 그러므로 하나님께서는 당신의 말씀에 불순종한 사람들을 계속 그곳에 둘 수 없으셨다. 하나님의 생명을 갖지 못한 자는 결코 에덴동산에서 영원히 살 수 없다. 마찬가지로 우리도 이 땅에서 회개하고 주 예수님을 믿어 하나님의 생명을 얻지 않으면 새 예루살렘 성에 들어가 영원히 살 수 없다. 우리의 육체는 어머니의 자궁에서 만들어지지만, 우리의 영혼은 천국에서 창조되어 이 땅으로 보내진다. 만일 우리가 이 땅에 태어나 하나님의 생명을 얻지 못한 채 죽는다면, 저 영원한 천국으로 다시 돌아갈 수 없다. 그러므로 이 땅은 하나님의 생명을 얻도록 마련된 밭임을 알아야 한다.

넷째, 하나님의 생명의 흐름을 누리면 땅의 흙이 점차 변화되어 금과 베델리엄과 호마노를 산출하게 된다는 것이다. 비손강 물이 흐르던 하윌라 땅이 변화되어 금과 베델리엄과 호마노를 산출했던 것처럼 말이다. 마찬가지로 우리가 이 땅에서 생명나무이신 예수님을 믿어 생명을 얻었어도, 흘러가는 물인 성령으로 적셔지지 않는 한 우리의 육체는 계속 흙으로 남아있을 수밖에 없다. 우리의 몸은 원래 흙으로 창조되었지만, 성령의 흐름 안에 있어야 한다. 성령의 인도를 따라갈 때, 우리 몸의 구성 성분인 흙이 천국의 건축 재료인 금과 진주와 보석으로 바뀌는 것이다.

6. 흙으로 된 우리의 육체가 금과 은과 보석으로 바뀔 때 하늘에서는 무슨 일이 일어나는가?

흙으로 지어진 인간이 생명나무이신 예수님에게서 생명을 받고 성령의 흐름 안에 있어야 한다는 것은 매우 중요한 점이다. 그렇다면 우리가 성령의 흐름 안에 있어야 한다는 말은 무슨 뜻인가? 그것은 흙인 우리 몸이 내주하시는 성령을 통해 변화되어 금과 진주와 보석으로 바뀌어야 함을 뜻한다.

사람의 육체는 사실 예수를 믿기 전부터 이미 귀신의 집으로 사용되고 있었다(마 12:43~45). 그러다 우리 자신이 죄인임을 인정하고 예수님을 믿었을 때, 하나님께서 우리의 죄를 일시적으로 덮어 주시고 우리에게 성령을 보내 주신다. 즉, 귀신이 가득한 상태에서 우리 몸속에 성령이 들어오시는 것이다. 그러므로 우리 몸 안에는 귀신들이 여전히 남아 있으며, 우리가 할 일은 이러한 귀신들을 내보내고 그 집을 파괴하는 것이다. 그러면 성령께서 우리 육체에 집을 지으신다. 그때 우리가 성령을 따라 행할 때마다 우리 육체의 집을 짓는 재료가 금과 진주와 보석으로 변환된다.

그런데 놀랍게도, 흙이었던 우리 몸이 금과 진주와 보석으로 바뀔 때마다 우리가 들어갈 천국의 집도 똑같이 단장된다는 사실이다. 그러나 처음부터 흙이 곧바로 금과 진주, 보석이 되지는 않는다. 우선 올바른 신앙고백을 통해 흙이 돌(반석)이 되게 해야 한다. 이 비밀은 주님께서 베드로가 올바른 신앙고백을 했을 때 알려 주셨다. 주님은 베드로에게 "너는 베드로라 내가 이 반석 위에 내 교회를 세우리니"(마 16:18)라고 하셨다. 그렇다. 올바른 신앙고백을 하는 순간, 흙이었던 우리 몸이 돌(반석)이 되기 시작하고, 성령께서 우리 몸 안에 집을 지을 수 있는 토대가 마련된다. 그 후 날마다 우리 몸에서 선악과를 통해 들어온 귀신을 쫓아내고 성령의 흐름을 따라가면, 우리의 육체도 금과 진주와 보석으로 바뀐다. 그러면 우리가 장차 들어가 살게 될 천국 집의 재료가 보석이 되어 하늘로 올라가는 것이다.

7. 오늘날 생명의 성령의 흐름을 어떻게 내 안에 충만하게 할 수 있는가?

예수께서 부활 승천하신 후에 '또 다른 보혜사'이신 성령을 우리에게 보내 주셨다. 성령은 우리를 돕는 분으로서, 우리에게 오신 예수님 자신이다. 그래서 사도 바울은 고린도전서 15장 45절에서 "마지막 아담은 생명 주는 영이 되셨다"라고 했다. 주 예수께서는 자기를 믿는 자들에게 성령을 주실 것이며, 그런 자는 그 배에서 생수의 강(성령)이 흘러나올 것이라고 하셨다(요 7:37~39). 그러면 생명의 물이 자신의 몸을 적시는 것이다. 이 성령의 흐름이 지나는 곳에서 결국 금과 진주와 보석이 나온다.

그렇다. 둘째 사람이자 마지막 아담으로 오신 예수께서 생명 주는 영이 되어 우리 안에 거하시게 되었다. 그래서 아담이 그토록 먹으려 했으나 먹지 못했던 생명나무 열매를 이제는 믿음으로 먹을 수 있게 된 것이다. 그때 생명이신 예수께서는 믿는 자들 속에 호흡처럼 들어오신다(요 20:22). 그러므로 우리 신앙생활의 시작은 사실 생명 주는 영이신 예수님을 받아들임으로써 시작된다. 그다음부터 우리는 평생 성령의 흐름 안에 있어야 한다. 성령으로 적셔져야 하는 것이다. 그래야 흙인 우리 몸이 금과 진주와 보석으로 바뀌기 때문이다.

이를 위해서는 보혜사 성령께서 하시는 일을 환영하고 기뻐하며 그 일에 동참해야 한다. 첫째, 예수님의 말씀을 항상 양식으로 삼는 것이다. 그분의 말씀이 영이요 생명이기 때문이다(요 6:63). 둘째, 예수가 생명이라는 것을 이웃에게 전하는 것이다(요 15:26). 셋째, 성령께서 내 안에서 하시는 책망을 받아들이는 것이다. 그분은 우리 속에 들어오셔서 죄에 대하여, 의에 대하여, 심판에 대하여 책망하신다(요 16:7~10). 그분이 죄를 지적하시면 우리는 즉시 회개해야 한다. 그분이 우리의 의가 되셨음을 인정해야 한다. 또한 마귀가 이미 심판받아 힘을 잃었다는 것을 받아들이고, 우리가 지은 죄를 회개한 뒤 마귀의 종들인 귀신들을 우리 몸에서 쫓아내야 한다. 그럴수록 우리 배에서 생수의 강이 흘러나와 육체를 적시게 될 것이고, 우리의 몸은 금과 진주와 보석으로 바뀌게 될 것이다.

8. 나오며

많은 그리스도인이 놓치는 것이 있다. 바로 땅의 흙도 에덴동산의 생명수가 흘러 들어갈 때 금과 진주와 보석을 만들어낸다는 사실이다. 사람의 몸 역시 땅의 흙으로 만들어지지 않았는가? 그러므로 우리도 자기 몸 안에 생명나무이신 예수님을 모신 후, 성령의 흐름으로 적셔져야 한다. 그러려면 먼저, 선악과를 통해 우리 몸에 들어와 있는 귀신들을 날마다 내보내야 한다. 그리하여 우리의 육체를 귀신의 집에서 성령의 집으로 바꾸어야 한다. 그래야 비로소 흙이었던 우리 몸이 금과 진주와 보석으로 바뀔 수 있다.

그다음으로 우리는 성령의 흐름 안에 있어야 한다. 그럴 때 하나님께서는 우리 육체 안에 있는 귀신의 집까지도 파괴해 주신다. 그러면 성령께서는 우리 육체 안에 금과 진주와 보석으로 집을 지으시고, 우리가 이 땅에서 집을 지은 만큼 장차 들어갈 천국 집도 동일하게 지어진다. 그렇다면 나는 과연 날마다 예수님을 나의 생명의 양식으로 취하고 있는가? 그분이 생명이라는 것을 전하고 있는가? 그분이 성령으로서 우리에게 죄와 의와 심판에 대해 책망하실 때 그것을 수용하고 있는가? 이처럼 늘 생명의 흐름 안에 놓여 있는지를 스스로 살펴보아야 한다. 그리고 날마다 성령의 인도하심을 따르기로 선택해야 한다. 그래야 우리도 진정한 하나님의 아들들이 되어 하나님 나라를 유업으로 상속받을 통치자가 될 수 있다(롬 8:13~17).

롬 8:13-17

13 너희가 육신대로 살면 반드시 죽을 것이로되 영으로써 몸의 행실을 죽이면 살리니 14 무릇 하나님의 영으로 인도함을 받는 사람은 곧 하나님의 아들이라 15 너희는 다시 무서워하는 종의 영을 받지 아니하고 양자의 영을 받았으므로 우리가 아빠 아버지라고 부르짖느니라 16 성령이 친히 우리의 영과 더불어 우리가 하나님의 자녀인 것을 증언하시나니 17 자녀이면 또한 상속자 곧 하나님의 상속자요 그리스도와 함께 한 상속자니 우리가 그와 함께 영광을 받기 위하여 고난도 함께 받아야 할 것이니라

제2장
만세 전에 품으신 하나님의 경륜(經綸)이란 대체 무엇을 가리키는가?

에베소서 3:1~11

1 이러므로 그리스도 예수의 일로 너희 이방인을 위하여 갇힌 자 된 나 바울이 말하거니와 2 너희를 위하여 내게 주신 하나님의 그 은혜의 경륜을 너희가 들었을 터이라 3 곧 계시로 내게 비밀을 알게 하신 것은 내가 먼저 간단히 기록함과 같으니 4 그것을 읽으면 내가 그리스도의 비밀을 깨달은 것을 너희가 알 수 있으리라 5 이제 그의 거룩한 사도들과 선지자들에게 성령으로 나타내신 것 같이 다른 세대에서는 사람의 아들들에게 알리지 아니하셨으니 6 이는 이방인들이 복음으로 말미암아 그리스도 예수 안에서 함께 상속자가 되고 함께 지체가 되고 함께 약속에 참여하는 자가 됨이라 7 이 복음을 위하여 그의 능력이 역사하시는 대로 내게 주신 하나님의 은혜의 선물을 따라 내가 일꾼이 되었노라 8 모든 성도 중에 지극히 작은 자보다 더 작은 나에게 이 은혜를 주신 것은 측량할 수 없는 그리스도의 풍성함을 이방인에게 전하게 하시고 9 영원부터 만물을 창조하신 하나님 속에 감추어졌던 비밀의 경륜이 어떠한 것을 드러내게 하려 하심이라 10 이는 이제 교회로 말미암아 하늘에 있는 통치자들과 권세들에게 하나님의 각종 지혜를 알게 하려 하심이니 11 곧 영원부터 우리 주 그리스도 예수 안에서 예정하신 뜻대로 하신 것이라

1. 들어가며

성경 전체를 이해하고 하나님의 뜻과 의도를 파악하기 위해서는 하나님의 경륜에 대해 관심을 가져야 한다. 왜냐하면 하나님의 경륜에 따라 모든 만물이 창조되었고 지금도 하나님의 경륜에 따라 모든 만물이 움직이고 있기 때문이다. 그런데 이러한 하나님의 경륜은 어느 날 우연히 생겨난 것이 아니다. 이것은 이미 우주만물이 창조되기도 전 곧 만세 전에 작정된 것이었다. 그리고 이것은 함부로 공개되지도 않았으니, 그리스도의 비밀이 공개되기 전까지 하나님의 속에 감추어져 있던 것이었다(엡 3:9). 그런데 하나님께서 교회가 탄생하게 되자, 계시를 통해 그 비밀을 사도 바울에게 알려 주신 것이다(엡 3:2~3). 그러나 사실 이것은 천사들도 살펴보기를 원했으나 결코 알려 주지 않았던 것이다. 그런데 비로소 그리스도의 비밀인 교회가 수면 밖으로 드러나자, 하나님께서 바울을 통해서 이것을 공개하신 것이다. 그렇다면 '하나님의 경륜'이란 대체 무엇을 가리키며, 하나님의 비밀한 경륜의 내용은 대체 무엇인가?

2. 경륜(經綸)이라는 단어 자체는 대체 어떤 의미인가?

교회를 다닌 지 오래 되었어도 경륜(經綸)이라는 단어를 잘 모르는 분들이 많을 것이다. 우선 이 단어가 성경에 많이 등장하지 않기 때문이다. 신약성경에 나오는 이 단어는 총 9번 사용되었는데, 그 의미는 일반적인 의미에서 나중에는 하나님과 관련된 용어로 바뀌어 사용되었다. 이를테면, '은혜'라는 용어가 일반적인 의미에서 교회에 들어와 신앙적인 의미로 전용되어 사용되는 것과 비슷한 이치다.

그렇다면 경륜이라는 단어의 일반적인 의미는 무엇인가?

첫째로, 이 단어를 국어사전에서 찾아보면, '다스릴(통치할) 경' 자에 '벼리(뼈대, 줄거리) 륜'이라는 한자어로서, 그 뜻은 바로 '일정한 포부를 가지고 일을 조직적으로 계획하는 것 혹은 그 계획이나 포부' 그리고 '세상을 다스리는 것, 또는 그러한 능력'이라고 설명하고 있다. 그러니까 우리말 사전에서 '경륜'이라는 뜻은 조직적인 계획이나 다스림을 의미한다고 하겠다.

둘째로, 이 단어를 헬라어로 보면, '오이코노미아'라는 단어이다. '오이코노미아'는 '오이코노모스'(청지기, 지배인, 관리인)가 직무를 수행하는 것을 일컫는 말이다. 그래서 '오이코노미아'라는 단어는 '관리, 행정, 관리 업무, 관리직'을 뜻한다. 이때 청지기는 아침에 주인의 종들을 불러 하루의 일을 분배하여 맡기게 되는데, 여기에서 '오이코-노미아'가 나온 것이다. 그러므로 누가복음에 나오는 불의한 청지기의 비유(눅 16:1~13)를 보면, 여기에는 청지기가 '보던 일'(눅 16:2) 내지는 '청지기의 직분'으로 번역되었다.

눅 16:2~4 주인이 그를 불러 이르되 내가 네게 대하여 들은 이 말이 어찌 됨이냐 네가 보던 일(stewardship=오이코노미아)을 셈하라 청지기 직무를 계속하지 못하리라 하니 3 청지기가 속으로 이르되 주인이 내 직분(stewardship=오이코노미아)을 빼앗으니 내가 무엇을 할까 땅을 파자니 힘이 없고 빌어 먹자니 부끄럽구나 4 내가 할 일을 알았도다 이렇게 하면 직분(stewardship=오이코노미아)을 빼앗긴 후에 사람들이 나

를 자기 집으로 영접하리라 하고

그런데 이 단어가 사도 바울에 의해서 좀 더 확대된 의미로 그리고 하나님과 관련된 용어로 사용되었다. 이 단어는 사도 바울이 말년에 로마 감옥에 갇힌 상태에서 쓴 에베소서(엡 1:9, 3:2, 9)와 골로새서(골 1:25)에 나온다.

엡 1:9 그 뜻의 비밀을 우리에게 알리신 것이요 그의 기뻐하심을 따라 그리스도 안에서 때가 찬 경륜(오이코노미아)을 위하여 예정하신 것이니

엡 3:2 너희를 위하여 내게 주신 하나님의 그 은혜의 경륜(오이코노미아)을 너희가 들었을 터이라

엡 3:9 영원부터 만물을 창조하신 하나님 속에 감추어졌던 비밀의 경륜(오이코노미아)이 어떠한 것을 드러내게 하심이라

골 1:25 내가 교회의 일꾼 된 것은 하나님이 너희를 위하여 내게 주신 직분(오이코노미아)을 따라 하나님의 말씀을 이루려 함이니라

3. 바울이 말한 '하나님의 경륜'이라는 어떤 의미인가?

그렇다면 바울이 에베소서나 골로새서에서 말씀하고 있는 '경륜'이라는 의미는 무엇인가? 바울은 이 용어를 사용할 때에 이렇게 말했다. 첫째, 만세 전에 하나님 안에 감추어져 있었던 것 곧 비밀이라고 말했다(엡 3:3, 9). 둘째, 이것은 성령 안에서 거룩한 사도들과 선지자들

에게 드러난 것으로서 바울도 하나님의 계시로 그것을 알게 되었다고 했다(엡 3:2~3). 셋째, 이것은 그리스도의 비밀인 교회를 통하여 하늘의 천사들에게 비로소 공개가 되었다고 했다(엡 3:10). 넷째, 이것은 영원 전에 그리스도 예수 안에서 예정하신 것이라고 했다(엡 3:11). 다섯째, 그런데 때가 찼을 때 하나님께서 하나님의 지혜와 총명을 넘치게 주셔서 그것을 알게 하셨다는 것이다(엡 1:9). 그러므로 이상의 것을 종합해 본다면, 하나님의 경륜이란 만세 전에 하나님께서 계획하시고 예정하신 어떤 것인데, 그것이 그리스도의 비밀인 교회가 탄생하기 전까지는 감추셨으며, 비로소 보혜사 성령께서 믿는 자들 가운데 오심으로 사도들과 선지자들과 같은 종들에게 계시로 알려 주신 것이라고 했다.

4. 하나님의 경륜의 실제적인 내용은 무엇인가?

하나님의 경륜 곧 하나님께서 만세 전에 실제적으로 경영하여 분배하려는 계획이란 대체 무엇인가? 그것은 바로 첫째, 예수 그리스도로 말미암아 하나님의 생명을 사람에게 분배해 주어 하나님의 자녀가 되게 하는 것이다. 이것이 하나님의 경륜의 1단계다. 둘째, 하나님의 생명을 가진 자들에게 그 생명을 더 풍성히 얻게 하시어 그들로 하여금 하늘의 기업(땅)을 상속받게 하는 것이다. 그러므로 하나님의 경륜은 예수께서 이 세상에 오신 목적과 정확히 일치한다. 예수께서는 당신이 이 세상에 오신 목적을 이렇게 밝히 말씀하셨다.

요 10:10 도둑이 오는 것은 도둑질하고 죽이고 멸망시키려는 것 뿐이요 내가 온 것은 양으로 생명을 얻게 하고 더 풍성히 얻게 하려는 것이라

특히 여기에 나오는 '사람'이란 언약의 자손인 유대인을 가리킬 뿐만 아니라, 할례받지 않아도 이러한 사실을 믿는 이방인도 얼마든지 포함되는 개념이다. 그러므로 하나님께서는 언약의 자손인 유대인들에게만 이러한 혜택이 돌아가는 것이 아니라, 이방인들도 얼마든지 그러한 혜택을 받을 수 있다고 하는 개방적인 생각을 가진 바울을 들어 쓰신 것이다.

5. 하나님의 경륜을 이해할 때 반드시 가지고 있어야 할 2가지 개념은 무엇인가?

그러므로 우리가 앞으로 공부할 '하나님의 경륜'을 이해하려 할 때 반드시 가지고 있어야 할 개념은 2가지다.

하나는 '경영 계획'이라는 개념이요 또 하나는 '분배'라는 개념이다. 고로 하나님의 경륜이란 우주를 창조하신 하나님의 거대한 경영 계획을 가리킨다. 그런데 이러한 하나님의 경륜은 한 분 하나님에게 속한 생명을 어떻게 사람에게 분배하는 것이냐가 첫 번째 관건이며, 두 번째 관건은 어떻게 생명을 풍성히 누리게 할 것인가가 관건이다. 왜냐하면 하나님의 생명을 받아야 하나님의 자녀가 되고, 하나님의 생명

을 풍성히 누려야 하나님의 상속자가 될 수 있기 때문이다. 그러므로 하나님의 생명을 이 땅에서 풍성하게 누린 자들은 장차 하늘나라에 들어가게 되면 하늘의 땅(기업)도 풍성하게 분배받게 된다. 그러므로 우리가 하나님의 경륜을 깨닫게 되는 순간 우리는 모든 것을 '생명'이라는 관점에서 다시 보아야 한다. 특히 사람도 생명이라는 관점에서 다시 보아야 하는 것이다. 그리고 어떻게 하면 생명을 풍성히 누려서 하늘나라에 들어갈 때에 하늘의 땅을 기업으로 차지하는 자가 되는지를 알아서 우리의 인생이 마치는 그날에는 천국에서 왕 노릇하는 자가 되어야 할 것이다.

제3장
하나님의 경륜(經綸)의 핵심개념과 분배는 어떻게 이뤄지는가?

에베소서 1:3~14

3 찬송하리로다 하나님 곧 우리 주 예수 그리스도의 아버지께서 그리스도 안에서 하늘에 속한 모든 신령한 복을 우리에게 주시되 4 곧 창세 전에 그리스도 안에서 우리를 택하사 우리로 사랑 안에서 그 앞에 거룩하고 흠이 없게 하시려고 5 그 기쁘신 뜻대로 우리를 예정하사 예수 그리스도로 말미암아 자기의 아들들이 되게 하셨으니 6 이는 그가 사랑하시는 자 안에서 우리에게 거저 주시는 바 그의 은혜의 영광을 찬송하게 하려는 것이라 7 우리는 그리스도 안에서 그의 은혜의 풍성함을 따라 그의 피로 말미암아 속량 곧 죄 사함을 받았느니라 8 이는 그가 모든 지혜와 총명을 우리에게 넘치게 하사 9 그 뜻의 비밀을 우리에게 알리신 것이요 그의 기뻐하심을 따라 그리스도 안에서 때가 찬 경륜을 위하여 예정하신 것이니 10 하늘에 있는 것이나 땅에 있는 것이 다 그리스도 안에서 통일되게 하려 하심이라 11 모든 일을 그의 뜻의 결정대로 일하시는 이의 계획을 따라 우리가 예정을 입어 그 안에서 기업이 되었으니 12 이는 우리가 그리스도 안에서 전부터 바라던 그의 영광의 찬송이 되게 하려 하심이라 13 그 안에서 너희도 진리의 말씀 곧 너희의 구원의 복음을 듣고 그 안에서 또한 믿어 약속의 성령으로 인치심을 받았으니 14 이는 우리 기업의 보증이 되사 그 얻으신 것을 속량하시고 그의 영광을 찬송하게 하려 하심이라

1. 들어가며

하나님의 경륜(經綸)이란 무엇인가? '하나님의 경륜'이란 하나님께서 만세 전에 품으신 거대한 경영 계획이자 프로젝트를 가리킨다. 그리고 그것은 하나님의 어떤 것을 분배해 주기 위한 계획인 것이다. 그러므로 우리가 하나님의 경륜을 이해한다는 것은 하나님께서 어떤 의도로 무슨 일을 하고 계시는지를 알 수 있게 되었다는 것을 의미한다. 그러므로 우리가 진정 성경을 제대로 파악하고 하나님의 뜻을 알기 위해서는 하나님의 경륜을 반드시 알아야 한다. 그렇다면 지난 시간에 이어, 우리가 하나님의 경륜을 이해하려 할 때 꼭 염두에 두고 있어야 할 핵심 개념은 대체 무엇이며, 이러한 하나님의 거대한 경영 계획에서 어떤 식으로 분배가 일어나는지를 살펴보도록 하자.

2. 하나님의 경륜을 이해하는 데 필요한 3가지 핵심 개념은 무엇인가?

성경은 하나님의 경륜에 대해서 계속해서 반복적으로 기록하고 있다. 다만 하나님의 경륜을 이해하지 못하고 있기 때문에 그것이 잘 안 보일 뿐이다. 또한 그것이 사도 바울에 의해 밝혀지기 전까지는 예표와 상징으로 등장하고 있기 때문이다. 그러므로 우리가 눈을 열어 다시 성경을 보면, 하나님의 경륜이 하나님의 창조 기사에도 나오고, 아브라함과 이삭과 야곱 이야기에서도 발견할 수 있으며, 이스라엘 민족의 출애굽과 광야 생활과 가나안 정복 과정에도 나온다는 것을 알 수 있다. 그리고 성부와 성자와 성령께서 일하신 과정을 살펴보아도 그것을 알 수 있고, 창세기 2~3장에 나오는 에덴동산과 요한계시록 21~22장에 나오는 하나님의 보좌를 통해서도 그것을 알 수가 있다. 그렇지만 이러한 내용들을 정리해 본다면, 크게 3가지로 분류할 수 있다. 첫째는 하나님의 경륜을 원인론적으로 정리할 수 있다. 그리고 둘째로는 그것을 과정론적으로도 정리할 수 있다. 마지막으로 그것은 결과론적으로도 정리할 수 있다. 그러므로 우리가 하나님의 경륜을 이해하는 데에 필요한 3가지 핵심 개념이란 바로 이 3가지인 것이다.

첫째, 하나님의 경륜을 원인론적으로 정리한다면, 하나님의 경륜의 핵심은 '생명'에 있다. 우리는 이것을 창세기 1~2장에 나오는 창조 기사를 통해 확인해 볼 수 있다. 왜냐하면 그것은 에덴동산의 생명나무로 표현되어 있기 때문이다.

둘째, 하나님의 경륜을 과정론적으로 정리한다면, 하나님의 경륜의 핵심은 '분배'에 있다고 할 수 있다. 하나님의 어떤 것을 인간에게 분배해 주는데, 성부와 성자와 성령께서 각기 역할을 따로 나누어 수행하고 있기 때문이다.

셋째, 하나님의 경륜을 결론적으로 정리한다면, 하나님의 경륜의 핵심은 '인간'에게 있다고 할 수 있다. 그것은 곧 천사가 아니라 인간이 하나님의 자녀가 되고 이어서 하나님의 상속자가 된다는 것이다.

3. 하나님의 경륜은 누구에 의하여 어떻게 방해를 받는가?

그런데 창세기 3장을 보면, 뱀 곧 사탄 마귀에 의해 하나님의 경륜은 금세 훼방을 받는다. 곧 사람이 하나님의 생명을 받아 하나님의 상속자가 되기 전에, 사탄 마귀가 끼어 들어와 하나님의 구원 경륜을 방해하였기 때문이다. 그러므로 하나님께서는 인간에게 당신의 생명을 분배하기 전에 먼저 인류의 죄의 문제를 해결하셔야 했던 것이다. 왜냐하면 그렇게 하지 않으면 당신의 어떤 것을 분배해 주려고 창조했던 인간이 범죄의 대가로 인해 마귀와 함께 불과 유황으로 타는 못에 던져질 것이기 때문이다. 그래서 하나님께서는 속죄를 위하여 인간에게 생명을 분배해 주기 전에 한 단계 더 일을 하셔야 했다. 그것이 바로 인류의 죄를 속죄하는 일이었다. 그런데 하나님께서는 죽으실 수 없으므로 대신 죽으시어 죄값을 대신 담당하시려고 사람이 되신 것이다. 물론 이러한 과정도 다 하나님의 경륜 안에 이미 포함되어 있었을 것이다.

4. 에베소서 1장에서 사도 바울은 하나님의 경륜을 어떻게 설명하고 있는가?

사도 바울은 하나님의 경륜이 무엇인지를 에베소서 3장과 에베소서 1장에서 소개해 주고 있다. 그런데 사도 바울이 에베소서 1장과 3장에서 소개하고 있는 하나님의 경륜은 과정론적인 경륜 이해에 속한다. 이는 사도 바울이 에베소서 1장과 3장에서 하나님께서 어떻게 하나님의 경륜을 이루어 가시는지 그 과정을 설명해 주고 있기 때문이다. 정리하면 이렇다.

하나님께서 만세 전에 그리스도 예수 안에서 우리 인간을 당신의 아들들이자 상속자로 계획하셨다는 것이다. 그리고 그것을 이루는데 2가지로 말미암아 이루신다. 하나는 '그리스도 안에서' 이루시는 것이고, 또 하나는 '성령을 통하여' 이루시는 것이다. 그러니까 하나님의 경륜은 아버지께서는 계획하시고, 그리스도께서는 그것을 성취하시고, 성령께서는 그것을 효과 있게 적용하시는 것이다. 그것은 만세 전에 인류에게 신령한 복을 주시려는 것이다. 그것은 하나님께서 기뻐하시는 뜻대로 인간을 그리스도 예수 안에서 하나님의 아들들이 되게 하는 것이요, 천국의 기업(땅)을 그들에게 유업으로 주시려는 것이다. 그런데 사람은 아담의 범죄로 인하여 죄인이 되었으니, 먼저 그리스도께서 인류를 위해 속죄제물이 되시어 인류의 죄를 용서해 주시고, 이어서 생명의 성령을 보내어 하나님의 생명을 분배하여 인간을 거듭나게 하시는 것이다. 그리고 성령의 인도하심을 받는 자들에게는 더 풍성하게 생명을 얻게 하시고, 더 나아가 하나님의 뜻과 경륜을 방해한 악한 영들을 쫓아내는 자는 하늘에서 땅을 기업으로 주어 그 땅에서 왕 노릇하게 하신다는 것이다.

5. 하나님의 경륜을 일목요연하게 정리한다면 어떻게 말할 수 있는가?

지금까지 설명했던 인류를 위한 하나님의 경륜의 전 과정을 일목요연하게 정리하면 다음과 같다.

인류 구원을 위한 하나님의 경륜은 3단계로 성취가 되는 것이다. 그래서 가장 먼저 1단계는 생명 분배의 전 단계로서 '죄사함'의 단계가 있다. 이것은 예수께서 오셔서 인류를 대신하여 피 흘려 죽으심으로 성취하는 단계다. 그러면 인간은 구속 곧 죄사함을 받게 된다. 그리고 2단계는 '생명 분배'의 단계다. 이는 피 흘려 죽으신 예수께서 부활 승천하시어 생명 주는 영 곧 성령으로 오셔서 생명을 분배해 주는 단계다. 그러면 그때 사람은 거듭 태어나게 된다. 하나님의 자녀가 탄생하는 것이다. 그러므로 사람의 거듭남이란 하나님의 생명의 분배를 가리키는 것이다. 그리고 계속해서 성령의 인도하심을 받아야 하는 것이다. 그리스도를 생명의 떡으로 취했다면, 그 다음부터는 성령인 생수를 마셔야 하는 것이다. 그래서 생명과 본성에 있어서 그리스도를 표현할 수 있는 단계로까지 나아가야 한다. 그리고 마지막 3단계는 '땅 분배'의 단계로서, 하나님의 구원 경륜을 방해한 세력 곧 사탄 마귀를 멸하는 자에게 하늘의 땅을 기업으로 받게 하는 단계다. 이것은 천국에 들어갔을 때에 하나님의 상속자가 되는 단계다. 그러므로 하나님의 자녀로 천국에 들어갔다고 해서 아무나 다 하나님의 나라를 기업으로 물려받지 못한다. 이는 이 땅에 살 때에 얼마나 하나님의 경륜을 방해한 악한 영들을 물리쳤느냐가 관건이다. 그러므로 사람이 그리스도를 믿어 하나님의 자녀가 되고 성령의 인도하시는 바가 되었다면 그때부터는 귀신을 쫓아내고 물리치는 데에 힘을 쏟아야 한다. 그래야 내 육체도 온전히 성령이 통치하는 공간이 되며, 성령이 통치하는 공간이 확보된 만큼 천국에서도 기업을 차지하는 자가 되는 것이다.

그러므로 하나님의 경륜의 단계를 이스라엘 민족의 출애굽 과정으로 설명한다면 이렇다. 1단계는 애굽에서 유월절 양의 피를 바르고 나오는 단계다. 그러면 하나님의 생명을 얻을 수 있는 자격을 얻게 된다. 그리고 2단계는 광야에서 생명의 떡인 만나를 먹는 단계다. 그리고 이어서 흐르는 생수를 마시는 것이다. 그리하여 하나님의 자녀가 되고 성령을 통해 하나님의 생명을 누리되 더 풍성히 누리게 되는 것이다. 그리고 마지막 단계로서 3단계는 이스라엘 민족이 요단강을 건너가서 가나안 땅을 정복하는 단계다. 이때 가나안 일곱 족속과 전쟁하여 그 땅을 빼앗는 것이다. 이런 자가 하나님의 나라를 기업으로 물려받게 되는 것이다.

6. 하나님의 경륜의 단계를 성경 구절로 요약한다면 어떻게 요약할 수 있는가?

하나님께서는 이 모든 인류 구원의 역사를 오직 그리스도 예수 안에서 하신다. 그래서 하나님께서 아들로 이 땅에 오신 것이다. 그리고 예수께서 이 땅에 오셔서 하신 일은 딱 3가지다.

첫째, 죄지은 인간의 죄를 사함받게 하려고 십자가에서 피 흘려 죽으신 것이다(막 10:45).

막 10:45 인자가 온 것은 섬김을 받으려 함이 아니라 도리어 섬기려 하고 자기 목숨을 많은 사람의 대속물로 주려 함이니라

둘째, 죄사함을 받은 인간에게 생명을 주시려고 생명 주는 영이 되신 것이다(요 10:10). 그리고 생명 주는 영 곧 성령으로 들어오셔서 당신의 인도를 따라오는 사람을 옛사람에게서 새사람으로 바꾸어 주신다.

요 10:10 도둑이 오는 것은 도둑질하고 죽이고 멸망시키려는 것뿐이요 내가 온 것은 양으로 생명을 얻게 하고 더 풍성히 얻게 하려는 것이라

셋째, 마귀의 일을 멸하고 계신다. 이는 하나님의 경륜을 방해하기 위해 사람의 육체 속에 들어와 있는 귀신들을 쫓아내도록 하나님의 자녀들에게 당신의 이름을 주시고 권세를 주시고 있는 것이다(요일 3:8).

요일 3:8 죄를 짓는 자는 마귀에게 속하나니 마귀는 처음부터 범죄함이라 하나님의 아들이 나타나신 것은 마귀의 일을 멸하려 하심이라

그리하여 예수께서는 속죄자이자, 생명 주는 자로서, 그리고 마귀의 일을 멸하는 자로서 지금도 계속해서 일하고 계신다.

하나님의 경륜(분배)의 단계		
전단계	1단계	2단계
막10:45	요10:10	요일3:8
죄사함	생명분배	땅분배
애굽에서 나오면서 (유월절양의 피를 바름)	광야에서 (만나를 먹고 생수를 마심)	가나안 땅에서 (가나안 7족속과 전쟁함)
자격 얻음	하나님의 자녀 산출	상속자 배출

제4장
에덴동산에 계시된 하나님의 경륜(經綸)은 대체 무엇인가?

창세기 2:7~17

7 여호와 하나님이 땅의 흙으로 사람을 지으시고 생기를 그 코에 불어넣으시니 사람이 생령이 되니라 8 여호와 하나님이 동방의 에덴에 동산을 창설하시고 그 지으신 사람을 거기 두시니라 9 여호와 하나님이 그 땅에서 보기에 아름답고 먹기에 좋은 나무가 나게 하시니 동산 가운데에는 생명 나무와 선악을 알게 하는 나무도 있더라 10 강이 에덴에서 흘러 나와 동산을 적시고 거기서부터 갈라져 네 근원이 되었으니

11 첫째의 이름은 비손이라 금이 있는 하윌라 온 땅을 둘렀으며 12 그 땅의 금은 순금이요 그 곳에는 베델리엄과 호마노도 있으며 13 둘째 강의 이름은 기혼이라 구스 온 땅을 둘렀고 14 셋째 강의 이름은 힛데겔이라 앗수르 동쪽으로 흘렀으며 넷째 강은 유브라데더라 15 여호와 하나님이 그 사람을 이끌어 에덴동산에 두어 그것을 경작하며 지키게 하시고 16 여호와 하나님이 그 사람에게 명하여 이르시되 동산 각종 나무의 열매는 네가 임의로 먹되 17 선악을 알게 하는 나무의 열매는 먹지 말라 네가 먹는 날에는 반드시 죽으리라 하시니라

1. 들어가며

　하나님의 경륜이란 하나님께서 만세 전에 품으신 거대한 경영 계획이자 프로젝트를 가리키는 말이다. 그것은 하나님의 어떤 것을 오직 인간에게 분배해 주는 것이다. 이때 하나님께서 인간에게 분배해 주는 것은 2가지다. 하나는 하나님의 생명이요 또 하나는 하나님의 기업으로서 천국에 있는 땅이다. 후자를 좀 더 큰 개념으로 보면 천국을 분배해 주는 것이요 하나님의 왕국을 분배해 주는 것이다. 그러므로 우리가 성경을 볼 때에는 이러한 관점으로 성경을 보아야 성경 전체가 열리게 된다. 그렇다면 하나님의 사역 가운데 에덴동산에 계시된 하나님의 뜻이자 하나님의 경륜은 대체 어떤 것인가?

2. 하나님께서 천지만물을 창조하신 목적은 무엇에 있는가?

　하나님께서는 당신 홀로 혼자만 계실 때가 있었다. 그리고 그때 어떤 거대한 경영 계획을 세웠다. 그것이 하나님의 경륜이다. 그리고 그 경륜을 이루기 위해 창조 사역을 시작하셨다. 이때 하나님께서 행하신 창조 사역이 어떤 것이었는지를 하나님께서는 모세를 통해 창세기 1장과 2장 그리고 좀 더 나아가서 3장에 기록하게 하셨다. 그러므로 우리는 창세기 1~2장을 통하여 하나님의 창조 사역 가운데 나타난 하나님의 경륜을 미리 엿볼 수가 있다.

그런데 놀라운 것은 왜 하나님께서 천지만물을 창조하셨는지를 창세기 1~2장의 기사는 이렇게 전하고 있다는 것이다. 그것은 하나님의 천지창조의 사역이 곧 인간이 살 수 있는 모든 환경을 만드는 데 있었다는 것이다. 즉 하나님께서는 하늘들과 지구(땅)를 창조하셨다. 그리고 첫째 날에 빛을 만드셨으며, 둘째 날에 궁창을 만드시고 궁창 위의 물과 궁창 아래의 물로 나누셨다. 그리고 셋째 날에 바다의 물이 한 곳에 모이게 하고 뭍(육지)이 드러나게 하신 후에 식물 생명체를 창조하셨다. 그리고 넷째 날에 해와 달과 별들 곧 우주 은하계를 창조하신 것이다. 그러니까 처음의 창조의 중심은 지구였던 것이다. 그리고 다섯째 날에 동물 생명체 중에서 바다의 물고기와 하늘의 새를 창조하셨다. 즉 어류와 조류를 창조하신 것이다. 그리고 여섯째 날에 육지 생명체를 창조하셨으니 집짐승(가축)과 곤충(기는 것)과 들짐승을 창조하셨다. 그리고 맨 마지막에 하나님의 형상과 모양을 따라 사람(아담)을 창조하셨다. 그러니까 하나님의 천지창조의 중심은 지구에 있었는데, 그 지구의 중심은 사람에게 있었던 것이다. 그러니까 하나님께서 천지만물을 창조하신 이유는 인간이 살 수 있는 환경을 만드신 것이었다고 할 수 있다. 즉 하나님께서 인간으로 하여금 살아갈 수 있도록 모든 환경을 창조하신 것이 천지창조였던 것이다. 이것이 창세기 1장의 기록이다.

그런데 창세기 2장을 보면, 그렇게 창조하신 인간(아담)의 창조를 좀 더 세분하여 집중 조명해 주고 있는데, 하나님께서 사람을 창조하실 때에 한 번에 남자와 여자로 창조하지 아니하시고, 남자를 먼저 창조한 후에 남자의 갈빗대를 취한 후 살로 대신 채워서 여자를 창조하셨다고 한다. 그리고 둘이 하나가 되어 잘 살라고 하셨다. 그러므로 천지만물의 창조의 목적은 아담의 아내였던 여자를 위한 것이라고 정의할 수 있다. 나중에 살펴보겠지만 아담과 하와의 관계가 곧 그리스도와 교회의 관계이니만큼(엡 5:31~32), 하나님의 창조 사역은 여자 곧 그리스도의 몸 된 교회를 위한 창조였다는 사실을 확인할 수 있다.

3. 하나님께서는 사람을 어떻게 창조하셨는가?

하나님께서 사람을 창조하실 때에는 먼저 첫째로, 하나님의 형상을 본떠서 창조하셨다는 것이다. 사람의 원형이 사람이 아니라 하나님이었다는 사실이다. 이는 장차 사람을 하나님 종류로 만드시기 위함이었던 것이다. 왜냐하면 사자는 사자의 형상과 모양대로 창조하셨고, 독수리는 독수리의 형상과 모양대로 창조하셨는데, 사람은 사람의 형상과 모양대로 창조하지 아니하시고 하나님의 형상과 모양대로 창조하신 것이다. 그렇다면 왜 하나님께서는 사람을 하나님의 형상과 모양을 따라 창조하신 것인가? 그것은 창세기 2장의 인간 창조 기사를 통해 알 수가 있다. 왜냐하면 하나님께서 땅의 흙으로 아담을 창조하시고 그 코에 생기를 불어넣어 살아 있는 혼(존재)이 되었다고 말씀하고 있기 때문이다. 그리고 그를 에덴동산의 생명나무 앞에 두셨다고 말씀하고 있다. 이는 처음 창조되었을 때에 사람은 하나님의 형상과 모양대로 창조하셨지만 그 사람 안에 아직 하나님의 생명이 들어가 있지 않았음을 가르쳐 준다. 그러니까 하나님께서 처음 창조했던 아담과 하와는 하나님의 생명이 아직 들어가지 않은 상태에서 하나님의 형상대로 지어졌던 것이다. 곧 사람 속에 하나님의 생명이 들어가지 않은 상태에서 하나님의 생명을 집어넣어서 온전한 사람이 되게 하시려고 하나님께서 사람을 창조하신 것이다. 그러므로 사람이 해야 할 첫 번째 과제는 생명나무의 열매를 따 먹어 자기 안에 하나님의 생명을 받아들이는 일이다. 그러므로 예수께서도 당신이 이 세상에 오신 목적을 양으로 하여금 생명을 얻게 하고 더 풍성히 얻게 하려 하심이라고 말씀하셨다(요 10:10). 그러므로 사람은 비록 육체와 영혼을 지니고는 있지만 자기 안에 하나님의 생명을 받아들이지 못한다면 모든 것이 빈 껍데기에 불과한 것이다. 사람이 그릇으로 창조되었기에 그릇 안에 내용물이 들어가야 진정한 용도의 그릇이 되는 것이다. 그러므로 만약 인간이 태어나서 자기 안에 생명을 취하지 못한 자는 용도 폐기 처분되어, 그 영혼은 영혼의 쓰레기 소각장인 불못에 던져지고 마는 것이다.

4. 하나님께서 처음 창조되었던 인간 곧 아담을 창설하신 에덴동산에 두신 이유는 무엇인가?

하나님께서는 우주 만물을 일곱째 날 인간이 창조되기 전까지 계속해서 창조하셨다. 그러니까 인간이 모든 만물의 최종 창조였던 것이다. 그런데 하나님께서 동방의 에덴이라는 장소에 동산 하나를 만드셨다. 그러고는 자신이 창조했던 아담을 그곳에 두셨다. 그리고 그에게 2가지를 명령하셨다. 첫째는 에덴동산을 경작하라(일하다, 노동하다)고 하셨다(창 2:15). 그리고 둘째는 에덴동산을 지키라고 하셨다(창 2:15). 왜냐하면 아담과 하와가 에덴동산에서 살면서 결국에는 생명나무의 열매를 먹고 낙원으로 창조한 에덴동산에서 영원히 살게 하려고 그렇게 한 것이다. 에덴동산을 그들의 기업으로 주시어 영원토록 그곳에서 살게 하시기 위해 가장 먼저 지구를 창조하시고, 이어서 식물 생명체와 은하계, 그리고 동물 생명체를 차례대로 창조한 것이다. 그런데 아담과 하와는 생명나무의 열매를 따 먹지 못한 채 에덴동산에서 추방당하고 말았다. 왜냐하면 그들은 생명나무의 열매를 먹기 전에 사탄의 말을 듣고 선과 악의 지식의 나무로서 그것을 먹으면 성녕 죽게 되는 죽음의 나무의 열매를 먹고 말았기 때문이다.

5. 창조 사역에 나타난 하나님의 경륜은 어떠한 것인가?

사실 천지만물 창조 사역의 가장 큰 핵심은 무엇인가? 하나님의 형상 곧 하나님을 담을 수 있는 그릇으로 창조된 인간이 하나님의 생명을 분배받아 하나님의 생명을 가진 자녀들이 되고, 이어서 에덴동산을 잘 경작하고 지킴으로 인하여 에덴동산을 영원한 자기 기업으로 차지하게 하려는 것이었다. 그러니까 창조 사역 가운데 나타난 하나님의 경륜은 생명 분배요 땅의 분배라고 할 수 있다. 사람이 주 예수님을 믿어서 하나님의 생명을 분배받으면 그는 하나님의 자녀가 되는 것이며, 하나님의 생명을 충분히 먹고 마시고 누리게 되고, 에덴동산을 침범하여 하나님의 경륜에 타격을 입힌 악한 영들을 자기의 몸에서 몰아냄으로 하늘의 상속자가 되는 것이다. 하나님의 상속자가 되면 하나님의 나라를 기업으로 물려받게 된다. 그러므로 창조 사역에 나타나 있는 가장 중요한 하나님의 경륜은 생명을 얻는 것이요 더 풍성히 얻어서 나중에 하나님으로부터 하늘나라를 기업으로 물려받는 것이다.

제5장
하나님의 경륜(經綸)의 최종적인 목표는 무엇인가?

> 창세기 2:15~20
>
> **15** 여호와 하나님이 그 사람을 이끌어 에덴 동산에 두어 그것을 경작하며 지키게 하시고 **16** 여호와 하나님이 그 사람에게 명하여 이르시되 동산 각종 나무의 열매는 네가 임의로 먹되 **17** 선악을 알게 하는 나무의 열매는 먹지 말라 네가 먹는 날에는 반드시 죽으리라 하시니라 **18** 여호와 하나님이 이르시되 사람이 혼자 사는 것이 좋지 아니하니 내가 그를 위하여 돕는 배필을 지으리라 하시니라 **19** 여호와 하나님이 흙으로 각종 들짐승과 공중의 각종 새를 지으시고 아담이 무엇이라고 부르나 보시려고 그것들을 그에게로 이끌어 가시니 아담이 각 생물을 부르는 것이 곧 그 이름이 되었더라 **20** 아담이 모든 가축과 공중의 새와 들의 모든 짐승에게 이름을 주니라 아담이 돕는 배필이 없으므로

1. 들어가며

하나님의 경륜은 만세 전에 세워진 것이다. 그리고 지금도 그것이 성취되고 있다. 왜냐하면 한 분이신 하나님께서 작정하시고 그 일을 진행하시고 있기 때문이다. 앞에서 살펴보았지만 하나님의 경륜은 우리 인간을 위한 것이다. 그래서 하나님께서 천지만물의 창조도 인간이 살 수 있는 환경을 마련하는 것이었다. 그리고 특별히 사람은 사람

의 형상과 모양이 아니라 하나님의 형상과 모양대로 만들어졌는데, 이는 하나님께서 그 속에 들어오시기 위함이었다. 왜냐하면 하나님의 형상으로 지어진 최초의 사람 속에 하나님의 생명이 들어 있지 않았기 때문이다. 그러므로 최초에 창조된 사람은 하나님을 담을 수 있는 그릇으로 창조되었다는 것을 알 수 있다. 그렇다면 인간을 향한 하나님의 경륜은 무엇인가? 그리고 그것의 궁극적인 목표는 대체 무엇인가?

2. 하나님의 경륜이란 무엇인가?

하나님의 경륜은 한 분이신 하나님께서 만세 전에 그리스도 안에서 인간을 당신의 자녀로 삼으시고 또한 상속자가 되게 하시어 당신의 땅인 천국을 기업으로 물려주시려는 경영 계획을 가리킨다. 그러므로 하나님의 경륜의 중심에는 사람이 있다. 그러므로 모든 만물은 인간의 필요를 채워 주기 위해 창조된 것이다. 그래서 우주의 중심은 지구이며, 지구의 중심은 사람이며, 사람의 중심은 여자라는 것을 알 수 있다. 그렇다면 하나님께서는 어떤 방식으로 당신의 경영 계획을 실천해 나가시는가? 그것은 '분배'('오이코노미아'=dispensation)라는 방법이다. 먼저는 하나님의 생명을 인간에게 분배하여, 그릇으로 창조된 인간 속에 하나님의 생명을 분배해 주려는 것이었다. 그러나 인간이 에덴동산에서 생명을 취하기 전에 먼저 범죄함으로 인간은 에덴동산에서 쫓겨났다. 그리고 하나님의 아들이시자 그리스도이신 예수께서 이 땅에 오셔서, 인류의 죄값을 속량하신 후에 생명 주는 영이 되셔서 인간에게 생명을 분배해 주셨다. 그러자 인간은 그때에 비로소 하나님의 생명을 자기 안에 가질 수 있게 되었다. 그런데 생명을 가지고 들어오시는 생명의 영이신 성령께서는 사람의 영 속에 들어가서 거주하신다. 그렇다. 사람이 거듭났다고 해서 아직 자신의 혼과 자신의 육체에 있는 악한 영들이 없어지거나 사라지는 것이 아니다. 그것들이 잠시 그 기능을 수행하지 못했을 뿐이다. 그러므로 하나님의 경륜의 시작은 '하나님의 생명 분배'라고 정의할 수 있을 것이다.

3. 하나님의 경륜의 궁극적인 목표는 무엇인가?

그렇다면 하나님의 경륜의 궁극적인 목표는 무엇인가? 그것은 하나님의 형상 곧 하나님을 담는 그릇으로 만들어진 인간의 영 속에 그리스도께서 들어가시는 것이다. 그러므로 자기의 영 속에 하나님의 생명을 취하지 않는 사람은 온전한 사람이라고 부르기가 곤란하다. 사람 속에 하나님의 생명이자 영원한 생명이요, 아버지의 생명이 들어오지 않았기 때문이다. 하나님의 생명이 사람 속에 들어오지 않아서, 속 생명 없이 겉 생명으로만 살았던 사람은 생명의 은혜로부터 완전히 차단된 불구덩이 속에서 영원히 거주하게 될 것이다. 그러면 이제 믿음을 통해 자기 속에 하나님의 생명을 가진 자는 어떻게 살아야 하는가? 아무것도 하지 않고 살아도 괜찮다는 말인가? 그렇지는 않다. 왜냐하면 예수께서 이 세상에 오신 목적이 "양으로 생명을 얻게 하고 더 풍성히 얻게 하려고" 오신 것이라고 말씀하셨기 때문이다(요 10:10).

그래서 하나님의 생명을 자기 속에 모셔 들이고 성령의 자유스러운 운행하심 아래서 살고 있는 그리스도인들에게 하나님의 경륜의 마지막은 대체 어떤 것인가? 다시 말해 하나님의 경륜의 궁극적인 목표는 무엇인가? 그것은 땅을 기업으로 받는 것이다. 하나님의 나라(왕국)를 기업으로 물려받는 것이다. 이것이 하나님의 상속자가 된다는 의미다. 그러므로 우리는 하나님의 생명을 자기 안에 받아들였다고 해서 모든 것이 끝난 것이 아니다. 이제는 하나님께서 주실 땅을 기업으로 받기 위해서 살아가야 한다. 그것이 하나님의 경륜의 궁극적인 목표가 되기 때문이다.

4. 에덴동산에 창조하신 아담에게 주신 하나님의 경륜은 어떻게 계시되어 있는가?

사람이 하나님의 생명을 분배받아 하나님의 자녀가 된 것은 하나님께서 인류에게 자신의 경륜을 이루기 위해서 꼭 필요한 과정이다. 그런데 이것은 하나님의 경륜의 궁극적인 목표가 아니다. 왜냐하면 하나님의 궁극적인 목표는 하나님의 나라를 기업으로 물려주는 것이기 때문이다. 그러므로 사람이 예수님을 믿어서 거듭나게 된 사건은 자신을 향한 하나님의 경륜의 시작 단계에 돌입한 것이다. 왜냐하면 하

하나님께서 아담을 창조하시고 그에게 생명을 얻게 하고 그러고 나서 그에게 주시려고 했던 복은 따로 있었기 때문이다. 그것은 하나님께서 에덴동산을 창설하시고 그때 아담에게 주신 명령에 들어 있다. 그것은 3가지다. 첫째, 그 땅인 에덴동산을 경작하라, 일구어라, 일하라, 섬기라는 것이다. 둘째, 그 땅을 지키라는 것이다. 여기서 '지키라'는 말은 '보존하다, 감시하다, 주의를 기울인다'의 뜻을 가지고 있다. 그러므로 아담은 가장 먼저 에덴동산을 일구어서 경작해야 했다. 에덴동산에 있는 나무와 동물들을 하나님의 경륜을 따라서 관리해야 했던 것이다. 그리고 나서는 두 번째 사건으로서 에덴동산을 원수 마귀로부터 지켜내야 했다. 뱀이 에덴동산을 침투해 들어오는 것을 막아야 했다. 왜냐하면 뱀과 같은 파충류나 곤충, 연체동물로서 오징어나 문어 등은 하나님께서 아담에게 이름 지으라고 에덴동산까지 가지고 와서 먹으라고 하지 않았기 때문이다.

5. 에덴동산을 관리하고 지키는 자가 받게 될 최종적인 복은 무엇인가?

하나님께서 에덴동산에 아담을 갖다 두신 것은 에덴동산의 주인(왕)이 되어 그곳에서 영원히 살게 하려 함이었다. 왜냐하면 에덴동산 안에 있는 모든 것이 다 아담 아래에 있어 아담의 통치를 받게 하려는 데에 있었기 때문이다. 그런데 에덴동산 안에 있던 아담에게 하나님께서 데려온 것 중 뱀은 들어 있지 않았다. 왜냐하면 아담에게 보여 주고 그가 이름을 붙여 주게 하기 위해 데려온 동물들은 세 종류였다. 가축(집짐승)과 공중의 각종 새(조류)와 들짐승이었기 때문이다(창 2:19~20). 거기에는 뱀과 같은 양서류나 파충류나 곤충 같은 것이 들어 있지 않았다. 그러므로 아담은 뱀이 에덴동산에 들어와서 활개치는 것을 막았어야 했다. 하지만 그것을 막지 못했다. 그런데 뱀을 막지 못한 결과는 무엇이었는가? 결국 자신의 아내가 뱀에게 유혹을 받아 선악과를 따 먹음으로 뱀이 사람의 육체 속으로 들어오게 한 것이다.

그래서 인간은 그때 이후로 뱀의 집이 되었다. 그래서 우리 주 예수께서도 사람의 몸을 귀신의 집이라고 하셨다(마 12:43-45). 그러므로 하나님께서도 회개하여 귀신을 자기의 몸속에서 쫓아낸 자에게 천국에서 땅을 기업으로 주신다. 아무리 젖과 꿀이 흐르는 가나안 땅을 주께서 주시고자 할지라도, 그 땅에서 이미 살고 있던 가나안 일곱 족속을 쫓아내지 못한 자는 결국 그 땅을 차지하지 못했던 것이다. 그러므로 자기의 몸속에서 귀신을 쫓아낸 자가 결국 천국에서 땅을 기업으로 받게 되는 것이다. 그러므로 오늘날에는 이미 자기의 몸 안에 들어와 있는 귀신을 쫓아내는 자가 결국 천국에 들어갔을 때에 영권이 있는 자가 되어 왕 노릇할 수 있게 되는 것이다.

제6장
하나님의 경륜에 따른 회개와 천국복음의 역할은 대체 무엇인가?

> 에베소서 6:10~17
> 10 끝으로 너희가 주 안에서와 그 힘의 능력으로 강건하여지고 11 마귀의 간계를 능히 대적하기 위하여 하나님의 전신 갑주를 입으라 12 우리의 씨름은 혈과 육을 상대하는 것이 아니요 통치자들과 권세들과 이 어둠의 세상 주관자들과 하늘에 있는 악의 영들을 상대함이라 13 그러므로 하나님의 전신 갑주를 취하라 이는 악한 날에 너희가 능히 대적하고 모든 일을 행한 후에 서기 위함이라 14 그런즉 서서 진리로 너희 허리 띠를 띠고 의의 호심경을 붙이고 15 평안의 복음이 준비한 것으로 신을 신고 16 모든 것 위에 믿음의 방패를 가지고 이로써 능히 악한 자의 모든 불화살을 소멸하고 17 구원의 투구와 성령의 검 곧 하나님의 말씀을 가지라

1. 들어가며

하나님의 경륜은 무엇이며, 회개와 천국복음이란 무엇인가? '하나님의 경륜'은 하나님께서 만세 전에 품으신 원대한 하나님의 뜻이자 경영 계획을 가리킨다. 그런데 이것은 바로 인간에 대한 계획이다. 그리고 이것은 인간보다 뛰어나게 지은 천사를 향한 계획이 아닌 바로

우리 인간에게 베풀고자 하는 아주 특별한 은혜이다. 그런데 하나님의 경륜이 성취되기 위해서는 어떤 방법이 필요한가? 그 방법의 하나가 바로 회개와 천국복음이라는 것이다. 그래서 이번 장에서는 하나님의 경륜에 따라 회개와 천국복음의 역할이 어떤 것인지를 살펴보고자 한다.

2. 하나님의 경륜과 회개와 천국복음은 과연 어떤 상관관계가 있는가?

'하나님의 경륜'이란 앞에서도 잠깐 살펴본 바와 같이 하나님의 경영 계획을 가리킨다. 하나님께서 천지 만물을 창조하시기도 전에 품으신 기쁘신 뜻이다. 그리고 이것은 다른 대상이 아니라 우리 인간을 위한 계획인데, 모든 것은 '그리스도 안에서' 계획하신 것이다(엡 1:3). 그러므로 그리스도가 없이는 이 경륜은 성취될 수 없다. 모든 것이 그리스도 안에서 성취되며 그리스도를 통하여 성취가 되는 것이다. 그러므로 하나님의 경륜의 핵심은 그리스도를 통하여 주어지는 생명 분배에 그 일차적인 핵심이 있고, 이기는 자들에게 주어지게 될 땅의 분배에 2차적인 핵심이 있다.

그렇다면 '회개와 천국복음'은 무엇인가? 회개와 천국복음이란 먼저 종교 개혁자들이 잃어버린 회개의 중요성을 알리고, 믿는 이들을 천국 곧 새 예루살렘 성 안으로 들여보내기 위한 복음이 무엇인지를 알려 주는 영성 운동이라고 정의할 수 있다. 이 운동은 회개 없이는 천국에 못 들어가며, 회개 없이는 저주에서도 벗어나지 못한다는 것을 가르쳐 준다. 그러므로 이 영성 운동은 회개를 지속하자는 운동이며, 한 번 얻은 구원이라 할지라도 얼마든지 잃어버릴 수 있으니 정신 차리자는 운동이다. 그리고 우리 인생의 목표는 단순한 구원이 아니라 실제적인 천국 곧 새 예루살렘 성 안에 들어가는 것이며, 새 예루살렘 성 안에 들어가서도 왕 노릇하는 자가 되자는 운동이다.

그러므로 하나님의 경륜을 이루는 데 있어서 가장 필요한 도구가 있다면 그것은 바로 '회개와 천국복음'이라고 할 수 있다. 왜냐하면 회개 없이는 생명 분배가 이루어지지 않으며, 회개 없이는 천국의 땅을 분배받지도 못하기 때문이다. 그러므로 하나님의 경륜을 이루는 데 가장 중요한 방법이자 수단은 '회개와 천국복음'이라고 말할 수 있을 것이다.

3. 하나님의 경륜과 회개와 천국복음의 차이는 무엇인가?

사실 '하나님의 경륜'이 하나님의 원대한 뜻과 경영 계획이라고 한다면, '회개와 천국복음'은 그 원대한 뜻을 이루는 방법이자 수단이라고 정의할 수 있다. 그러므로 '하나님의 경륜'이 하나님께서 우리에게 무엇을 주시고자 하는가에 초점이 맞추어져 있다면, '회개와 천국복음'이란 하나님께서 주시고자 하는 것을 얻기 위해서 과연 우리가 무엇에 힘써야 하는지에 관해 초점이 맞추어져 있다. 다시 말해서 하나님이 하시는 일이 '하나님의 경륜'의 관점이라면, 우리가 해야 할 일은 바로 '회개와 천국복음'에 해당하는 것이다. 뿐만 아니라 '하나님의 경륜'이 성경을 제대로 이해하기 위한 가장 효과적인 방법이라면, '회개와 천국복음'은 영적인 세계를 이해하기 위한 가장 훌륭한 방법이라고도 말할 수 있다. 왜냐하면 하나님의 경륜을 이해하면, 신구약 성경이 쫙 열리기 때문이요, 회개와 천국복음을 이해하면 영적인 세계 곧 성령과 천사와 귀신, 천국을 알게 되고 그것을 침노하기 시작하게 되기 때문이다. 그러므로 우리는 하나님의 경륜도 공부해야 하며, 회개와 천국복음을 통해서 영적인 실제도 경험해야 한다.

4. 하나님의 경륜의 초점은 무엇인가?

하나님의 경륜은 하나님의 어떠한 것을 인간에게 분배하는 경영 계획이다. 그러므로 하나님께서 우리에게 무엇을 주려고 하시는지를 우리는 알아야 한다. 하나님께서는 우리 인간에게 2가지를 주려고 하셨다. 하나는 생명이고 또 하나는 땅이다.

먼저, 하나님께서 인류에게 주시고자 했던 것은 '하나님의 생명'이라는 것을 알아야 한다. 그러므로 하나님께서는 인간이 하나님의 생명을 담을 수 있는 그릇의 형태로서 하나님의 형상대로 창조하셨다. 그리고 그 생명을 취할 수 있도록 창조하신 아담을 에덴동산의 생명나무 앞에 두셨다. 그러나 인간은 자기 안에 하나님의 생명을 취하기 전에 선악과를 먼저 따먹음으로 인하여 하나님의 경륜에서 벗어나고 말았다. 그런데 그때 따먹은 선악과가 결국 아담과 하와에게 죽음을 가져다주었다. 그래서 하나님께서 인간에게 당신의 생명을 주시기 전에, 먼저 인류의 죄를 속죄하기 위해 사람으로 오신 것이다. 그래서 피 흘려 대신 죽으신 것이다. 왜냐하면 하나님께서는 영이시므로 피 흘려 죽으실 수가 없기 때문이다. 그런데 첫 사람 아담과는 달리 마지막 아담이신 예수께서는 이 땅에 들어오실 때에 하나님의 생명을 자기 안에 가지고 오셨다(요 5:26, 요일 5:12). 하나님께서 그의 아들인 예수님에게 생명을 주셔서 이 땅에 보내셨기 때문이다. 그러므로 예수님의 성육신은 하나님의 생명을 가진 자가 어떤 존재인지를 알려 주시기 위함이요, 예수님의 죽으심은 그분 안에 있는 생명을 해방하시기 위함이다. 그리고 그분이 승천하셔서 보혜사 성령을 보내 주심은 그분이 가진 생명을 누구든지 가질 수 있도록 바람처럼 사람 속에 들어오시게 하기 위함이었다. 그러므로 누구든지 자신이 죄인인 것을 시인하고 예수님을 영접하면, 성령께서 하나님의 생명을 가지고 사람 속에 들어오시는 것이다. 그러므로 드디어 하나님의 경륜의 첫 번째 방면인 하나님의 생명의 분배가 그 사람에게서 일어나는 것이다. 고로 사람의 거듭남이란 하나님의 생명이 사람 속에 분배하는 것을 가리키는 용어인 것을 알 수 있다.

둘째, 하나님께서는 하나님의 생명을 가진 자로 하여금 하늘나라의 땅을 기업으로 물려주시기를 원하신다. 하나님께서 만세 전에 계획하신 것은 단순히 하나님의 생명을 주어 인간으로 하여금 하나님의 자녀가 되게 하는 데에만 있지 않았다. 더 나아가 하나님의 자녀가 상속자가 되는 것에 있었다. 그러므로 우리는 하늘나라에 준비된 천국의 땅을 기업으로 물려받아야 한다. 천국에 들어갔어도 그 땅을 물려받는 자가 되어야 한다. 그러한 자가 결국 '하나님의 상속자'이기 때문이다. 다시 말해 사람은 누구나 예수님을 믿어 하나님의 생명을 받을 수 있다. 하지만 하늘나라를 기업으로 물려받는 자가 많지 않다. 그러므로 자신이 하나님의 자녀가 되었다면 그 다음부터는 천국의 상속자가 되기 위해 힘써야 한다. 자신이 예수님을 믿어 천국에 들어가게 된 것은 하나님의 경륜 중에서 절반만 성취된 것이다. 왜냐하면 하나님의 완전한 경륜이 성취는 하늘나라의 땅을 기업으로 물려받는 자가 되는 것이기 때문이다.

5. 하늘나라의 땅을 누가 기업으로 차지하는가?

그렇다면 과연 누가 천국에 들어갔을 때에 하늘나라의 땅을 기업으로 물려받게 되는가? 다시 말해 누가 천국에서 하나님의 상속자가 되는 것인가? 어떤 사람은 하나님의 자녀가 되었다면 누구든지 다 하나님의 상속자가 된다고 말하는데, 실상은 그렇지 않다. 하나님의 자녀가 되었다고 해서 반드시 하나님의 나라를 상속받는 자가 되는 것이 아니기 때문이다. 결국 천국의 상속자가 되려면, 우리가 천국의 상속자가 되기 위한 삶을 살아내야 한다. 그러므로 천국에 들어갔을 때에 누구든지 왕 같은 제사장이 된다는 주장은 사실 잘못된 것이다. 왕 같은 제사장이 되기에 합당한 삶을 살아내는 자가 왕 같은 제사장이 되기 때문이다. 그렇다면 어떤 자가 천국에서 상속자가 되는 것이며, 하늘나라의 땅을 기업으로 물려받게 되는 것인가? 그것은 다음의 2가지가 필요하다.

첫째, 생명을 얻되 더 풍성히 얻는 자가 된다면 아름다운 천국 집을 소유하게 된다. 예수님께서 이 세상에 오신 목적은 3가지다. 첫 번째는 자기의 목숨을 많은 사람들을 위한 대속물로 내어 주려고 오셨다(막 10:45). 그리고 두 번째는 우리 인간으로 하여금 생명을 얻게 하고 더 풍성히 얻게 하려고 오셨다. 그리고 마지막으로는 마귀의 일을 멸하려 오셨다(요일 3:8). 그러므로 우리가 예수님을 믿게 되면 이와 같은 3가지 혜택을 누리게 된다. 그런데 첫 번째 목적은 우리로 하여금 생명을 얻게 하기 위하여 주님께서 전 단계로 행하시는 일이다. 아담이 범죄하지 않았더라면 필요 없는 일이기 때문이다. 하나님의 경륜상 가장 중요한 일은 우리가 예수님을 믿어서 생명을 얻어야 한다는 것이다(요 10:10). 그것은 자기가 죄인이라는 것을 시인하고 예수님을 영접하는 일이다(요 1:12). 그러면 우리가 하나님의 생명을 가진 자가 된다. 그런데 그 다음이 매우 중요하다. 왜냐하면 생명을 누리되 더 풍성히 누리는 자는 자기의 영에서부터 점차 성령이 통치하는 영역을 확장시킬 수가 있기 때문이다. 주님이 원하는 것은 무엇인가? 그것은 우리 안에 생명을 가지고 들어오신 성령께서 우리의 영만 통치하시는 것이 아니라 혼까지도 통치하고 나아가서는 육체까지도 통치하는 것이다. 그래서 우리 영 속에 있는 성령께서 우리의 혼과 육까지도 장악하게 된다면, 장차 들어가게 될 천국 집이 금과 진주와 보석으로 단장

될 것이다. 왜냐하면 에덴동산의 강물이 흘러 첫 번째 비손 강을 적셨을 때에 그곳에서 금과 베델리엄과 호마노가 산출되었기 때문이다(창 2:12). 흙이 생명의 흐름을 통해서 보석으로 바뀌게 되는 일이 있는 것이다. 사람의 몸이 흙으로 만들어진 만큼 천국의 우리 집도 금과 진주와 보석으로 단장되는 것이다.

둘째, 하나님의 경륜을 방해했던 악한 영들과 싸운 자가 천국에서 땅을 기업으로 차지하게 된다. 하나님의 경륜에 따르면 아담이 생명나무의 열매를 먹고 하나님의 생명을 얻었어야 했다. 하지만 중간에 뱀 곧 옛뱀이자 마귀아 사탄이라고 하며 온 천하를 꾀는 자가 나타나 하와를 속이고 아담을 속여 선악과를 따먹게 하고 말았다. 거짓말로 아담과 하와를 속여 하나님의 경륜을 방해한 것이다. 그러므로 하나님께서는 장차 여자의 씨를 보내서 뱀의 머리를 깨뜨리게 할 것이라고 선고했다. 그래서 오신 이가 바로 예수님이시다. 그러므로 예수께서 이 세상에 오시게 된 이유 가운데 최종적인 것은 하나님의 경륜을 방해했던 마귀를 처단하고 심판하기 위함이었던 것이다. 왜냐하면 마귀는 인간에게만 원수가 아니라 하나님을 대적하는 놈이기 때문이다. 그러므로 하나님을 대적했던 마귀와 싸워 그에게 속한 귀신들을 물리치는 성도들에게는 하나님께서 당신의 나라를 기업으로 물려주시는 것이다. 그러므로 우리가 하나님의 자녀가 되는 것도 중요하고, 그리스도의 신부가 되는 것도 중요한 일이기는 하지만 더 나아가서, 우리가 그리스도의 전사가 되어 귀신들과 싸워 귀신들을 축출하는 일도 중요한 것이다. 그러기 위해서는 자백하는 회개가 우리에게 필수적으로 요구된다. 그리고 회개할 때에 자신이 범한 자범죄뿐만 아니라 자기의 윗대 조상들이 지었던 우상숭배의 죄까지 회개해야 하는 것이다.

6. 회개와 천국복음의 역할은 무엇인가?

그러므로 우리가 생명을 얻기 위해서나 귀신을 내 몸에서 몰아내는 일에 있어서나 공통적으로 '회개'가 필수적이라는 사실을 알아야 한다. 왜냐하면 회개 없이는 하나님의 생명을 얻을 수가 없고, 회개 없이는 우리 몸에서 귀신을 내쫓아 보낼 수가 없기 때문이다. 그러므로 회개가 생명에 들어가는 관문이자 회개가 천국에 들어가는 관문이라는 것을 우리는 깨달아야 한다. 그리고 우리가 천국에 들어갔을 때에 하늘나라를 기업으로 물려받으려면 반드시 회개를 통해서 귀신을 쫓아내야 한다. 그러므로 회개와 천국복음은 하나님의 경륜을 성취하는 데에 있어서 가장 중요한 방법이자 수단이 되는 것이다. 이것을 깨닫게 해 주신 하나님께 영광을 돌린다.

7. 나오며

필자는 지난 10년 동안 회개와 천국복음을 외쳤고 또한 우리는 들었다. 그러다 보니 회개와 천국복음이 왜 그리 중요한 것인지 과거에

미처 몰랐던 것을 계속해서 깨달아 가고 있다. 사실 하나님께서 하시는 일은 우리의 머리로만 측량할 수 있는 것이 아니다. 하나님께서는 누군가를 통하여 당신의 일을 하고 계신다. 뿐만 아니라 오늘도 하나님의 뜻을 이루는 자들을 찾고 계신다. 그러므로 하나님의 경륜을 이루는 데 있어서 가장 중요한 것은 회개의 중요성을 깨닫고 천국에 들어가는 자를 산출하도록 돕는 것이며 또한 천국에 들어가서 상 얻는 자를 산출하도록 돕는 것이다. 이를 위해 하나님의 경륜을 깨닫고 실천하는 데에 무려 25년이라는 시간을 가졌었고, 회개와 천국복음을 깨닫고 실천하는 데에 10년이라는 시간을 또 가졌다. 이제야 비로소 하나님이 경륜과 회개와 천국복음이 하나가 되어 하나님의 뜻을 준행하는 시작점을 갖게 되었다. 이 얼마나 감사한 일인가! 사실 내가 지금 어디에 위치해 있는지를 알려면 우리는 하나님의 경륜을 공부해야 한다. 그리고 그것이 실제적인 것이 되게 하려면 회개와 천국복음을 아는 것이 역시 필요하다. 어느 것도 소홀히 여길 수가 없는 영역들이다. 그래서 앞으로 우리는 하나님의 경륜을 더 들여다볼 것이다. 그리고 회개와 천국복음과 함께 이 시대에 주어진 마지막 사명을 완수할 것이다. 오직 하나님의 뜻이 이 땅에서 성취되도록 하나님께서 주신 은혜의 분량을 따라 최선을 다할 것이다. 오직 하나님께만 영광을 돌린다.

제7장
하나님의 경륜의 최종단계로서 땅의 분배의 예표는 무엇인가?

여호수아 13:1~7

1 여호수아가 나이가 많아 늙으매 여호와께서 그에게 이르시되 너는 나이가 많아 늙었고 얻을 땅이 매우 많이 남아 있도다 2 이 남은 땅은 이러하니 블레셋 사람의 모든 지역과 그술 족속의 모든 지역 3 곧 애굽 앞 시홀 시내에서부터 가나안 사람에게 속한 북쪽 에그론 경계까지와 블레셋 사람의 다섯 통치자들의 땅 곧 가사 족속과 아스돗 족속과 아스글론 족속과 가드 족속과 에그론 족속과 또 남쪽 아위 족속의 땅과 4 또 가나안 족속의 모든 땅과 시돈 사람에게 속한 므아라와 아모리 족속의 경계 아벡까지와 5 또 그발 족속의 땅과 해 뜨는 곳의 온 레바논 곧 헤르몬 산 아래 바알갓에서부터 하맛에 들어가는 곳까지와 6 또 레바논에서부터 미스르봇마임까지 산지의 모든 주민 곧 모든 시돈 사람의 땅이라 내가 그들을 이스라엘 자손 앞에서 쫓아내리니 너는 내가 명령한 대로 그 땅을 이스라엘에게 분배하여 기업이 되게 하되 7 너는 이 땅을 아홉 지파와 므낫세 반 지파에게 나누어 기업이 되게 하라 하셨더라

1. 들어가며

'하나님의 경륜'이란 무엇인가? 그것은 하나님께서 창세 전에 품으신 원대한 우주 경영 계획을 가리킨다. 그런데 이러한 계획은 다른 무엇을 그 대상으로 생각한 것이 아니라 오직 우리 인간을 대상으로 한 것이었다(엡 1:3). 이는 하나님께서 만세 전에 그리스도 안에서 우리 인간에게 하늘에 속한 신령한 복을 주시기 위해 그분의 기쁘신 뜻대로 이 모든 일을 예정하셨기 때문이다. 그러므로 우리가 성경을 제대로 보고 또한 우리의 인생의 미래를 제대로 준비하기 위해서는 반드시 하나님께서 만세 전에 품으신 하나님의 계획에 대해 알아야 한다. 그래야 지금 나의 현주소가 파악되기 때문이다. 하나님의 경륜의 관점에서 나를 비춰볼 때 비로소 지금 나의 위치가 어디에 있는지가 보이기 때문이다. 그래서 오늘은 하나님의 경륜의 3가지 단계 가운데, 마지막 단계인 '땅의 분배'에 관하여 살펴볼 것이다. 그것도 구약성경에 나타난 땅의 분배에 관한 예표론적인 2가지 사건을 조명해 보고자 한다. 아무쪼록 이 말씀을 통하여 하나님의 경륜의 궁극적인 마지막 단계가 무엇인지를 제대로 파악하고 그 가운데 나는 지금 얼마나 하나님의 뜻을 성취하고 있는지를 파악함으로 그날을 잘 준비하는 복된 성도가 되기를 바란다.

2. 하나님의 경륜은 어떤 단계로 진행되는가?

하나님께서 만세 전에 품으신 인간을 향한 경영 계획은 처음에는 2단계로 제시되었다. 그것은 생명의 분배 단계와 땅의 분배 단계였다. 하지만 이러한 하나님의 경륜을 방해하려는 뱀(사탄 마귀)의 등장으로 인하여, 하나님의 경륜은 3단계로 확대되었다.

그러면 원래 인간을 향한 하나님의 경영 계획은 어떤 것이었는가? 그것은 2가지의 분배였다. 먼저 1단계로는 인간에게 생명을 분배하는 단계다. 이를 위해 하나님께서는 사람을 창조하시되, 사람을 하나님을 담을 수 있는 하나님의 형상과 모양대로 창조하셨다. 그리고 그 사람을 생명나무 앞에 두셨다. 왜냐하면 사람 속에 당신의 생명을 분배해 주어서 하나님의 아들들이 되게 하려고 하셨기 때문이다. 그리고 2단계는 하나님의 상속자들에게 땅을 분배해 주는 단계다. 즉 사람이 하나님의 생명을 얻되 더 풍성히 얻는 자에게는 땅을 주시려고 하시는 것이다. 왜냐하면 하나님의 경영 계획을 반대하고 무너뜨리기를 시도했던 사탄 마귀를 멸하는 자에게 하늘나라의 땅을 기업으로 주신다고 말씀하셨기 때문이다. 그러므로 우리가 천국에 들어갔을 때에 하나님의 상속자가 되고 하늘나라의 땅을 영원한 유업으로 차지하려면 그는 반드시 사탄 마귀와 영적 싸움을 시작해야 하는 것이다.

그런데 인간이 생명나무의 열매에서 그 생명을 취하기 전에 먼저 선악과를 따먹음으로 사망이 들어오는 바람에, 이것들보다 하나의 전 단계가 필요하게 되었다. 그래서 하나님께서 사람이 되시어 모든 인류의 죄값을 대신 담당하심으로 인류를 죄와 죽음과 마귀로부터 건져내는 단계를 만드셨다. 이 일을 위해 하나님께서 대신 피 흘려 죽으시기 위해 사람으로 이 땅에 오신 것이다. 그것이 바로 예수님의 성육신 사건이다.

3. 하나님의 경륜의 최종적인 단계로서 땅의 왕들이 되는 것이란 대체 어떤 의미인가?

하나님의 경륜은 사람에게 하나님의 생명을 주는 단계만 있었던 것이 아니었다. 만약 이 단계로만 끝나는 계획이었다면 모든 인류는 자신의 죄를 회개하고 예수님을 영접하여서 거듭난 하나님의 자녀가 되면 그것으로 하나님의 경륜은 완성되었을 것이다. 그러나 생명의 분배를 통한 인류의 거듭남은 하나님 계획의 시작에 해당하는 것이다. 하나님의 경륜의 최종적인 단계는 하나님의 생명을 분배받은 성도들로 하여금 하나님 나라의 상속자가 되게 하려는 것이었다. 그러므로 하나님 나라의 상속자가 되기에 합당한 자는 천국에 들어갈 때에 하늘의 땅을 영원한 기업으로 얻는 자가 될 것이다. 그러므로 모든 계시의 완결판으로 주어진 요한계시록의 말씀에 따르면, 하나님께서 설정해 놓으신 인간의 최종적인 구원은 하나님의 백성 내지는 하나님의 자녀가 되는 것이 아니었다. 그 단계에서 한 걸음 더 나아가서 하늘나라의 땅을 기업으로 물려받아 땅 위에서 왕 노릇하는 상속자가 되게 하는 것이었다.

그러므로 지금 천국에서 예수님은 그곳에 있는 땅 위에서 왕 노릇하는 이들의 통치자가 되어 계신다(계 1:5). 그리고 천국에서 땅의 통치자의 대표자는 왕과 제사장으로서 등장하는 24장로들이다. 그들은 지금도 천국에서 자기들을 천국의 땅 위에서 왕 노릇하는 존재가 되도록 계획하시고 성취하신 것을 찬양한다. 즉 일찍 죽임을 당한 어린양께서 당신의 피로서 사람들을 사신 후에 하나님께 드리시고, 그들로 하여금 왕국의 왕과 백성들 그리고 제사장들이 되게 하셨다고 찬양을 하는 것이다(계 5:9~10).

그러므로 천국에서의 최종적인 인간의 신분은 하나님의 자녀도 아니요, 하나님의 백성도 아니며, 어린양의 신부도 아니다. 거기에서 땅의 왕들로 살아가는 것이다(계 21:24~26). 이들은 만국 백성 위에 왕으로 통치할 것이다. 여기서 '만국'이라 함은 세상 모든 민족을 가리키는 것으로, 유대인과 이방인들을 다 포함하는 개념이다. '땅의 왕들'은 천국에 있는 땅에서 왕 노릇하는 자들로서, 하늘에서 특별한 지위를 얻을 성도들을 가리킨다. 이들이 천국에서 예배드릴 때에는 제사장의 신분이 되는 것이고, 평소에는 땅을 다스리는 왕들로 살아가는 것이다. 그러므로 천국에서 성도의 마지막 신분은 2가지로서, 하나는 만국 백성(일반 성도들)이고 또 하나는 땅의 왕들인 것이다.

4. 하나님께서 천국의 땅을 분배해 주신다는 것은 구약 시대에 어떻게 계시되었는가?

하나님께서 천국의 땅을 분배해 주신다는 사실은 구약 시대에 두 번이나 계시가 되었다. 첫 번째는 이스라엘 백성의 가나안 정복과 분배 때에 있었다. 하나님께서는 B.C. 2000년경 당신의 말을 믿고 순종한 아브라함에게 가나안 땅을 영원한 기업으로 주신다고 약속하셨다. 하지만 가나안 일곱 족속들의 우상숭배의 죄가 당시는 관영(貫盈)하지 않았기에, 그 약속은 그때로부터 약 600년이 지난 모세와 여호수아의 시대에 성취가 된다. 그리고 그것은 두 부분으로 나뉘어서 진행되었다. 먼저는 가나안 땅을 정복하는 전쟁을 치른 것이고(수 1~12장) 또 하나는 그 땅을 기업으로 분배해 준 것이었다(수 13~24장). 여기서 중요한 것은 가나안 정복 전쟁에 참여한 자들에게만 땅이 기업으로 분배되었다는 사실이다. 이는 나중에 우리 성도들이 천국에 들어갔을 때, 하늘나라를 기업으로 차지할 자가 누군지를 알려 주는 것으로서, 가나안 일곱 족속들로 상징되는 악한 영들과 전쟁하여 승리하는 자가 그 땅을 기업으로 차지한다는 사실을 알려 준다.

5. 가나안 땅의 분배는 어떤 원칙에 따라 진행되었는가?

그렇다면 가나안 땅의 분배는 어떤 과정과 절차를 통해 이뤄졌는가? 그것은 첫째, 여호수아와 갈렙에게는 특별 기업을 분배해 주었다는 것이다. 왜냐하면 여호수아와 갈렙은 가나안 정복 전쟁에 참여하기 약 45년 전에 가나안 땅을 정탐하고 나서 믿음으로 보고했었기 때문이다. 이 말씀은 가나안 땅을 기업으로 줄 것이라는 기대를 하고 그 말씀을 믿은 자가 결국 그 땅을 차지하게 된다는 것을 의미한다. 그리고 여호수아는 '주의 종'을 대표하는 인물이고, '갈렙'은 평신도를 대표하는 인물이다. 둘째, 르우벤 지파와 갓 지파 그리고 므낫세 반 지파 등 두 지파 반이 그들이 바라고 소망했던 대로 요단강 동편의 땅을 먼저 차지했다는 것이다. 왜냐하면 요단강 동편의 땅은 원래 약속된 가나안 일곱 족속의 땅은 아니었으나, 그 땅도 가나안 땅처럼 좋은 땅이라고 생각한 두 지파 반이 먼저 그 땅을 기업으로 분배해 줄 것을 요청하였기 때문이다. 그러므로 그들은 처자식들을 그 땅에 남겨두고, 장정들은 가나안 본토에 들어간 뒤 가나안 정복 전쟁에 끝까지 참여했던 것이다. 그렇다. 이러한 사실은 가나안 땅에 대하여 미리 맛봄으로 그것을 사모하는 자들에게 그 땅을 기업으로 주신다는 것을 의미한다. 셋째, 나머지 아홉 지파 반이 제비뽑기 방식으로 가나안 본토의 땅을 분배받기는 했지만, 그때까지 정복되지 않은 땅을 제비뽑아 그 땅을 정복하려고 떠난 지파가 그 땅을 차지했다는 것이다. 이때 먼저 나와서 제비뽑았던 유다 지파와 에브라임 지파 그리고 므낫세 반 지파가 가나안 땅의 노른자위인 중앙의 땅을 분배받았다는 것이다. 그렇다. 이는 그 땅에 아직 남아 있는 가나안 민족을 두려워하지 않고 그 땅을 제비뽑아 그들과 먼저 전쟁하러 떠난 지파들이 가나안 땅의 가장 좋은 땅을 분배받았듯이, 오늘날도 역시 자신의 육체 속에 거주하고 있는 귀신들과의 전쟁을 기꺼이 치를 것을 선택한 성도들이 천국에서 좋은 땅을 기업으로 물려받게 된다는 뜻이다.

6. 에스겔 환상 속에 나오는 이스라엘의 땅의 분배는 어떻게 설정되어 있었는가?

그런데 가나안 땅의 분배 사건은 한 번으로 끝난 것이 아니었다. 왜냐하면 여호수아와 그를 따르던 12지파들이 차지했던 가나안 땅에서 얼마 지나지 않아 멸망을 당했거나 아니면 그 땅에서부터 쫓겨났기 때문이다. 그래서 먼저는 북이스라엘의 열 개 지파가 우상숭배하다가 B.C. 722년에 멸망을 당하게 되었고, 나머지 남유다의 두 개 지파도 역시 우상숭배하다가 B.C. 586년 바벨론으로 포로로 끌려감으로 멸망을 당하게 되었던 것이다. 하지만 하나님께서는 남유다의 두 개 지파 곧 유다 지파와 베냐민 지파는 아주 멸망당하지 않고 살아남게 하셨는데 바벨론에 끌려가서 회개하고 끝까지 믿음의 지조를 지켰기 때문이다. 그러자 하나님께서는 그때 바벨론에 함께 끌려갔던 에스겔 선지자를 통하여, 장차 이스라엘 땅을 다시 그들의 기업으로 주신다는 것을 환상으로 알려 주신다. 그러므로 B.C. 572년 에스겔이 본 환상에 따르면, 새롭게 진행될 이스라엘 땅의 분배에 어떤 원칙이 있었다는 것을 알 수 있다. 물론 에스겔이 환상 속에서 보았던 제2차 가나안 땅의 분배는 이 땅에서 그대로 실현되지는 않았다. 하지만 에스겔의 환상 속에 나타난 가나안 땅의 분배는 천국에서 우리 성도들의 받을 땅의 분배의 원칙을 직접적으로 보여주는 사건이라고 할 수 있다. 왜냐하면 천국에서의 기업 분배는 신분에 따라 이뤄지는데, 에스겔 환상 속의 기업의 분배가 신분에 따라서 이뤄졌기 때문이다. 그것은 최소한 3가지 신분으로 구별되어 땅이 분배되었기 때문이다.

그것은 첫째로, 가나안 중앙의 땅은 예물로 하나님께 드리는 땅이라 하여, 제사장 그룹인 제사장들과 레위인들에게 먼저 분배되었고, 그 땅의 좌우에 있는 땅은 나라를 지키기 위해 전쟁을 치러 승리한 왕에게 분배하라고 하셨기 때문이다. 이는 천국에서 제사장들과 왕으로 차지하는 자가 하나님의 보좌 가까이에 땅을 기업으로 분배받는다는 것을 의미한다. 둘째로, 가나안 중앙의 땅 아래에는 각 지파의 대표자들이 가서 사는 땅으로 주어졌고, 나머지는 중앙의 땅 위로는 유다 지파를 시작으로 일곱 개의 지파가 차례차례 기업으로 분배되었으며, 중앙의 땅 아래에는 베냐민 지파를 시작으로 다섯 개의 지파에게 차례차례 땅이 기업으로 분배되었기 때문이다. 왜 그러한가? 이는 평신도 중에서도 공로가 있는 자는 천국의 중심부인 하나님의 보좌 가까이에 집을 짓고 살 수 있다는 뜻이며, 포로로 끌려갔으나 믿음의 지조를 지켰던 유다 지파와 베냐민 지파의 경우처럼 어떤 고난과 역경 속에서 목숨 걸고 믿음의 지조를 지킨 자에게는 천국에서 보다 더 하나님 보좌 가까이의 땅을 기업으로 분배받게 된다는 것을 의미한다.

7. 구원받은 성도들이 힘써야 할 것은 무엇인가?

그러므로 이제 주 예수를 믿어 생명을 분배받은 자들이 가장 힘써야 할 일은 천국에서 기업으로 땅을 분배받는 일이 기다리고 있다는 것을 깨닫고 그 땅을 얻기 위해 노력해야 한다는 것이다. 하나님의 경륜에 있어서 분배는 2단계로 이뤄지기 때문이다. 하나는 생명의 분배요 또 하나는 바로 기업의 분배인 것이다. 이것을 적나라하게 보여 준 사건이 이스라엘 백성의 출애굽 후 광야 40년과 가나안 정복 15년의 사건이기 때문이다. 고로 생명 분배의 예표는 이스라엘 민족이 애굽에서 탈출한 다음 광야에서 40년 동안 하늘의 만나를 먹은 것으로 나타났으며, 땅의 분배는 이스라엘 민족이 젖과 꿀이 흐르는 가나안 땅의 일곱 족속들과 전쟁하여 그 땅을 기업으로 차지하는 전쟁으로 예표되었던 것이다. 그러므로 이제 주 예수 그리스도로부터 생명을 분배받아 하나님의 자녀가 되었다면, 그때부터 성도들은 생명을 더 풍성히 받아서 가나안 일곱 족속으로 예표된 악한 영들과 영적 전쟁을 치러야 하는 것이다. 그래서 우리의 몸에서 그들을 쫓아내야 한다. 그래야 천국에 들어갔을 때에 우리도 역시 천국의 땅을 기업으로 물려받을 수가 있는 것이다.

8. 나오며

오늘날 그리스도인들 중에는 자기가 예수님을 믿어 하나님의 자녀가 된 것만으로 감사하다고 여긴 채 살아가는 이들이 많다. 하지만 그것은 하나님의 경륜의 시작 단계에 불과한 것이다. 하나님의 경륜의 마지막 최종 단계인 천국의 땅을 기업으로 물려받는 단계가 아직 남아 있다는 것을 알아야 한다. 그러므로 내가 구원받아 하나님의 자녀가 되었다면 그때부터는 자신이 천국에서 받을 신분과 천국에서 받을 땅의 분배에 대해서 끊임없는 관심을 두어야 한다. 그런데 가나안 땅은 그 땅의 원주민인 가나안 일곱 족속과 전쟁하여 그들을 결국 쫓아내어야 얻을 수 있었던 것이다. 마찬가지로 우리도 천국에서 땅을 기업으로 차지하려면 우리 역시 귀신들과의 영적 전쟁을 반드시 치러야 한다. 그것들이 하나님의 구원 경륜을 방해했기 때문이다. 그러므로 그들은 하나님의 원수일 뿐만 아니라 우리 성도들의 원수이기도 하다. 그러므로 우리가 하나님의 자녀가 되었다면, 내 영 안에 들어오신 그리스도로부터 능력과 권세를 힘입어, 이제는 우리 몸 안에 살고 있는 귀신들과 영적 전쟁을 치러야 한다. 그래서 그들을 차근차근 쫓아내야 한다. 왜냐하면 우리가 그들을 우리 몸에서 쫓아낸 만큼 천국에 들어가서도 우리가 높은 지위를 얻을 수 있고 많은 땅을 분배받을 수가 있기 때문이다. 이제 시작이다. 이를 위해서 우리는 생명을 얻되 더 풍성히 얻어야 한다(요 10:10). 그리고 하나님의 원수인 귀신들과 싸워 그들을 이겨야 한다(요일 3:8).

제8장
하나님의 생명을 더 풍성히 누리는 방법은 대체 무엇인가?

> 요한복음 10:10
> 도둑이 오는 것은 도둑질하고 죽이고 멸망시키려는 것뿐이요 내가 온 것은 양으로 생명을 얻게 하고 더 풍성히 얻게 하려는 것이라

1. 들어가며

하나님께서 만세 전에 품으신 첫 번째의 뜻은 우리 인간에게 하나님의 생명을 주려 함이었다(요 10:10). 그런데 하나님께서는 우리 인간에게 당신의 생명을 주시고 그냥 거기서 끝마친 것이 아니라, 더욱 더 하나님을 대표하여 하나님을 표현해 내는 존재가 되기를 바라셨다. 이것을 위해 하나님께서는 인간을 하나님을 담을 수 있는 그릇으로 만드셨다. 그래서 인간은 영과 혼과 육을 가진 존재가 되었다.

그러므로 하나님께서는 인간이 단지 영(靈)의 영역뿐만 아니라 혼(魂)과 육(肉)의 영역에서도 하나님을 표현해 내는 존재가 되기를 바라셨다. 이것을 위해서 사람은 생명을 얻되 더 풍성히 얻어야만 한다(요 10:10). 그래야 온전한 하나님의 표현이 될 수가 있기 때문이다. 왜냐

하면 하나님께서 인간을 창조하실 때에 사람의 종류로 창조하신 것이 아니라 하나님의 생명을 가진 하나님 종류로 창조하셨기 때문이다(창 1:26~27, 고후 4:7). 그렇다면 우리 인간이 생명과 본성에 있어서 하나님을 충분히 표현해 내기 위해서는 과연 어떻게 해야 하는가?

2. 하나님의 경륜의 핵심적인 내용은 무엇인가?

만세 전에 품으신 하나님의 경영 계획의 핵심은 무엇인가? 그것을 요약하면 2가지 분배가 그 핵심이라고 말할 수 있다. 하나는 '생명(life)'의 분배이며 또 하나는 '땅'(earth)의 분배다. 그런데 이 둘은 다 하나님께 속한 것들이다. 이때 '생명'이란 하나님의 본성을 가리키며, '땅'은 하나님이 주시는 선물을 가리킨다. 그러니까 하나님께서는 인간에게 당신의 본성인 생명을 나누어 주어 인간을 당신의 가족으로 삼기를 바라신 것이다. 이것이 바로 하나님의 경륜에 있어서 앞부분에 해당한다.

하지만 하나님의 경륜을 방해하고 훼방하는 놈이 나타났으니 그것은 천사였다. 천사들 중에서도 가장 지혜롭고 아름답게 창조되었던 루시엘(나중에 사탄 마귀가 됨)이 타락하여 뱀 속에 들어가 하나님의 경륜을 방해한 것이다(창 3:1~6, 계 12:9). 이는 아담이 생명과를 먹어서 하나님의 생명을 취하기에 앞서, 선악과를 따먹게 함으로써 사망을 취하게 하였기 때문이다(창 2:17, 롬 6:23). 그러자 하나님께서는 하나님의 경륜을 방해한 사탄 마귀를 멸하는 자를 기뻐하시고 그에게 땅을 기업으로 분배해 주신다. 이것이 하나님의 경륜에 있어서 뒷부분에 해당한다. 그러므로 거듭난 성도들이라도 마귀와 영적 싸움을 하지 않은 자는 천국에 들어갈지라도 거기에서 땅을 기업으로 얻지 못한다. 마귀와 그의 졸개들인 귀신들과 싸워서 그들을 쫓아내는 자가 결국 천국에 들어갔을 때 땅을 기업으로 차지하는 자가 되는 것이다.

3. 생명을 얻되 더 풍성히 얻으려면 어떻게 해야 하는가?

사람이 하나님께서 주시는 생명을 얻되 더 풍성히 얻으려면 어떻게 해야 하는가? 그것은 먼저 첫째로, 자신의 영 안에 하나님의 생명을 분배받아야 한다(요 10:10b, 20:31). 그런데 그 생명은 하나님의 생명을 갖고 이 땅에 들어오신 하나님의 아들 예수께서 사람에게 분배해 주시는 것이다. 왜냐하면 예수께서 이 세상에 오신 이유들 중의 하나가 바로, 양으로 묘사된 인간에게 생명을 얻게 하기 위함이기 때문이다. 그러므로 우리는 먼저 자신이 죄인이라는 것을 시인하고 예수님을 나의 구원자이자 생명으로 믿고 그분을 영접해야 한다(요 1:12). 그러면 예수께서 생명 주는 영이 되시어 사람의 영 속에 들어오신다(고전 15:45). 그러면 그때 그 사람이 하나님의 생명을 분배받게 된다. 그러면 그때부터 그는 하나님의 생명을 가진 하나님의 자녀로 탄생하게 된다. 이것을 가리켜 '거듭남'이라고 부른다.

문제는 이 다음부터다. 둘째로, 예수께서 이 세상에 들어오신 이유가 단지 인간에게 생명만을 주시려 오신 것이 아니라 더 풍성하게 얻도록 하기 위해 오셨기 때문이다(요 10:10b). 그러므로 믿는 자들은 예수께서 자신에게 생명을 가지고 들어온 것에 만족할 것이 아니라 그 생명이 자기 자신 안에서 풍성해지는 것을 배워야 한다. 그것은 인간의 세 가지 영역 곧 영과 혼과 몸의 영역에 있어서 생명이 흘러넘치게 하는 것이다. 영도 생명이 흘러넘치게 하고, 혼도 생명이 흘러넘치게 하며, 육도 생명이 흘러넘치게 하는 것이 곧 인간이 생명을 더 풍성히 얻는 방법이기 때문이다.

4. 사람의 영에 생명을 더 풍성하게 하려면 어떻게 해야 하는가?

그렇다면, 거듭난 사람의 영이 생명을 더 풍성히 얻게 하려면 어떻게 해야 하는가? 이것을 위해서는 사람의 영이 어떤 것인지부터 인지해야 한다. 그리고 즉 자신의 영과 접촉하는 법부터 배워야 한다. 그래서 자신의 영의 영역에서 하나님의 생명이 흘러넘치게 해야 하는 것이다.

그렇다면 사람의 영(靈, 히브리어=루아흐, 헬라어=프뉴마)이란 어떤 것인가? 그것은 사람 안에 들어있는 '속사람'을 가리키는 것인데, 이는 보이지 않는 사람의 내적 기관을 가리킨다. 그런데 이 영은 그 특징이 영이 육체와 함께 있을 때에만 활동할 수 있다는 것이다. 만약 사람의 영이 사람의 육체를 떠난다면 그 육체는 생명이 정지되어 죽음에 이르기 때문이다.

그렇다면, 거듭난 성도가 자기의 영과 접촉하려면 어떻게 해야 하는가? 그것은 자신을 영으로 돌이킬 때 가능해진다. 즉 자신의 속에 있는 영을 사용하는 것이다. 예를 들어, 하나님께 예배하는 것은 자신의 영을 사용하는 가장 효과적인 방법 중 하나이다. 왜냐하면 하나님도 영이시고 사람도 영을 가지고 있는데(요 4:24), 사람이 자신의 영 안에서 영이신 하나님을 접촉하는 가장 최선의 방법은 영 안에서 그분을 예배하는 것이기 때문이다. 그러므로 우리는 예배시간을 통해 하나님과 접촉할 때 만족을 얻게 되고 평강을 누리고 기쁨을 갖게 된다.

그리고 사람의 영이 피폐되지 아니하고 풍성하게 하려면 매일 자신의 영에게 양식을 공급해 주어야 한다. 사람의 육체의 양식은 무엇인가? 그것은 우리가 먹는 음식으로서 밥이다. 그렇다면 사람의 혼의 양식은 무엇인가? 그것은 세상의 지식들이다. 그렇다면 사람의 영의 양식은 무엇인가? 그것은 신명기의 말씀(신 8:3)과 예수님의 말씀에 따라(마 4:4), 사람의 영의 양식은 하나님의 입에서 나오는 모든 말씀이라고 했다. 그러므로 사람이 영과 접촉하고 영을 사용하려면 하나님께 예배를 영 안에서 진리로 드려야 한다. 예배를 드릴 때에 자신의 영을 사용하는 것이고, 하나님과 접촉하는 것이기 때문이다.

5. 사람의 혼과 육에 생명을 더 풍성하게 하려면 어떻게 해야 하는가?

그렇다면, 사람의 영뿐만 아니라 사람의 혼과 육에도 생명을 더 풍성히 얻게 하려면 어떻게 해야 하는가? 그것은 영과 반대로 하면 된다. 사람의 영은 피조물인 귀신이 들어올 수 없는 영역이므로 이 영을 적극적으로 사용해 그 영이 하나님의 생명을 누릴 수 있도록 해 주어야 한다. 하지만 아담의 타락 이후 혼과 육은 사탄의 지배하는 영역이 되어버렸다.

그러므로 사람이 이제 혼의 영역에 이르기까지 생명으로 풍성하게 하려면 가장 먼저, 첫째로 혼을 부인하고(마 16:24) 그것을 죽음에 넘겨야 한다(갈 2:20). 이 부분에 대해서 나중에 더 자세히 배우겠지만, 혼의 영역에는 생각과 감정과 의지가 들어 있다. 그러므로 혼을 처리하여 생명으로 풍성하게 하기 위해서는 자아의 생각을 부인하고, 자신의 감정을 처리하며, 의지를 성령께 복종시켜야 한다. 그럴 때에 우리의 혼의 영역에도 생명을 가지고 들어오신 성령께서 주인이 되심으로 혼이 육체를 벗어나 영과 하나가 될 수가 있다. 자신의 혼이 부패한 육체와 하나가 되어 있는 사람을 옛사람이라고 부르고, 자신의 혼이 생명을 가진 영과 하나가 되어 있는 사람을 새사람이라고 부른다(엡 4:22~24).

그리고 나서 둘째로, 육체를 쳐 복종시켜야 한다(고전 9:27). 그래서 육체를 죄를 짓는 도구로서가 아니라 하나님께 드리는 의의 병기로 만들어야 한다(롬 6:13). 그런데 육체는 예수 믿기 전에 어떤 상태에 있

있는가? 그때는 죄된 본성이 거하는 공간이 된 상태에 있었다. 여기서 죄된 본성이란 아담과 하와가 선악과를 따먹었을 때에 인간의 몸속에 침투해 들어온 뱀들 곧 귀신들을 가리킨다. 죄된 본성을 인격화하면 그것이 곧 뱀인 것이다. 그러므로 육체를 쳐 복종시켜 의의 병기로 하나님께 드리기 위해서는 반드시 우리 몸 속에 거하고 있는 귀신들을 내보내야 한다. 그들이 떠나갈 수 있도록 철저히 회개하고 그들이 떠나갈 것을 명령해야 한다. 그러므로 육체까지 하나님의 생명이 넘치게 하려면 영적 전쟁은 불가피한 것이다. 만약 우리가 예수님을 믿어서 내 영 안에 하나님의 영을 가지고 있을 뿐만 아니라, 혼까지도 동시에 처리가 되었다고 할지라도 육체 속에 들어있는 귀신들을 내보내지 않는 한 우리는 귀신이 주는 저주에서 벗어나지 못하며, 죄의 유혹에서 벗어나지 못한다. 그러므로 예수님을 믿는 자가 되었어도 병이 들고 가난에서 벗어나지 못하고 형통하지 못한 삶을 살게 되는 것이다. 그리고 잠깐 빈 틈을 이용하여 귀신이 주는 유혹과 시험에 넘어지고 마는 것이다. 그러나 우리가 날마다 회개를 통해 귀신이 떠나갈 준비를 시키고, 예수의 이름을 사용해 그들이 우리 몸에서 떠나갈 것을 명령하면, 우리의 육체도 의의 병기가 되는 것이다. 그러면 흙이었던 우리의 육체가 어느새 금과 진주와 보석들로 바뀌는 것이다. 그러면 천국에서 금과 진주와 보석들로 지어진 천국 집을 갖게 되는 것이다.

6. 나오며

사람이 생명을 얻되 더 풍성히 얻으려면 생명이신 주 예수께서 우리 안에 들어오셔야 한다(계 3:20). 이를 위해 주 예수 그리스도께서는 바람처럼 호흡처럼 우리 안으로 들어오시려고 부활 후에 생명 주는 영이 되셨다(고전 15:45). 그러므로 우리는 자신이 죄인이라는 것을 시인하고 주 예수님을 자신의 구원자요 생명의 주님으로 영접해야 한다. 그러면 그때 그분은 바람처럼 호흡처럼 우리 안으로 들어오시는 것이다. 그런데 그분이 우리 안에 들어오시는 영역은 우리의 영(靈)이다. 영 안으로 들어오시는 것이다. 그러므로 성도의 신앙생활이란 예수님을 영접함으로 자기 영 안에 하나님의 생명을 소유한 자가, 자신의 혼과 육의 영역까지 생명이 지배하게 만드는 과정이라고 할 수 있다. 그래야 우리가 생명을 얻되 더 풍성하게 얻는 것이 되기 때문이다.

그런데 지금 그리스도인들의 삶을 보라. 과연 우리 그리스도인들 중에 얼마가 자신의 영 안에 들어오신 생명 주는 영을 접촉하며 살고 있는가? 아니 옛사람에게서 벗어나 새사람이 되기 위해 자신의 영 안으로 돌이키는 것을 실행하고 있는가? 더욱이 이미 부패한 본성으로 가득 차 있는 육체를 따라가는 자신의 혼을 과연 얼마나 부인하고 있는가? 혼을 과연 얼마나 죽음에 넘기고 있는가? 뿐만 아니라 이제는 혼을 부패한 육체로부터 떼어내어, 생명 주는 영과 연합된 자신의 영과 연결시키고 있는가? 그리고 우리 육체 속에 자리 잡고 있는 귀신을 제거하는데 얼마나 온 힘을 기울이고 있는가? 그런데 안타깝게도 수많은 그리스도인들은 자기 안에 들어온 귀신이 예수님을 믿을 때에 이미 없어진 것으로 알고 있다. 또한 저주도 끝난 것으로 알고 있다. 하지만 과거에 지은 죄를 회개한 적이 없는데, 어떻게 귀신이 우리 몸에서 떠나갈 것이며, 그들이 가져다준 저주가 스스로 우리에게서 떠나가겠는가? 아니다. 그것은 오직 우리가 내가 지은 자범죄와 조상들이 지은 우상숭배의 죄를 자백할 때에 나가는 것이다. 그렇다. 회개야말로 죄인들이 구원 얻는 시작의 문이며 구원의 완성을 향한 마지막 관문인데도 그것을 모른 채 회개도 하지 않고 있다. 더욱이 영 안으로 돌이키는 자도 거의 없고, 혼을 부인하고 죽음에 넘기고 있는 자도 많지 않다. 그러나 이제 우리라도 시작해 보자. 그러면 언젠가는 우리도 다른 이들에게 바른 가르침을 줄 수 있는 날이 오게 될 것이다.

제9장
그리스도 곧 생명 주는 영은 우리의 어느 부분에 거처하시는가?

> 요한복음 3:5~6
> 5 예수께서 대답하시되 진실로 진실로 네게 이르노니 사람이 물과 성령으로 나지 아니하면 하나님의 나라에 들어갈 수 없느니라 6 육으로 난 것은 육이요 영으로 난 것은 영이니

1. 들어가며

만세 전에 예정하신 하나님의 경륜이 성취되려면, 하나님의 생명이 사람 안에 들어가서 사람이 하나님의 생명을 분배받아야 한다. 그래야 비로소 사람이 진짜 사람이 되는 것이다. 왜 그런가? 그것은 사람의 창조가 다른 동물들과 다르기 때문이다. 즉 다른 모든 동물들은 자기의 형상과 모양대로 창조되었으나 사람은 사람의 형상과 모양대로 창조되지 않고, 오히려 하나님의 형상과 모양대로 창조되었기 때문이다(창 1:26~27). 그러므로 사람 속에 하나님이 들어오셔야 비로소 사람이 사람이 되는 것이다. 그렇다면 하나님의 생명은 어떻게 사람 속에 들어갈 수 있는가? 사람을 구분해 보면 사람은 영과 혼과 육으로 구성되어 있는데, 하나님의 생명은 영과 혼과 육체 중에 과연 어떤 부분

으로 들어가는가?

2. 사람의 존재 자체는 과연 어떻게 구분할 수 있는가?

하나님께서는 땅(아다마)의 흙(아파르=티끌)으로 사람의 육체(바사르)를 빚으셨다. 그리고 그의 코에 생기(네샤마 하이=생명의 호흡)를 불어넣으셨더니 사람이 비로소 살아 있는 존재(네페쉬 하야, a living soul)가 되었다(창 2:7). 이렇게 해서 사람은 '영'과 '혼'과 '육'을 가진 존재가 되었다. 그러므로 사람을 구분할 때에는 영혼과 육체로서 2분법적으로 구분할 것이 아니라, 정확하게 '영, 혼, 육' 곧 3분법적으로 구분해야 한다. 신약시대의 사도 바울 역시 사람은 영과 혼과 육으로 구성되어 있다고 분명하게 언급하고 있으며(살전 5:23), 히브리서 기자도 역시 사람을 영과 혼과 육체(관절과 골수)로 구성되어 있다고 언급한 바 있다(히 4:12).

살전 5:23 평강의 하나님이 친히 너희를 온전히 거룩하게 하시고 또 너희의 온 영과 혼과 몸이 우리 주 예수 그리스도께서 강림하실 때에 흠 없게 보전되기를 원하노라

히 4:12 하나님의 말씀은 살아 있고 활력이 있어 좌우에 날선 어떤 검보다도 예리하여 혼과 영과 및 관절과 골수를 찔러 쪼개기까지 하며 또 마음의 생각과 뜻을 판단하나니

3. 사람의 영과 혼은 어떻게 다른가?

'사람의 영'과 '사람의 혼'은 같은 것인가 다른 것인가? 결론부터 말씀드리자면 이 둘은 전혀 다른 것이다. 왜냐하면 영과 혼은 처음부터 다르게 창조되었기 때문이다. 사실 사람의 '영'(헬라어, 프뉴마)은 하나님께서 천국에서 창조하신 후, 엄마의 뱃속에서 아이가 잉태된 후 약 2~3개월 되었을 때에 태아 속에 넣어진다. 그러면 그때에 비로소 사람의 육체 안에 사람의 영이 들어오게 되는 것이다. 그때 둘 사이에 혼이 생겨난다. 이때부터 사람의 바깥 부분인 육체를 가리켜 '겉사람'이라고 부르고, 사람 속에 있는 영을 가리켜 '속사람'이라고 부른다. 그러므로 사람이란 겉사람(육체) 속에 속사람(영)이 들어옴으로 혼까지 생겨나 이 셋이 하나 된 연합된 존재를 가리킨다.

놀라운 사실은 겉사람과 속사람이 만나게 될 때 혼이 생겨난다는 것이다. 혼(soul, 헬라어 프쉬케)이란 사람의 자아를 가리키는 말로서, 생각과 감정과 의지의 영역을 가지고 있다. 그러므로 혼은 영과 서로 같지 않다. 그러나 사람이 죽게 되면 그때에 사람의 혼은 사람의 영에 달라붙게 된다. 그때에는 사람의 영과 혼이 하나가 되어버리는 것이다. 하지만 사람의 육체가 살아 있을 때에 영은 영인 것이고 혼은 혼인 것이지, 영혼이 되는 것은 아니다. 사도 요한은 육으로 태어난 것은 육이라고 했다. 즉 엄마의 자궁을 통하여 태어나게 된 것은 사람의 육체인 것이다. 하지만 영으로 난 것은 영이라고 했다. 이는 사람이 거듭 태어나려면 사람 속에 하나님의 영이신 성령께서 들어가셔야 한다는 뜻이다. 그러면 그 사람의 영 속에 하나님의 생명이 분배되어 들어간다. 그러면 그 순간 그는 옛사람에서 새사람으로 바뀌게 되는 것이다.

그러므로 사람에게는 '영'이 있고 또한 '혼'도 각각 존재한다는 것을 알아야 한다. 그래서 혹시 우리말 개역성경에서 '영혼'이라는 말이 나올 때에는 즉시 그것이 사람의 영을 가리키는 것인지 혹은 혼을 가리키는 것인지를 찾아보아야 한다. 그래야 영과 혼을 확실히 구분할 수 있기 때문이다. 사실 우리말 개역성경은 이 둘을 명확하게 구분해 놓지 않은 단점을 가지고 있다. 고로 내가 영적인 사람이 되기 위해서는 자신의 혼과 자신의 영을 잘 구분하고 분별할 줄 알아야 하는 것이다.

4. 사람의 영이란 어떤 것을 가리키는가?

사실 사람의 영이란 자기 내면에 있는 비물질적인 사람을 가리킨다. 이것을 가리켜 사도 바울은 '속사람'이라고 불렀다(고후 4:16). 이는 영도 보이지 않을 뿐 자신의 육체와 꼭 닮아 있기 때문이다. 그러므로 사람은 사실 영체와 육체를 동시에 가지고 있는 것이다. 그렇다면 혼도 혼체라고 할 수 있는가? 그렇지는 않다. 혼은 혼체를 가지고 있지 않기 때문이다. 다만 '혼'이란 자신의 어떠함을 구별시켜주는 중요한 역할을 하는 사람의 구성 성분이라고 할 수 있다.

그렇다면 사람의 영은 사람에게 있어서 어떠한 존재인가? 성경을 통해서 알 수 있게 된 사실은 사람의 영은 첫째로, 하나님께서 들어오시는 장소라는 것이다. 이것은 나중에 더 자세히 살펴볼 것이다. 둘째로, 하나님의 생명을 받는 기관이기도 하다. 왜냐하면 성령께서 들어오실 때에 생명을 가지고 영 안으로 들어오시기 때문이다. 그래서 사람의 영이란 셋째로, 사람이 거듭나는 장소라는 것이다(요 3:6). 사람이 거듭나는 것은 육체가 엄마의 뱃속에 다시 들어갔다가 나오는 것이 아니다. 사람의 영이 다시 태어난다는 것인데, 이는 사람의 영 안에 하나님의 생명이 분배되는 것을 가리킨다. 사실 사람의 영이 하나님으로부터 보내어질 때에 사람의 영 안에는 하나님의 생명이 들어 있지 않다. 하지만 이 세상에 살면서 성령께서 생명을 가지고 들어오심으로 두 번째 영의 사람으로 다시 태어나는 것이다. 그러므로 사람의 영은 하나님이 들어오시는 장소일 뿐만 아니라 사람이 하나님의 생명을 받아들이는 기관이자, 동시에 사람의 영이 거듭 태어나는 장소라고 말할 수 있다.

5. 그리스도 즉 생명 주는 영은 사람의 어느 부분에 들어오시는가?

그렇다면 사람이 거듭 태어날 때에 생명 주는 영이신 그리스도께서는 사람의 어디로 들어오시는가? 사람의 영인가 아니면 사람의 혼인가? 혹은 사람의 육체인가? 앞에서 살펴보았다시피, 사람은 영과 혼과 육체(몸)로 구성되어 있다. 그런데 그리스도 곧 생명 주는 영으로 오신 주님께서 사람 안에 들어오실 때에는 사람의 영 안으로 들어오신다(딤후 4:22). 그러므로 만약 어떤 사람이 혹 얼떨결에 예수님을 영접했다고 할지라도 그 사람 속에 그리스도이자 하나님의 아들이신 예수께서 들어오시지 않은 상태라면 아직 그 사람 속에는 하나님의 생명이 없는 것이다. 그러므로 사도 요한은 자기 안에 아들을 가지고 있는 자는 영생을 가지고 있는 것이지만, 하나님의 아들을 가지고 있지 않는 사람은 자기 속에 하나님의 생명이 없다고 말했다(요일 5:12).

그런데 사람의 영 안에 성령이 들어오신다는 사실은 구약의 성전의 예표를 통해서도 확인해 볼 수가 있다. 지금으로부터 2천 년 전 사도 바울은 믿는 성도들을 가리켜 '주님의 몸 된 교회'라고 가르쳤다(엡 1:23). 뿐만 아니라 교회는 '하나님의 성전'이라고도 했다(고전 3:16). 우리는 이것을 통해서, 만약 우리가 영과 혼과 육을 정확히 알기를 원하고, 이것을 분별하기 위해서는 성막의 구조에 대해 살펴볼 필요가 있다. 왜냐하면 사람의 영의 구조가 성막(tabernacle)의 구조와 일치하기 때문이다.

이스라엘 백성이 광야에 거주할 때 처음 세워진 성막의 구조는 3가지로 구성되어 있었다. 그것은 '성막 뜰(courtyard)'과 '성소(the Holy Place)'와 '지성소(the Most Holy Place)'다. 그리고 이때 하나님께서는 성막의 지성소에 계셨다. 그런데 사람도 역시 성막처럼 몸(육체)과 혼과 영, 이렇게 3가지로 구성되어 있다. 그리고 이것들 중에서 사람의 영 속에 하나님이 거하신다.

그렇다면 사람의 '몸(body)'은 무엇이며, '혼(soul)'은 무엇이며, '영

(spirit)'이란 무엇인가? 사람의 '몸'이란 오감(시각, 후각, 미각, 청각, 촉각)을 느끼는 인간의 바깥 부분을 가리킨다. 그리고 '혼'이란 나중에 살펴보겠지만 영과 육의 중간에 위치하는 것으로서, 영과 육이 만날 때에 생겨나는 '자아'를 가리킨다. 그리고 '혼'은 생각과 감정과 의지를 가지고 있다. 그리고 '영'은 사람의 가장 깊은 곳에 위치하는 기관으로서, 그리스도께서 당신의 생명을 가지고 들어오시는 장소다.

그러므로 사람이 자신의 영이 어떤 것인지를 알기 위해서, 영을 알아야 하고 영을 접촉하는 법을 배워야 한다. 이때 주의해야 할 것은 영과 혼이 다르기 때문에 이 둘도 잘 구별해야 한다는 것이다. 그리고 자꾸 혼이 죄와 하나 된 육체 쪽으로 향하고 있을 때에 영으로 돌이키기를 힘써야 한다. 그래야 영의 사람이 될 수 있기 때문이다. 사실 혼은 죽음에 넘기고, 부인하고, 깨끗하게 되도록 처리해야 할 영역이지만 영은 하나님의 생명을 받는 장소로서, 한 번 생명을 받았다면 그 생명을 더 풍성히 누리기 위해 힘써야 한다.

한국어	히브리어	헬라어	영어
영	루아흐	프뉴마	spirit
혼	네페쉬	프쉬케	souls
몸(육)	바사르	소마(사 스)	body(flesh)

하나님의 경륜의 과정

제1장 내가 영으로 돌이키고 접촉하는 첫 번째 방법은 무엇인가?
제2장 내가 영으로 돌이키고 접촉하는 두 번째 방법은 무엇인가?
제3장 내가 영으로 돌이키고 접촉하는 세 번째 마지막 방법은 무엇인가?
제4장 자기 혼(魂)(souls)의 영역까지 생명을 확장하려면 어떻게 해야 하는가?
제5장 하나님의 경륜에 따라 그리스도께서 우리 마음에 거처를 정하게 하려면?
제6장 어떻게 하면 혼(魂)의 생각과 감정과 의지를 새롭게 변화시킬 수 있을까?
제7장 왜 자기 혼(魂)을 부인하고 영 안에 계신 그리스도를 접촉해야 하는가?
제8장 생명 분배의 최종단계로서 몸(육체)의 구원이란 무엇을 가리키는가?
제9장 어떻게 할 때 영 혼 육 중에서 육체까지도 구원할 수 있는가?
제10장 몸과 육의 구원을 이루는 구체적인 방법은 무엇인가?
제11장 몸과 육의 구원을 이루는 것이 왜 그리 중요한가?
제12장 몸과 육의 구원을 위해 살았던 자가 천국에서 받게 될 상은 무엇인가?

제1장
내가 영으로 돌이키고 접촉하는 첫 번째 방법은 무엇인가?

> 요한복음 4:20~26
>
> **20** 우리 조상들은 이 산에서 예배하였는데 당신들의 말은 예배할 곳이 예루살렘에 있다 하더이다 **21** 예수께서 이르시되 여자여 내 말을 믿으라 이 산에서도 말고 예루살렘에서도 말고 너희가 아버지께 예배할 때가 이르리라 **22** 너희는 알지 못하는 것을 예배하고 우리는 아는 것을 예배하노니 이는 구원이 유대인에게서 남이라 **23** 아버지께 참되게 예배하는 자들은 영과 진리로 예배할 때가 오나니 곧 이 때라 아버지께서는 자기에게 이렇게 예배하는 자들을 찾으시느니라 **24** 하나님은 영이시니 예배하는 자가 영과 진리로 예배할지니라 **25** 여자가 이르되 메시야 곧 그리스도라 하는 이가 오실 줄을 내가 아노니 그가 오시면 모든 것을 우리에게 알려 주시리이다 **26** 예수께서 이르시되 네게 말하는 내가 그라 하시니라

1. 들어가며

오늘날 대부분의 그리스도인들은 자신이 예수님을 믿어 속죄함을 받고 하나님의 자녀가 되었고 그래서 죽으면 천국에 들어간다는 것에 감사한다. 하지만 그것으로 끝인가? 만약 하나님의 자녀가 되는 것이

인간을 향한 하나님의 계획의 끝이라면 더 이상 인간이 신앙생활을 열심히 할 이유가 없을 것이다. 하지만 성경 말씀은 그렇게 말씀하지 않는다. 예수께서 이 세상에 오신 것은 양으로 생명을 얻게 하고 더 풍성히 얻게 하려는 것이라고 말씀하고 있기 때문이다(요 10:10). 그렇다면 어떻게 하는 것이 사람이 생명을 얻는 것이며 더 풍성히 얻게 하는 것인가? 그것은 한마디로 예수님을 자신의 구원자요 생명으로 영접하는 것이다. 그리고 그때 자신의 영 안으로 들어온 하나님의 생명이 내 혼을 통과하여 내 육체의 영역까지 확장될 때 생명은 더 풍성해지는 것이다. 그런데 천리 길은 한 걸음부터 가야 한다. 가장 먼저 내 영에 생명이 풍성하게 해야 한다. 그렇다면 어떻게 하면 우리의 영에 하나님의 생명이 더 풍성하게 할 수 있는가? 그것은 바로 자신의 영을 사용해서 자기 영 속에 들어와 계시는 그리스도를 접촉하는 것이다. 이제 그 방법을 하나씩 하나씩 살펴보도록 하자.

2. 생명이 내 영 안에서 풍성하게 하려면 어떻게 해야 하는가?

내 영 안에 들어온 생명이 내 영 안에서 풍성하게 하려면 어떻게 해야 하는 것인가? 그것을 위해서는 우선 내가 내 영으로 돌이키고 영을 접촉하는 법부터 배워야 한다. 왜냐하면 내가 예수님을 믿어 거듭난 사람이 되었어도 내 영으로 돌이키고 내 영을 접촉하는 법을 모르면 금세 죄된 본성과 결탁한 육체 쪽으로 나 자신이 기울어지기 때문이다. 그러므로 우리가 만약 예수님을 믿어 하나님의 자녀가 되었다면 그때부터 주의할 것은 비대해진 혼(souls)을 파쇄하면서 자신의 영(spirit)으로 돌이키는 것을 실천해야 한다. 그래서 내 영과 접촉하는 법을 터득해야 하는 것이다.

참고로 이 세상에 태어나는 사람치고 어느 누구도 자기의 영 안에 생명을 가지고 태어나는 사람은 없다는 것이다. 오직 단 한 사람, 예수 그리스도만이 자기 안에 생명을 가지고 이 세상에 들어오셨을 뿐이다(요 5:26). 그래서 그를 가리켜 하나님의 독생자라 하였다. 왜냐하면 하나님께서 오직 유일하게 그분에게만 생명을 주어 이 세상에 보내셨기 때문이다. 그러므로 자기 안에 예수님을 모셔 들이지 않아 자기 안에 생명이 없는 사람은 자기의 영으로 돌이켜 봤자 별 소용이 없다. 그러한 상태에서는 자신의 영과 접촉해 봤자 별 소용이 없는 것이다. 왜냐하면 예수님을 믿기 전에 우리의 영은 그릇 곧 껍데기였기 때문이다. 그러므로 그 안에 생명이 없었던 것이다. 아니 정확히 말하면 허물과 죄로 인하여 영이 죽어 있는 상태에 있었기에 영이 작동하지 않고 있었던 것이다. 그런데 예수님이 죽고 부활하심으로 사람 속에 들어오기 쉽도록 생명 주는 영이 되셨다(고전 15:45). 그러므로 우리가 예수님을 믿으면 그분께서 생명을 가지고 우리의 영 안에 들어오시기 때문에, 그때부터 사람은 자신의 영이 살게 된다. 그러므로 자기 안에 생명이 없는 사람은 영하고 접촉해 봤자 별 소용이 없는 것이다.

3. 왜 우리는 내 영 안으로 돌이키고 내 영과 접촉해야 하는가?

그렇다면 왜 우리는 자신의 영 안으로 돌이켜야 하고 자신의 영과 접촉해야 하는가? 그것은 2가지 이유 때문이다.

첫째, 내 영 안에 그리스도께서 생명을 가지고 들어오셔서 그분께서 내 영을 당신의 거처로 삼고 계시기 때문이다. 그러므로 생명을 접촉하고 생명을 더 풍성히 얻으려면 생명이 들어 있는 자신의 영 안으로 가야 한다. 그래서 자신의 영 안에 계시는 주님과 접촉해야 하는 것이다. 만약 그리스도께서 우리 영 안으로 들어오지 않고 다른 곳으로 가신다면 우리가 주님을 접촉하기 위해서 그곳으로 가야 할 것이다. 그러나 그리스도께서는 다른 곳으로 가지 않고 믿는 이들의 영 안으로 들어오신다. 그러므로 우리가 생명을 느끼고 생명을 경험하고 생명을 확장시키기 위해서는 반드시 자신의 영 안으로 돌이켜야 한다.

둘째, 그리스도께서 내 안에 들어오실 때에 내 영과 성령께서 하나가 되셨기 때문이다. 그러므로 이때의 영은 그것이 내 영인지 성령의 영인지 구분할 수 없기에, 만약 우리가 생명을 접촉하려면 반드시 자신의 영 안으로 돌이켜야 하는 것이다. 왜냐하면 우리가 거듭날 때에 자기의 영 안으로 주님께서 들어오셨기 때문이요, 그분이 생명 주는 영이 되시어 우리의 영과 하나가 되었고, 둘은 이제 연합된 영으로 존재하고 있기 때문이다. 그러므로 구원받은 성도의 영은 그 영이 성령의 영인지 자신의 영인지를 분간하기가 쉽지 않다. 그러나 사람이 주 예수님을 믿어 구원을 받으면, 이러한 성령을 보내 주시어 그가 이 세상에서 믿음으로 살면서 하나님의 자녀의 신분과 하나님의 상속자의 신분이 되도록 늘 도와주시기 때문이다.

4. 거듭난 성도 안에는 누가 들어와서 사시는가?

전에도 살펴보았지만 자신 안에 아직 하나님의 생명을 갖지 못한 사람이라 할지라도, 자신이 죄인이라는 것을 시인하고 주 예수님을 자신의 구원자와 생명으로 믿게 되면 우리 안에 그리스도께서 들어오신다. 왜냐하면 처음부터 사람은 하나님을 담을 수 있는 그릇으로 빚어졌기 때문이다(고후 4:7). 그런데 하나님께서 직접적으로 죄 많은 인간에게 들어오실 수 없으므로(만약 그런 상태에서 하나님이 들어오면 즉각적으로 죽을 수도 있다), 하나님께서 사람으로 하여금 쉽게 취할 수 있도록 먼저 과정을 겪으셨다. 다시 말해 하나님께서 사람 속에 들어오시기 위해 하나님께서 사람이 되신 것이다. 그분이 바로 '우리 주 예수 그리스도'이시다. 이것을 위해 그분은 죽고 부활하셨다. 그리고 모든 인류가 그분을 자기 안에 모셔들일 수 있도록 하셨으니 그것은 그분이 자신을 호흡처럼 바람처럼 들어오시도록 생명 주는 영이 되신 것이다(고전 15:45). 그러므로 거듭난 사람들 속에는 하나님께서 계시는데, 그분이 바로 하나님의 아들이신 그리스도이신 것이며(롬 8:9~10, 고후 13:5, 갈 2:20, 빌 1:20~21), 이분이 바로 생명 주는 영이 되어 우리 믿는 이들 영 안에 거하시고 있는 것이다(고전 15:45). 고로 하나님과 예수님과 성령의 거처가 바로 우리의 영 안이라는 것이다.

5. 어떻게 하면 우리가 자신의 영 안으로 돌이킬 수 있고 영 안에 계신 그리스도를 접촉할 수 있는가?

그렇다면 우리가 어떻게 하면 자신의 영으로 자신을 돌이킬 수 있고, 영 안에 거하시고 있는 그리스도와 접촉할 수 있는가? 그 방법에는 총 3가지가 있다. 첫째는 적극적인 방법이 있다. 그것은 주의 이름을 부르고 그분을 예배하고 그분의 말씀을 먹는 것이다. 둘째는 소극적인 방법이 있다. 그것은 영의 한 기관인 양심의 판단에 즉각 반응하여 실행에 옮기는 것이다. 셋째는 자신의 영의 감각으로 그리스도와 접촉하는 것을 힘쓰는 것이다. 오늘은 그 첫 번째 방법으로서 자기가 영으로 돌이켜 자신의 영 안에 계시는 그리스도를 접촉하는 방법을 소개하고자 한다.

첫째, 주님의 이름을 부르는 것이다. 오순절 성령 강림 이후 주께서는 영으로서 우리 영 안에 거주하시고 있다. 그러므로 그분과 교제하려면 그분의 이름을 불러야 한다. 그러면 그분이 우리를 보시기 때문이다. 그러므로 수시로 "주 예수여!"라고 부르라. 우리가 자신의 영을 사용해 주님을 접촉하기를 원할 때에 "주 예수여!"라고 부르면 된다. 왜냐하면 우리가 주의 이름을 부를 때에 주님은 우리에게 당신을 나타내 보이신다고 약속하셨기 때문이다(사 55:6, 렘 33:3). 그분의 이름을 부르는 자에게 그분은 항상 부요하시기 때문이다(롬 10:12~13). 그러므로 가장 기본적으로 자신의 영을 사용해 주님을 접촉하기 위해서는 "주 예수여! 내가 이제 영으로 돌이킵니다."라고 늘 말하라.

둘째, 자신의 영을 사용해 주님을 예배하는 것이다. 왜냐하면 하나님은 영이신데 우리가 자신의 영 안에서 그분을 예배할 수가 있기 때문이다(요 4:23~24). 다시 말해, 우리가 주님께 예배하는 것이 곧 자신의 영을 사용해서 영 안에 계신 하나님 곧 그리스도를 접촉하는 것이 되기 때문이다. 그러므로 사도 바울은 자신의 영 안에서 자기도 주님을 섬기고 있다고 말했다(롬 1:9). 그리고 자신의 영 안에서 기도하기를 힘쓰라고 권면하였다(엡 6:18). 그리고 마음으로만 찬양하지 말고 자신의 영으로도 함께 찬양하라고 하였다(고전 14:15). 그래야 자신의 영으로서 영 안에 계시는 그리스도를 접촉할 수 있기 때문이다.

셋째, 우리가 자신의 영 안에서 주님을 접촉하려면 우리가 늘 하나님의 말씀을 섭취하는 것이다(신 8:3, 마 4:4). 하나님의 말씀은 내 영을 건강하게 하며, 내 영 안에 계신 그리스도를 기쁘게 하는 일이 되기 때문이다. 이를 위해 우리는 늘 성경 말씀을 읽고 듣고 묵상하고 그것을 암송하며 그 말씀을 따라 실천하기를 힘써야 한다. 그럴수록 우리의 영 안에 계시는 주님께서 더 활발하게 활동하시기 때문이다.

6. 나오며

　사실 간단한 실행 하나가 우리를 자신의 영으로 돌이키게 하고 자신의 영 안에 계시는 그리스도와 접촉하게 하는 것이다. 그것은 바로 수시로, 주님의 이름을 부르는 것이다. "주 예수여!"라고 말이다. 그리고 그분께 기도를 드리는 것이다. 내 안에 계시는 그리스도는 원래 하나님이시므로, 주 예수께 기도를 드리고 찬양을 드리며 감사할 때 우리는 하나님을 예배하는 자가 되는 것이다. 그럴수록 우리는 자신의 영으로서 주님을 접촉하게 된다. 그러면 우리는 자신의 영 안에 생명을 가지고 들어오신 주님께로부터 생명을 풍성히 공급받게 되는 것이다. 그럴 때에 우리의 영은 더욱더 살아나게 된다. 더욱더 활동성이 있게 되는 것이다. 그러면 우리가 더욱더 하나님을 표현하는 사람이 된다. 그러면 우리의 영은 주님과 가까워지고 언젠가는 주님의 음성까지도 들을 수 있는 수준으로까지 자라게 된다. 그러면 생명의 충만은 내 영에서 밖으로 확장되기 시작할 것이다. 그래서 내 안에 계시는 주님께서 내 혼을 장악하게 되고 더 나아가서 육체까지도 장악하게 되는 것이다. 그것이 바로 그리스도께서 이 세상에 오신 목적을 성취하는 것이요, 그분이 우리 영 안으로 들어오신 이유가 되는 것이다.

제2장
내가 영으로 돌이키고 접촉하는 두 번째 방법은 무엇인가?

> 사도행전 23:1
> 바울이 공회를 주목하여 이르되 여러분 형제들아 오늘까지 나는 범사에 양심을 따라 하나님을 섬겼노라 하거늘
>
> 사도행전 24:16
> 이것으로 말미암아 나도 하나님과 사람에 대하여 항상 양심에 거리낌이 없기를 힘쓰나이다

1. 들어가며

사람이 거듭나서 생명을 더 풍성히 얻게 하려면 어떻게 해야 하는가? 가장 기본적인 것은 생명이 무엇인지에 대해서 알고 그 생명을 얻은 후에 그 생명에 주의를 기울이는 것이다. 그런데 생명이라는 것은 세상에 속한 생명이 아니다. 그 생명은 하나님께서 주시는 생명으로서 영원한 생명이자, 죽음도 이길 수 없는 부활 생명이다. 그 생명을 예수께서 생명 주는 영이 되셔서 우리 안에 들어오심으로 주시고 있는 것이다. 그러므로 자신이 거듭났다면 그 사람은 자기 안에 하나

님의 생명을 가지고 있는 것이다. 그렇다면 이 생명을 얻되 더 풍성히 얻게 하려면 실제적으로 어떻게 해야 하는가? 이번 장은 두 번째 시간으로서 영의 한 부분인 양심에 대해 살펴보고자 한다.

2. 사람이 생명을 얻되 더 풍성히 얻는 세 가지 방법은 무엇인가?

사람이 생명을 얻되 더 풍성히 얻으려면 어떻게 해야 하는가? 그것은 첫째로, 그 생명이 내 영 안에서 활성화되게 하고, 이어서 둘째로, 그 생명이 자신의 혼을 지배하게 한 다음, 셋째로, 그 생명이 자신의 육체를 지배하게 하는 것이다.

먼저 생명이 자신의 영 안에서 활성화되도록 하는 방법에 또한 세 가지가 있으니, 그것의 첫째는 적극적인 방법으로서 자기가 자신의 영을 사용하는 것이다. 그리고 둘째는 소극적인 방법으로서 자신이 자신의 영의 통제를 받는 것이다. 그리고 셋째는 초자연적인 방법으로서 자기가 성령의 직접적인 지시를 받는 것이다.

3. 자신의 영을 적극적으로 사용하려면 어떻게 해야 하는가?

사람은 태어날 때 하나님께서 보내 주신 영을 가지고 태어난다. 하지만 그 속에는 생명이 없다. 그러므로 누구든지 이 세상에 살아가면서 하나님으로부터 영의 생명을 받아야 한다. 그것을 거듭남이라고 부른다. 그래서 자신이 죄인이라는 것을 깨닫고 예수님을 영접하면 그는 자기 안에 생명을 분배받게 된다. 그때 부활 승천하신 예수께서는 생명 주는 영이 되시어 우리 영 안으로 들어오신다. 그러면 우리의 영과 생명 주는 영이신 성령이 하나가 된다(고전 6:17). 그러면 두 영이 한 개의 영이 되는 것이다. 이것을 '연합된 영'이라 부른다. 그러므로 거듭난 사람의 영은 그것이 사람의 영인지 하나님의 영인지 구분하기가 쉽지 않다. 그러므로 성경을 읽어 보면 연합된 영을 그냥 사람의 영으로 번역하기도 하고 성령으로 번역하기도 한다. 둘 다 틀린 것은 아니다. 그 영은 사람의 영도 되고 하나님의 영도 되기 때문이다.

그렇다면 이렇게 연합된 영을 활성화시키려면 어떻게 해야 하는가? 그것의 첫 번째 방법으로 자신의 영을 적극적으로 사용하는 방법이 있다. 그러한 방법에는 구체적으로 약 세 가지가 있으니, 첫째는 주의 이름을 부르는 것이다. "주 예수여!"라고 말이다. 왜냐하면 하나님께서 사람 속에 들어오시려고 아들로 오셨다가 이제는 생명 주는 영이 되셨기 때문에, 우리가 "주 예수여!"라고 부를 때마다 그분이 우리를 돌아보시기 때문이다. 사실 성도들이 기도할 때에는 보통 '하나님' 혹은 '아버지'라고 기도한다. 그런데 이때에 하나님 혹은 아버지를 삼층천에 계시는 분으로 생각하고 기도한다. 하지만 우리가 "주 예수여!"라고 부를 때에는 삼층천이 아니라 우리 영 안에 연합된 영으로 계시는 하나님 곧 내 안에 계신 그리스도를 향하는 것이다. 그러므로 우리가 '주 예수여!'라고 부름으로써 우리 자신을 자신의 영으로 돌이키면서 자기의 영 안에 계시는 그리스도를 접촉하게 되는 것이다.

둘째는 주님을 예배하는 것이다. 왜냐하면 하나님께서는 영이시고 우리도 또한 생명을 가진 영이 되었기에, 예배할 때에는 자기의 영을 사용해서 영이신 하나님을 예배할 수 있기 때문이다(요 4:24). 그러므로 자신의 영을 사용하고 활성화하려면 예배시간을 소중히 여기고 예배시간에 자기 자신을 혼에서 영으로 돌이켜 생명 주는 영을 부르며 그분께 기도하며 그분께 찬양을 올려드려야 한다. 하나님께서는 삼층천에서만 예배를 받으시는 것이 아니라 이제는 우리 영 안에 들어오셔서 동시에 예배를 받으시기 때문이다.

셋째는 자신의 영에 하나님의 말씀을 공급하는 것이다. 왜냐하면 사람의 영의 양식은 하나님의 말씀이기 때문이다. 어린아이가 태어나서 성장하려면 엄마가 아기에게 모유나 분유 등 음식을 먹이듯이 마찬가지로 사람이 하나님의 영을 받아 막 태어났으면 그 영에게도 양식을 먹게 해야 한다. 그것이 바로 하나님의 말씀을 양식으로 공급하는 것이다. 그러므로 성도의 영적인 나이가 성장하기 위해서는 하나님의 말씀을 듣고 읽고 묵상하고 암송하고 그대로 살아내야 한다.

4. 자신의 영을 활성화시키는 두 번째 방법은 무엇인가?

자신이 자신의 영으로 돌이키고 자기 속에 들어와 계시는 성령을 접촉하여 자신의 영에 생명이 활성화되게 하려면 또 하나의 방법이 있다. 이것은 일종의 소극적인 방법으로서 자신의 양심(良心)의 소리를 듣고 그 양심의 소리에 반대로 행동하지 않는 것이다. 오히려 양심의 소리에 적극적으로 반응하는 것이다. 왜냐하면 '양심'이 바로 '영'이기 때문이다(행 23:1, 롬 1:9). 사실 영은 하나님을 예배하는 기능만 가지고 있는 것이 아니다. 영은 예배하는 기능 말고도 옳고 그른 것과 선(善)과 악(惡)을 판단해 주는 양심의 기능도 가지고 있다. 그러므로 누군가 하나님의 생명을 받은 성도가 되었다면 그때부터는 자신의 양심의 소리에 귀를 기울여야 한다.

5. 양심(良心)이란 무엇이며 어떤 기능을 수행하는가?

사람의 양심(良心)이란 무엇을 가리키는가? '양심(良心)'이란 한자어로 '어질 양'에다가 '마음 심'을 합쳐 놓은 것이지만 실은 사람의 영이 가진 놀라운 기능을 가리킨다. 왜냐하면 양심이란 어떤 것이 과연 옳은 것인지 그른 것인지, 그것이 과연 선인지 악인지를 분별해 주는 것이기 때문이다. 그리고 양심은 누구로부터 배우지 않아도 작동하도록 되어 있다. 그래서 누구든지 거짓말하는 것은 나쁜 것이고, 도둑질하고 살인하고 간음하는 것 역시 나쁘다는 것을 자연스럽게 안다. 그러므로 혼의 영역에서 볼 때, 양심은 일종의 '도덕(道德)'이라고 할 수 있다.

그런데 이러한 양심은 사실은 영의 한 기능이었다는 사실이다. 왜냐하면 사도 바울은 로마서 1:9에서 자신의 영으로 하나님을 섬긴다고 말하고 있었는데, 사도행전 23:1에서는 자신의 양심으로 하나님을 섬겨왔다고 말을 하고 있기 때문이다. 그렇다. 영이 곧 양심인 것이다. 양심이 곧 영의 기능의 하나였던 것이다.

그러므로 자신이 영의 사람이자 영에 속한 사람이 되기를 원한다면 그는 반드시 양심의 소리에 귀를 기울여야 한다. 그래서 양심의 가책을 느끼는 말이나 행동을 하지 말아야 한다. 왜냐하면 양심은 옳고 그른 것, 선과 악을 판단해 주는 기능(고전 10:29)을 갖고 있을 뿐만 아니라 잘못된 것을 책망하는 기능도 동시에 갖고 있기 때문이다(행 24:16, 롬 2:15). 그러므로 양심의 소리에 귀를 기울이지 않고 오히려 양심을 거역하는 말과 행동을 많이 행하는 사람은 결코 영이 성장하지 않는다. 영에게 생명을 공급하는 것이 아니라 영에게 사망을 공급해 주는 일이 되기 때문이다.

6. 양심은 약해지고 더러워질 수도 있는가?

과연 양심은 약해지고 더러워질 수도 있는가? 결론적으로 말씀드리면 '그렇다'는 것이다. 왜냐하면 우리가 말과 행동을 할 때 양심에 반대되는 말과 행동을 하게 되면 양심이 점점 더 그 기능을 수행하지 못하고 약해지기 때문이다. 그리하여 양심에 반대되는 말과 행동을 하게 되면 그것이 곧 죄가 되는 것이다. 그러면 더러운 귀신들에 의해 양심이 둘러싸이게 된다. 그것을 가리켜 '양심이 더러워졌다'(딛 1:15) 혹은 '악한 양심을 가진 자가 되었다'(히 10:22)고 말하는 것이다. 그럼에도 불구하고 계속해서 양심에 반대되는 말과 행동을 하게 되면 하나님께서는 그를 버리시게 된다. 그때 그 사람을 가리켜 성경은 양심에 화인 맞았다고 말하는 것이다(딤전 4:2).

그러므로 구원받은 성도가 양심이 약해지게 되고 더러워지지 않기 위해서는 양심에 반대되는 말과 행동을 빨리 회개해야 한다. 회개하여 그리스도의 피로 약해지고 더러워진 양심을 깨끗하게 해야 하는 것이다. 그래야 빨리 영의 기능이 정상을 되찾을 수 있기 때문이다. 그러므로 히브리서 기자는 우리가 항상 마음에 예수님의 피 뿌림을 받아서 악한 양심으로부터 벗어나기를 힘써야 한다고 했다(히 10:22). 뿐만 아니라 그리스도의 피가 양심을 죽은 행실에서 깨끗하게 만들어 주고, 살아 계신 하나님을 잘 섬기게 할 수 있다고 역설했던 것이다(히 9:14). 그러므로 거듭난 성도가 되었다면 자신의 양심이 더러워지기 전에 회개하여 항상 양심을 깨끗한 상태로 유지하고 있어야 한다.

7. 양심에 관한 사도 바울의 권면은 무엇인가?

그러므로 사도 바울은 첫째로, 양심에 거리낌이 없이 행동하라고 하였다(행 24:16). 그래야 영의 평안을 유지할 수 있기 때문이다. 둘째로, 자신의 약해진 양심, 더러워진 양심, 악한 양심을 이제는 예수 그리스도의 피에 씻어서 깨끗한 상태를 유지하라고 하였다. 셋째로, 선한 양심을 가지고 있기를 힘쓰라고 하였다(딤전 1:19). 이에서 벗어나면 죄를 짓고도 죄라고 인식하지 못한다. 뿐만 아니라 나중에는 죄를 짓고도 그것이 죄로 여겨지지 않고 오히려 자신은 잘 하고 있다고 착각하게 된다. 그러므로 항상 우리는 선한 양심, 깨끗한 양심을 갖고 있도록 노력해야 한다.

8. 성령과 연합된 영을 가진 우리 성도들이 자신의 영으로 돌이키고 성령을 접촉하려면 어떻게 해야 하는가?

결국 성령과 하나 되어 연합된 영을 가진 우리 성도들이 정말 영에 속한 사람이 되기 위해서는 다음과 같은 두 가지 양심의 소리에 귀를 기울여야 한다.

첫째, 양심을 더럽히거나 양심을 악하게 하는 말과 행동을 하지 말아야 한다. 혹시 죄를 지었다면 즉시 회개하여 예수님의 피를 뿌려 자신의 더럽혀진 양심을 깨끗하게 해야 한다.

둘째, 양심의 음성에 귀를 기울여야 한다. 양심의 소리를 듣고 즉각 순종하는 것이다. 왜냐하면 생명을 갖고 있지 않았던 우리 자신의 양심에 하나님께서 생명을 가지고 들어오셨기 때문에, 이제는 성령과 내 영이 하나된 연합된 영의 음성을 듣고 그 음성에 순종해야 하는 것이다.

한 번 회개했다고 해서 자기의 육체 속에 들어와 있는 모든 뱀들이 다 나가는 것이 아니다. 그중에 일부만 나가는 것이다. 그러므로 우리는 죽는 날까지 회개를 지속해야 한다.

제3장
내가 영으로 돌이키고 접촉하는 세 번째 마지막 방법은 무엇인가?

> 고린도전서 2:11
> 사람의 일을 사람의 속에 있는 영 외에 누가 알리요 이와 같이 하나님의 일도 하나님의 영 외에는 아무도 알지 못하느니라

1. 들어가며

　사람은 영적 존재다. 즉 사람은 자기 속에 영을 가지고 있는 것이다. 그런데 사람 속에 하나님께서 넣어 준 영은 생명을 가지고 있지 않다. 그러므로 사람은 이 세상에 육신을 입고 있을 때에 생명을 받아야 한다. 그래야 육체가 죽은 다음에 영이 혼과 결합되어 영혼이 천국에 들어갈 수 있다. 그래서 우리 인간에게 생명을 주시려고 예수께서 생명을 가지고 이 땅에 오셨다. 그리고 생명이 어떤 것인지를 보여 주셨다. 그리고 인류의 속죄 사역을 마치신 후에 생명 주는 영이 되셨다. 그리고 믿는 자들 속에 지금도 들어오고 계신다. 그러므로 거듭난 자들 안에는 하나님의 생명이 들어 있으며, 그리스도께서 생명 주는 영 곧 성령으로 들어와 계시는 것이다. 그렇다면 그것으로 끝인가? 아니다. 사람은 생명을 얻되 더 풍성히 얻어야 한다. 그래서 예수님을

믿어서 생명을 얻되 더 풍성히 얻는 방법을 살펴보고 있다. 이번 장은 사람의 영에 더해진 생명이 더 풍성해지려면 어떻게 해야 하는지 그 세 번째 시간을 갖고자 한다.

2. 사람에게 있어서 하나님의 생명이 풍성해지는 방법은 무엇인가?

사람에게 있어서 하나님의 생명이 풍성해지려면 우선 자신의 영이 거듭나야 한다. 여기서 거듭남이란 하나님의 생명을 분배받는다는 것을 가리킨다. 즉 누구든지 자신이 죄인이라는 것을 시인하고 예수님을 영접하게 되면 어느 순간에 그는 거듭나게 된다. 이때 하나님의 생명이 그 사람 속으로 들어오는 것이다. 또한 그때부터 비로소 그 사람의 영적인 나이가 성장할 수 있다. 그렇다면 어떻게 하면 영에 공급된 생명으로 인하여 그 사람의 영이 성장할 수 있는가? 그것은 3가지가 필요하다.

첫째는 영(靈, spirit)으로 예배를 드리는 것이다. 영으로 예배를 드릴 때에 영이신 하나님을 접촉할 수 있기 때문이다. 그러므로 제대로 예배를 드리는 자들은 예배 시간이 바로 자신의 영이 성장하는 시간이 된다. 사람은 예배를 드릴 때에 자신의 영으로 자기 영 안에 들어오신 하나님 곧 생명 주는 영이신 그리스도를 접촉하게 된다. 그러면 그럴수록 그리스도께서는 더욱더 자신의 영에게 생명을 분배해주신다. 그러므로 자신의 영을 성장시키는 첫 번째 방법은 예배하는 것이다. 먼저는 주님의 이름을 부른 다음에, 그분께 영으로 기도하고 영으로 찬송하면 영이 하나님을 접촉하여 영이 성장하는 것이다.

둘째, 영 자체인 양심(良心)의 판단과 책망에 귀 기울이고 순종하는 것이다. 왜냐하면 양심이 곧 영(靈)이기 때문이다(행 23:1, 롬 1:9). 양심은 옳고 그른 것과 선과 악을 구분하고 판단하는데, 이것이 바로 영의 기능인 것이다. 그러므로 사람이 거듭나서 영이 성장하기를 원한다면 그는 양심에 거리낌 없는 삶을 살아야 한다.

셋째, 영을 사용하여 성령으로부터 직접적으로 지시를 받고 인도를 받는 것이다. 사람에게는 누구나 영이 있는데, 이 영은 사람의 겉모양(겉사람)과 똑같이 생겼다. 영도 눈이 있고 귀가 있으며 입이 있고 손과 발이 있다. 그런데 이 영 속으로 생명 주는 영이신 그리스도께서 들어오셨다. 그러므로 우리는 내 속에 계시는 영 곧 성령으로부터 직접적으로 지시를 받고 인도를 받을 수가 있다.

3. 내 영이 성령으로부터 직접적으로 지시를 받을 수 있는 근거는 무엇인가?

사람의 영은 하나님을 예배하는 기능도 갖고 있고(영교=영적인 교통), 옳고 그른 것을 판단하고 책망하는 기능도 갖고 있다(양심). 동시에 영은 스스로 아는 기능을 갖고 있다(직감 혹은 직관). 이는 영이 누군가로부터 배워서 아는 것이 아니며, 듣거나 보아서 아는 것이 아니다. 전혀 들어 보지도 못했고 보지도 못했던 것을 그냥 영이 아는 것이다. 왜냐하면 영은 시간과 공간을 다소 초월하고 이동하여 활동할 수 있기 때문이다. 다시 말해, 거듭난 자는 자신의 영을 사용해 과거로 되돌아가서 그때의 일을 볼 수가 있고, 그때 발음되었던 음성을 그대로 들을 수도 있다. 그리고 또한 거듭난 자는 미래에 일어날 일들 또한 자신의 영안(靈眼)으로도 볼 수 있고, 또한 환상(幻想)으로도 볼 수 있다. 이렇듯 사람의 영은 과거와 미래로의 여행이 실제로 가능하다. 뿐만 아니라 지금도 자신의 영에게 말씀하시는 성령의 지시와 인도하심을 받을 수 있다. 왜냐하면 성령께서 우리 영 안으로 들어오실 때 하나님의 생명을 가지고 들어오셨기 때문이다. 그러므로 성령께서 가르쳐 주시는 초자연적인 앎이나 은사적인 앎을 느끼고 체험할 수가 있는 것이다.

4. 거듭난 사람의 영은 어떤 방식으로 사물에 대한 정보를 알게 되는가?

거듭난 영이 여러 가지 사물에 대한 정보를 알 수 있는 것은 거듭난 영 속에는 진리이자 무소부재하시고 전능하신 하나님 곧 예수께서 계셔서 그분이 우리 영에게 정보를 알려 주기 때문이다. 그러므로 자신의 영을 사용하여 직접적으로 성령을 접촉하여 생명을 더 풍성히 얻기를 원하시는 분은 성령께 자신이 필요로 하는 것을 요청하면 된다.

예를 들어서 이렇게 하는 것이다. "생명 주는 영으로 내 안에 들어오신 주 예수여, 지금 나에게 환상과 글자로 보여 주세요."라고 말하면서 자신을 영 안으로 돌이키면, 성령께서 즉시 우리에게 우리가 바라고 소망하는 것을 보여 주신다. 그래서 성령께서 우리의 영으로 알 수 있도록 사용하시는 영역은 다음과 같다.

첫째, 환상과 꿈과 생각 환상을 사용하신다. 그러므로 우리는 성령님께 "성령님, 제게 환상과 꿈, 생각 환상으로 보여주세요."라고 기도할 필요가 있다.

둘째, 음성으로 들려주신다. 그러므로 우리는 얼마든지 "하나님, 이제는 음성으로 들려주세요. 언제라도 반응하는 자가 되겠습니다."라고 기도할 수 있다.

셋째, 생각나게 하신다. 성령께서는 우리가 과거에 알고 있었던 사건이나 말씀을 나중에 생각나게 도와주신다.

넷째, 몸으로 느끼게 해준다. 어떤 사람은 열로 성령의 움직임과 귀신의 움직임을 알 수 있다. 때로는 진동으로, 아픔으로 그렇게 하신다.

5. 사람으로서 영의 기능을 활용했던 인물이 있는가?

사람의 육체도 눈으로 보고 귀로 듣고 손으로 만질 수 있듯이, 영의 몸도 역시 영의 눈으로 보고, 영의 귀로도 들을 수 있으며, 영의 손으로 만질 수 있다. 그리하여 영의 기능을 마음껏 쓰는 사람이 된다면, 그때는 사람을 차별하지 말아야 한다. 그렇다면 이 세상에 살면서 영이 보고 듣고 만질 수 있는 기능을 맛보았던 인물이 있었는가? 있었다. 몇 명의 예를 들어 본다.

첫째, 에녹이다. 에녹은 365일을 주님과 동행하면서 그분의 음성과 지시를 따라 살았기 때문이다.

둘째, 엘리사 선지자다. 그는 당시 아람 왕이 자기들끼리만 가졌던 작전 회의를 다 알고 이스라엘 왕으로 하여금 피하게 만들어주고, 도망가게도 만들어주었다. 그러자 아람 왕이 신하들에게 묻는다. "이스라엘은 어떻게 내가 한 말을 다 알고 있다는 말이냐?" 이 보고하는 것을 자신도 보고 들었는데, 어찌 그런 일이 있을 수 있느냐고 반문한 것이다. 그러나 엘리사는 영으로 가서 다 보고 있었고 듣고 있었던 것이다.

셋째, 에스겔 선지자이다. 에스겔은 이스라엘로부터 수백, 수천 리 떨어져 있는 바벨론에 있었다. 하지만 그의 영이 몸에서 빠져나가 이스라엘로 이동하여 이스라엘의 상황을 그대로 보고 들을 수 있었다. 그의 영이 몸을 빠져나가서 보고 온 것이다.

6. 사람의 영이 가진 초자연적인 앎의 기능을 사용하려면 어떻게 해야 하는가?

거듭난 사람이 자기도 영을 가지고 있고 자기 속에 성령도 계시기 때문에 성령께서 보여 주시고 들려주시는 것을 자신도 할 수 있을 것이라고 생각하고, 성령님께 부어 주시고 들려주시기를 기도하지만 실제는 그렇게 되는 경우는 많지 않다. 왜 그러한가? 그 이유는 그가 그동안 영을 사용해 보지 못해서 영의 기능을 쓸 줄을 잘 몰랐기 때문이다. 그런데 마가복음 2장을 읽어 보면 예수께서는 사람들이 자기들 속으로 의논하고 있는 것을 영으로 아셨다고 말씀하신다(막 2:8). 그렇다. 영으로는 영의 세계에서 일어나는 일을 알 수가 있는 것이다.

그러므로 영의 기능을 잘 사용하기 위해서는 몇 가지 준비 단계가 필요하다. 그것으로 첫째, 회개를 많이 하여 자신의 속사람을 덮고 있는 귀신을 제거해야 한다(막 16:17~18). 자기 몸의 안팎에 귀신이 많이 붙어 있으면 자신의 영이 그 기능을 제대로 수행하기 어렵다. 그러므로 회개를 통하여 귀신을 계속해서 제거해주어야 한다. 그러면 어느 날 보이기 시작하고 들리기 시작한다. 둘째, 영을 더욱더 활성화시키기 위해서 방언 기도를 해야 한다(계 14:3). 방언 기도는 자신의 영이 살았다는 것을 알려 주는 첫 번째 은사다. 영이 살아났기에 영이 말하는 것이 곧 방언이기 때문이다. 그러므로 자신의 영을 사용하기를 원하는 분들은 반드시 방언으로 기도하고 찬송할 필요가 있다. 그러면 영을 쓸 줄 아는 사람으로 바뀌어 가기 때문이다. 셋째, 상상을 해 보는 것이다. 이는 환상의 전 단계가 상상의 단계이기 때문이다. 상상이

안 되면 환상을 보기 힘들다. 그러므로 늘 환상 보기 훈련을 직접 해 보아야 한다. 그래야 초자연적인 앎의 세계로 들어갈 수 있다. 그러면 직접 보지도 않고 배우지도 않으며 경험하지 않은 것일지라도 영으로 얼마든지 알고 또한 그것을 다른 사람에게도 가르쳐줄 수가 있는 것이다.

제4장
자기 혼(魂)(souls)의 영역까지 생명을 확장하려면 어떻게 해야 하는가?

> 마태복음 16:24~26
> **24** 이에 예수께서 제자들에게 이르시되 누구든지 나를 따라오려거든 자기를 부인하고 자기 십자가를 지고 나를 따를 것이니라 **25** 누구든지 제 목숨을 구원하고자 하면 잃을 것이요 누구든지 나를 위하여 제 목숨을 잃으면 찾으리라 **26** 사람이 만일 온 천하를 얻고도 제 목숨을 잃으면 무엇이 유익하리요 사람이 무엇을 주고 제 목숨과 바꾸겠느냐

1. 들어가며

사람은 영적인 존재다. 왜냐하면 사람 안에는 동물과는 달리 영(spirit)을 가지고 있기 때문이다(슥 12:1). 그러므로 사도 바울은 안에 있는 영의 사람을 가리켜 '속사람'이라고 불렀고, 밖에 있는 육의 사람을 '겉사람'이라고 불렀다(고후 4:16). 그러나 사람은 영만을 가지고 있는 것은 아니다. 그 외에 혼(souls)도 가지고 있고 육(flesh)도 가지고 있다. 그러므로 사람은 '영, 혼, 몸'을 가진 존재인 것이다. 그러므로 사람을 온전히 이해하기 위해서는 영, 혼, 육을 다 알아야 한다. 특히 하나님의 경륜적인 측면에서 볼 때, 하나님의 생명의 분배는 영의 영

역에서 이뤄지는 것이지만, 생명의 확장은 혼과 육의 영역에서 이뤄지는 것이다. 그렇다면 영 안에 들어온 생명이 혼의 영역에까지 확장되게 하기 위해서는 어떻게 해야 하는가?

2. 사람의 영(spirit)과 혼(souls)과 육(flesh)은 어떻게 다른가?

신구약 성경에 따르면, 사람은 영과 혼과 육 혹은 영(靈)과 혼(魂)과 몸으로 구성되어 있다. 그러므로 우리말 개역성경에 나오는 '영혼(靈魂)'이라는 말은 성경에는 없는 용어다. 신구약성경에 나오는 '영혼'이라는 말은 '영'이든지 '혼'이든지, 둘 중 하나인 것이지 '영혼'이라는 말은 사실 없는 것이다. 그러므로 오늘날 한국 사람으로서 개역성경의 번역을 취하고 있는 사람에게 있어서 '영'과 '혼'의 구분은 쉽지 않다. 특히 개역성경에는 '혼'이라는 말을 찾아보기가 쉽지 않다. 그러나 원문에는 분명히 그것이 '영'인지 '혼'인지를 정확히 구별하고 있다.

그렇다면 사람의 영과 혼과 육은 어떻게 다른가? 사람의 영은 사람의 존재 깊숙한 곳에 들어 있는 것으로서 영적인 세계를 접촉하는 기관이다. 그리고 사람의 혼은 영과 육의 중간 지대에 있는 것으로서 정신 세계를 접촉하는 기관이다. 그리고 마지막으로 사람의 육(육체)은 사람의 바깥 부분을 지칭하는 것으로서, 물질 세계와 접촉하는 기관을 가리킨다. 그런데 사람이 죽게 되면 혼은 영에 달라붙게 된다. 왜냐하면 영은 영원히 죽지 않는 존재이지만 육체는 흙에서 왔기에 썩어서 흙이 되어버리기 때문이다.

특히 사람의 영은 영적인 것들 곧 하나님과 예수님과 성령님, 천사들, 귀신들, 천국과 지옥을 접촉할 수 있는 기관이다. 그런데 혼은 영적인 것이 아니라 정신적인 영역을 접촉하는 기관이다. 그러므로 자신의 영으로 돌이키기 위해서는 자신의 영을 사용해야 한다. 그리고 영 속에 들어오신 그리스도를 접촉하기 위해서는 영을 사용해야 한다. 그런데 대부분의 그리스도인들은 자기 속에 들어오신 성령을 접촉하는데, 혼을 사용하곤 한다. 물론 혼으로도 영을 접촉할 수 있지만 혼이 잘못된 상태에 있을 때에는 영을 접촉하기가 어렵다. 오히려 육체 속에 들어 있는 영(귀신)을 성령이라고 잘못 알고 귀신을 접촉해 놓고는 자신은 성령을 접촉했다고 말할 수도 있다. 그러므로 하나님을 접촉하기를 원하는 자는 영을 사용해야 한다.

3. 사람의 영(spirit)이란 어떤 기능을 수행하는가?

그렇다면 사람의 영이란 어떤 기능을 수행하는가? 그것은 하나님의 생명을 가지고 우리 영 속에 들어오신 그리스도 곧 생명 주는 영을 접촉하는 일을 한다. 그러므로 우리는 우리 안에 들어오신 하나님을 접촉하기 위해서는 자신의 영을 사용해야 한다. 우리가 내 속에 들어온 그리스도를 접촉하되 어떤 기준으로 접촉하느냐에 따라 영은 세 가지 기능을 수행한다.

첫째, 사람의 영은 하나님을 예배하는 기능을 수행한다(요 4:24). 이 때 영은 하나님과 '교통'을 수행하고 있는 것이다. 왜냐하면 하나님도 영이신데, 사람이 자신의 영과 진리 안에서 영이신 하나님을 예배할 수 있다고 예수께서 직접적으로 가르쳐주셨기 때문이다(요 4:24). 그러므로 자신의 영을 사용하여 성령과 접촉하기를 원하는 자는 자신의 영을 사용해서 예배를 잘 드려야 한다. 예배 시간은 영이 하나님을 접촉하는 놀라운 시간이 될 수 있기 때문이다.

둘째, 사람의 영은 판단하고 책망하는 기능을 수행한다(롬 2:14~15). 두 번째는 영은 옳고 그른 것을 판단하고 잘못된 것을 선택하려 할 때에 그것을 책망하는 일을 행한다. 이때 이러한 역할을 수행하고 있는 영을 가리켜 '양심'이라고 부른다. 양심이 곧 영인 것이다. 그러므로 성도가 자신의 영 안에서 생명을 풍성하게 누리려면 양심의 책망에 귀 기울여야 하고 양심에 거리낌이 없는 생각과 말과 행동을 해야 한다.

셋째, 사람의 영은 성령의 활동을 직접적으로 알아듣는 기능을 수행한다. 왜냐하면 영이 정말 깨끗한 상태가 되면 성령이 보여 주시는 것을 볼 수 있고 그분이 들려주시는 것을 들을 수도 있기 때문이다. 성령께서 직접 보여 주시는 것을 볼 수 있는 사람을 가리켜, '영안이 열린 사람'이라고 말하고, 성령께서 직접 들려주시는 것을 들을 수 있는 사람을 가리켜 우리는 '영의 귀가 열린 사람'이라고 한다.

4. 혼(魂)(souls)이란 무엇을 가리키며, 어떤 기능을 수행하는가?

사람의 혼(魂)(souls)이란 영과 육이 만날 때에 생겨나는 것으로서, 사람됨 곧 자아(self)를 가리킨다. 사람이 죽게 되면 혼은 사람의 영에 붙게 된다. 이러한 혼은 성경 전체를 보면, 세 가지 기능을 수행한다.

첫째, 생각의 기능을 수행한다(시 139:14). 이는 혼이 사고하고 고려(숙고)하고 추론하는 일을 하기 때문이다.

시 139:14 내가 주께 감사하옴은 나를 지으심이 심히 기묘하심이라 주께서 하시는 일이 기이함을 내 영혼(혼=네페쉬)이 잘 아나이다

둘째, 감정의 기능을 수행한다(사 61:10). 이때 혼은 감정을 느낀다. 그래서 슬퍼하고 기뻐하며, 좋아하고 싫어하며, 사랑하고 미워하는 일을 행하는 것이다.
사 61:10 내가 여호와로 말미암아 크게 기뻐하며 내 영혼(혼=네페쉬)이 나의 하나님으로 말미암아 즐거워하리니 이는 그가 구원의 옷을 내게 입히시며 공의의 겉옷을 내게 더하심이 신랑이 사모를 쓰며 신부가 자기 보석으로 단장함 같게 하셨음이라

셋째, 의지의 기능을 수행한다(욥 7:15). 왜냐하면 혼이 선택하고 결정하기도 하기 때문이다. 즉 이것을 받아들일 것인가 아니면 배척할 것인가? 이것을 할 것인가 말 것인지를 결정하고 선택하는 것이 혼이기 때문이다.

욥 7:15 이러므로 내 마음(혼=네페쉬)이 뼈를 깎는 고통을 겪느니 차라리 숨이 막히는 것과 죽는 것을 택하리이다

5. 사람의 영 속에 들어온 생명이 혼의 영역까지 확장되게 하려면 어떻게 해야 하는가?

사람의 영 속에 들어온 하나님의 생명은 영에서 활성화되었다면 이제는 혼의 영역으로까지 확장되어야 한다. 왜냐하면 사람의 혼이 변화될 때에 비로소 하늘에서 누릴 지위와 신분이 아름답게 변화되기 때문이다. 그렇다면 혼은 어떻게 변화되어야 하는가? 그것은 혼을 부인하고 거절하고 죽음에 넘겨야 한다는 것이다. 왜냐하면 혼은 사람 속에 하나님의 생명이 들어오기 전까지 육의 지배를 받고 살았기 때문이다. 왜냐하면 아담과 하와의 범죄 이후 귀신들이 사람의 육체 속에 들어와서 거주하고 있기 때문이다. 그러므로 하나님의 생명을 받기 전까지 인간은 육체 속에 들어 있는 귀신의 지배를 받고 살아왔던 것이다. 그래서 죄된 본성이 지배하는 육체를 따라서 살아 온 사람을 가리켜 '옛사람'이라고 부른다(엡 4:22~24). 그런데 바로 이 옛사람 속에 어느 날 생명이 들어오게 된다. 그러므로 옛사람의 아무런 변화 없이 생명이 사람의 영 속에 먼저 침투해서 들어온 것이다. 그러므로 그때까지 혼은 육체와 하나 되어 있었다. 그러면 이때의 혼은 언제나 죄를 짓는 데에 익숙할 뿐, 결코 하나님의 뜻과 영광을 드러내는 데 도움이 되지 않아 온 것이다. 그러므로 혼은 반드시 부인해야 한다(마 16:24~26). 거절해야 한다.

혼을 그대로 놔두어서는 아니 되는 것이다. 그러면 죄만 짓게 될 뿐이기 때문이다. 그럼, 혼은 어떻게 처리해야 하는가? 그것은 혼을 십자가에 못 박아 죽음에 넘기는 것이다. 그러므로 혼은 생각과 감정과 의지에서 이미 죽은 사람으로 취급하는 것이다. 이것이 바로 자아를 부인하는 것이다. 자기 자신을 부인하는 것이다. 그래야 내 안에 생명으로 들어오신 주님을 따라갈 수가 있기 때문이다.

6. 자신의 혼을 변화시키기 위하여 가장 힘써야 할 것은 무엇인가?

그리스도께서 우리의 영에서부터 혼으로 그 세력을 넓혀 가시려면, 그는 첫째, 자기 자신의 영 속에 우선 하나님의 생명을 모셔 들여야 한다. 둘째, 자신의 영의 활동을 활성화시켜야 한다. 그러려면 주 예수의 이름을 부르고, 예배를 드리며, 양심의 참소에 무릎을 꿇고 있어야 한다. 셋째, 옛사람과 결탁되어 있는 자기 자신을 벗어나게 도와야 한다. 그것은 자아를 십자가에 못 박아 죽음에 넘기는 것이다. 넷째, 혼의 제일 중요한 기관인 생각을 새롭게 함으로 변화를 받아야 한다(롬 12:1~2). 생각이 성령의 생각으로 새롭게 조성되어야 한다. 생각이 새롭게 됨으로 변화를 받아야 하는 것이다(엡 4:23). 그래서 그리스도와 함께 옛사람과 자아를 십자가에 못 박아 죽음에 넘기고 내 안에 들어오시는 그리스도를 따라가야 한다. 날마다 자기 자신을 부인하고 거절하며, 내 안에 들어오신 그리스도의 생각과 감정과 의지를 따라가는 것이다.

사람의 구조	영+혼+몸(육)
사람의 영의 기능	교통+양심+직감
사람의 혼의 기능	생각+감정+의지

사람의 영(spirit)의 3가지 기능		
교통	양심	직감
예배하는 기능	판단하고 책망하는 기능	초자연적으로 아는 기능
요4:4	롬2:15	고전2:11

요 4:24 하나님은 영이시니 예배하는 자가 영과 진리로 예배할지니라

롬 2:15 이런 이들은 그 양심이 증거가 되어 그 생각들이 서로 혹은 고발하며 혹은 변명하여 그 마음에 새긴 율법의 행위를 나타내느니라)

고전 2:11 사람의 일을 사람의 속에 있는 영 외에 누가 알리요 이와 같이 하나님의 일도 하나님의 영 외에는 아무도 알지 못하느니라

사람의 혼(souls)의 3가지 기능		
생각(知)	감정(情)	의지(意)
사고하는 기능	느끼는 기능	선택하고 결정하는 기능
시139:14	사61:10	욥7:15

시139:14 내가 주께 감사하옴은 나를 지으심이 심히 기묘하심이라 주께서 하시는 일이 기이함을 내 영혼이 잘 아나이다

사61:10 내가 여호와로 말미암아 크게 기뻐하며 내 영혼이 나의 하나님으로 말미암아 즐거워하리니 이는 그가 구원의 옷을 내게 입히시며 공의의 겉옷을 내게 더하심이 신랑이 사모를 쓰며 신부가 자기 보석으로 단장함 같게 하셨음이라

욥7:15 이러므로 내 마음이 뼈를 깎는 고통을 겪으니 차라리 숨이 막히는 것과 죽는 것을 택하리이다

제5장
하나님의 경륜에 따라 그리스도께서 우리 마음에 거처를 정하게 하려면?

> 에베소서 3:17
> 믿음으로 말미암아 그리스도께서 너희 마음에 계시게 하시옵고 너희가 사랑 가운데서 뿌리가 박히고 터가 굳어져서

1. 들어가며

사람이 구원받는 것은 일순간이기는 하지만 일평생의 과정이기도 하다. 왜냐하면 하나님으로부터 생명을 받아 거듭나는 것은 일순간이지만 그 생명이 내 영에서 혼으로, 혼에서 다시 육에까지 흘러들어가서, 영이 거듭난 이후 혼이 변화되며, 육신의 영역까지도 영에 의해서 변화되어야 하기 때문이다. 이 과정에서 어떤 사람은 영, 혼, 육의 변화 과정을 잘 감당하여 하늘에서 왕 노릇할 자가 되기도 하지만, 어떤 이는 믿음에서 떨어져 나가기도 한다. 그러므로 우리가 예수님을 믿어 영의 구원을 받았다면, 이제는 혼의 구원과 육의 구원을 향해 전진해 가야 한다. 그렇다면 과연 어떻게 할 때 나도 혼의 구원을 이룰 수 있는가? 그래서 이번 장에서는 혼의 대부분을 차지하고 있는 사람의 마음에 대해서 살펴보려고 한다. 왜냐하면 마음이 아담의 범죄로 인

해 악해졌고 부패되었으며 더러워졌는데, 이 마음은 원래 하나님을 사랑하라고 주신 기관이기 때문이다. 그래서 마음으로까지 진정 주님을 사랑하는 사람이 되어야 한다. 그렇다면 대체 사람의 마음이란 어떤 것이며, 사람의 마음은 어떻게 변화되어 하나님을 사랑하는 기관으로 바뀌어지는가?

2. 하나님의 경륜이란 무엇이며 그 핵심은 무엇인가?

하나님께서는 모든 만물을 창조하시기 전에 이미 어떤 기쁘신 뜻을 세우셨다. 그것은 인간에게 당신의 생명을 분배하고 그 생명을 풍성히 얻게 할 뿐만 아니라, 그러한 자들에게 하늘나라 곧 천국을 기업으로 물려주시려는 것이었다. 이러한 하나님의 계획을 가리켜 사도 바울은 '하나님의 경륜'이라고 불렀다(엡 1:3~10, 3:1~11).

그런데 이러한 하나님의 경륜은 창세 전에 이미 세우신 것으로서 이 계획을 성취하기 위해 하나님께서 시작하신 일이 있었으니 그것이 곧 창조 사역이었다. 그리고 이러한 창조의 중심에는 인간이 있었다. 그러므로 온 우주 만물은 인간이 살 수 있는 환경을 조성하기 위함이었던 것이다. 이때 인간은 다른 동물들과는 달리 하나님의 형상과 모양대로 창조되었으니, 이는 사람을 하나님을 담을 수 있는 그릇으로 창조하신 것이었다(고후 4:7). 그리고 하나님께서는 창조하신 인간(사람=아담)을 위해 에덴동산을 창설하셨고 그를 거기에 두셨다. 인간을 생명나무 앞에 두신 것이다. 하지만 인간은 생명나무로부터 생명을 취하기 전에 그만 뱀(사탄 마귀)의 꾀임을 받고 말았다. 그리하여 선악의 지식의 나무의 열매를 따먹음으로 하나님의 경륜에서 벗어나고 말았다. 그러자 하나님께서는 인간의 범죄의 대가를 대신 지불하시기 위해 사람이 되어 오셨으니 그분이 바로 우리 주 예수님이시다. 그리고 예수께서는 부활 승천하시어 생명 주는 영이 되셨고(고전 15:45), 믿는 자들 속에 바람처럼 호흡처럼 들어오시게 되었다(요 20:22). 그러므로 오순절 성령 강림 이후의 세대는 이제 자신이 죄인이라는 것을 인정하고 주 예수님을 믿게 되면, 죄 용서를 받게 되고 하나님의 생명을 분배받게 되는 것이다.

그러나 이것은 하나님의 경륜의 시작일 뿐이다. 왜냐하면 예수께서 이 세상에 오신 것은 자신을 인류를 위한 대속물로 주려고 오셨던 것뿐만 아니라(막 10:45), 자신의 생명을 얻되 더 풍성히 얻게 하시려고 오셨기 때문이다(요 10:10). 그러므로 사람이 예수님을 믿어 하나님의 생명을 받고 하나님의 자녀가 되었다면, 이때부터는 생명을 더 풍성히 누리는 법을 배워야 한다. 이것이 바로 영에 있는 생명을 혼으로 흘러가게 하는 방법이고, 또한 혼에 있는 생명이 육에게까지 흘러가게 하는 방법인 것이다. 이런 자가 천국에서 땅을 기업으로 분배받는 것이다.

3. 하나님의 경륜에 있어서 혼(魂)을 처리하는 데 마음의 역할은 무엇인가?

하나님의 경륜에 있어서 영은 하나님의 생명이 들어오는 공간이다. 그러므로 사람은 자신의 영에 생명을 공급받아서 거듭나게 된다. 그러므로 사람의 거듭남이란 하나님의 생명을 개인이 자기 속에 분배받은 것을 가리킨다. 그때 사람은 하나님의 자녀가 되며, 그때 하늘의 생명책에 호적 등록되듯이 그의 이름이 기록이 된다. 그러나 하나님의 생명책에 자신의 이름이 기록되었다고 할지라도, 그러한 모든 사람이 생명의 왕국인 새 예루살렘 성 안으로 들어가는 것은 아니다. 비록 하나님의 생명책에 자신의 이름이 기록되었다고 할지라도, 대부분의 사람은 생명책에서 이름이 지워진 채 새 예루살렘 성 밖으로 쫓겨나게 되며(계 3:5, 22:15), 심지어는 불과 유황이 타는 못에까지 떨어지고 있기 때문이다(계 21:8). 그러므로 우리가 천국의 온전한 백성이 되기 위해서는 우리에게 들어온 생명을 잘 보존하고 그것이 내 존재의 영역 전체로 흘러가게 해야 한다. 그래서 하나님의 생명이 우리의 혼에까지 흘러들어가면, 우리의 인격에는 놀라운 변화가 찾아오게 된다. 그리고 그때에 비로소 하나님을 진정 사랑하는 사람이 되는 것이다. 이것이 우리의 마음의 역할이다. 그렇다면 내 안에 들어온 생명으로 하여금 내 혼의 영역까지 확장되게 하려면 어떻게 해야 하는가? 그것은 내 혼의 대부분을 차지하고 있는 마음을 처리해야 한다. 왜냐하면 아담의 범죄 이후 사람의 마음은 악해졌고 부패해졌으며 더러워졌기 때문이다.

4. 사람에게 있어서 마음이란 어떤 것인가?

하나님께서 처음 사람(아담)을 창조하실 때에 어떻게 창조하셨는가? 그때 하나님은 우리 인간을 자신을 담을 수 있는 그릇으로 창조하셨다. 먼저 흙으로 육신을 빚으신 후에 그 코에 영(靈)(spirit)을 불어 넣으셔서, 육(肉)(flesh)과 영이 만날 때에 혼(魂)(souls)이 생겨나게 창조하신 것이다(창 2:7). 그러므로 인간은 영과 혼과 육을 지닌 존재로 창조된 것이다(살전 5:23, 히 4:12). 그중에 영(spirit)은 영이신 하나님과 영의 세계와 접촉하도록 창조된 것이며, 육은 물질 세계와 접촉하도록 창조된 것이다.

그렇다면 혼(魂)이란 무엇인가? 혼(魂)은 영과 육이 만날 때에 생겨난 것으로서, 생각과 감정과 의지의 기능을 가진 우리 자신 곧 자아(self)를 가리킨다. 내 자신이 곧 혼(魂)(soul)인 것이고 이 혼(魂)이 자유의지를 가지고 판단하고 행동하고 있는 것이다.

그렇다면 사람의 '마음(heart)'이란 무엇인가? 사람의 마음은 사실 혼(魂)도 아니며 영(靈)도 아니다. 그렇지만 마음은 혼이 전혀 아니라고도 말할 수 없으며, 영도 전혀 아니라고 말할 수 없다. 왜냐하면 마음은 혼의 기능도 다 가지고 있을 뿐만 아니라, 영의 기능도 조금은 갖고 있기 때문이다. 그렇다면 우리말 국어사전에는 '마음'을 어떻게 정의하고 있는가? 국어사전에 보면, '마음'이란 세 가지 의미를 가지고 있다고 말하고 있다. 첫째는 사람이 본래부터 지닌 성격이나 품성이라고 정의한다. 그리고 둘째는 사람이 다른 사람이나 사물에 대하여 감정이나 의지, 생각 따위를 느끼거나 일으키는 작용이나 태도라고 말한다. 그리고 마지막으로 셋째는 사람의 생각, 감정, 기억 따위가 생기거나 자리 잡는 공간이나 위치라고 말한다. 그렇다면 성경에서 말하고 있는 마음이란 대체 어떤 것을 가리키는가?

5. 사람의 영과 사람의 마음은 어떻게 다른가?

사람의 마음이 무엇인지 이해하기 위해서 우리가 먼저 살펴볼 것은 사람의 마음이 자신의 영과 어떻게 다른가를 확인하는 것이다. 성경을 우리말로 번역했던 일에 참여했던 번역자들은 당시 '마음'과 '영'을 잘 구별하지 못했다. 그러므로 '마음'이라는 단어를 '영'이라고 번역하기도 하였고, 반대로 '영'을 '마음'이라고도 번역하고 말았다. 그러므로 우리말 성경만 보면, 마음과 영이 늘 헷갈린다. 그러므로 성경 원문에 따라서 마음과 영을 구분해야 한다. 성경 원문에 따르면, 사람의 영(spirit)은 히브리어로는 '루아흐'이며, 헬라어로는 '프뉴마'이며, 사람의 마음(heart)은 히브리어로는 '레브'이며, 헬라어로는 '카르디아'이다.

그래서 성경 원문에 따라 영과 마음을 비교해 보면 놀라운 사실을 발견하게 된다. 그것은 바로 사람의 영은 하나님을 받아들이는 기관으로 창조된 것이며, 사람의 마음은 영이신 하나님을 사랑하는 기관으로 창조하셨다는 것이다.

먼저, 사람의 영은 하나님을 받아들이는 기관으로 창조된 것이다.

그러므로 영이신 하나님께서 사람 안으로 들어오실 때에는 바로 사람의 영으로 들어오신다는 것을 알 수 있다(고전 6:17, 딤후 4:22). 그래서 사도 바울은 사람의 구조가 영락없이 하나님의 성전과 꼭 닮았다고 했다(고전 3:16). 그런데 성전은 성막과 똑같은 구조이니, 그 구조들을 살펴보면 영락없이 사람의 구조와 똑같다는 것이다. 즉 성막이나 성전의 구조가 '성막 뜰'과 '성소'와 '지성소'라는 3중 구조로 되어 있듯이 사람도 3중 구조로 되어 있고, 성막에서 하나님께서 지성소에 거주하듯이 영이신 하나님도 사람의 영 속에 거주하시는 것이다. 그렇다. 사람의 구조를 보면, 제일 바깥쪽에 육이 위치하고 있고, 중간 지대에 혼이 위치하고 있으며, 제일 안쪽 깊숙한 곳에 영이 자리 잡고 있다. 하나님께서 성막의 지성소에 거주하고 계시듯이, 생명 주는 영이신 성령께서도 역시 사람의 영 속에 거주하고 계시는 것이다.

뿐만 아니라 사람의 마음은 하나님을 사랑하는 기관으로 창조하셨다는 사실이다. 이것에 대해서는 예수께서 공생애 기간에 어떤 서기관의 질문에 대답하시면서 알려 주신 사실이다. 그때 예수께서는 사람의 첫째 되는 계명이란 유일한 한 분 하나님을 온 마음을 다해 사랑해야 한다고 가르쳐주셨다(막 12:28~30). 사람의 마음은 하나님을 사랑하라고 주신 기관이었던 것이다. 그러므로 우리가 하나님을 사랑하고 또한 하나님으로부터 사랑을 받기 위해서는 혼이 정상적인 기능을 수행해야 한다. 다시 말해 창조된 상태의 마음으로 변화되어야 하는 것이다. 하지만 아담의 범죄로 인하여 사람의 마음은 이미 망가진 채 있으니, 사람의 마음은 그때로부터 악해져 왔고(창 6:5), 부패해졌으며(딤후 3:8), 더러워져 버렸다(딛 1:15). 그러므로 이미 악하고 부패해졌으며 더러워진 마음을 그대로 갖고 있으면 우리는 하나님을 사랑할 수가 없는 것이다. 육체 속에 들어와 있는 귀신이 주는 유혹과 욕망에 사로잡혀 늘 죄를 짓고 살 수밖에 없는 것이다. 그러므로 반드시 자신의 마음을 처리해야 한다. 그래서 하나님을 사랑하는 기관으로 만들어야 한다. 그렇다면 어떻게 할 때 우리의 더러워진 마음을 회복시켜 하나님을 사랑할 수 있는 기관으로 만들 수가 있는가?

6. 성경이 말씀하고 있는 마음의 4가지 기능은 무엇인가?

우리가 마음을 창조된 원래의 상태대로 되돌리기 위해서는 마음이 어떤 구조를 가지고 있으며, 또한 마음이 어떤 기능을 수행하는지를 살펴보아야 한다. 그래서 성경 원문을 따라 마음이 하는 일을 비교 분석해 보니, 마음은 총 네 가지 기능을 수행하고 있다는 것을 알 수가 있다.

첫째, 마음은 생각하는 기관이라는 사실이다. 마음 안에 생각이 들어 있기 때문이다(마 9:4, 히 4:12). 둘째는 마음은 감정을 가지고 있다는 것이다. 즉 기뻐하고 슬퍼하며, 사랑하고 미워하는 감정을 가지고 있는 것이다(요 16:6, 22). 셋째, 마음에는 의지가 있어 자기가 원하는 것을 선택하고 실행한다는 것이다(행 11:23, 엡 2:3). 마지막으로 마음은 옳고 그름을 판단하고 죄를 책망하는 일도 한다는 것이다(히 10:22, 요일 3:20~21). 그러므로 마음의 기능을 요약하면, 마음에 있어서 앞의 세 가지 기능 곧 생각과 감정과 의지는 혼의 3가지 기능과 일치하는 것이며, 마음의 마지막 한 가지 기능은 영의 3가지 기능 중에 양심의 기능과 일치한다는 사실이다. 즉 사람의 마음은 하나님을 사랑하는 기관으로 창조되었으며, 그것은 생각하고 느끼고 결단하고 행동하되 옳고 그름을 판단하여 옳은 것을 따라가도록 창조되었던 것이다.

7. 사람의 마음이 아담의 범죄로 인해 어떻게 되어 있는가?

하지만 최초의 인류였던 아담의 범죄로 인하여, 사람의 몸 안에는 뱀(귀신)이 치고 들어오게 되었다(창 3:14). 그리하여 우리의 육체는 뱀의 소굴이 되고 말았다. 그러므로 사람은 그때로부터 악한 것을 생각하게 되었고, 감정은 시기 질투심과 미워하는 감정으로 충만하게 되었으며, 다른 사람의 생명까지도 서슴없이 빼앗는 의도적인 죄를 짓게 된 것이다. 그 대표적인 표상이 가인이 자신의 동생 아벨을 살해한 사건이다. 그러므로 아담 이후 모든 사람의 마음은 이미 악해져 있는 상태에 놓여 있으며, 부패한 상태에 있고, 더러워진 상태에 놓여 있다는 것을 알아야 한다. 그러므로 이러한 마음을 그대로 놔둔다면 사람이 예수님을 믿어서 자기의 영 안에 생명을 가지고 있고, 그 속에 그리스도께서 좌정해 계신다고 할지라도 여전히 우리의 마음은 죄의 유혹을 이기지 못해서 죄를 짓고 말 것이다. 그러므로 우리의 이전의 마음은 반드시 처리가 되어야 한다.

8. 어떻게 하면 우리의 마음을 새 마음으로 변화시킬 수 있는가?

그렇다면 이미 악하고 부패하고 더러워진 우리의 마음을 어떻게 선하고 살아 있고 깨끗한 마음으로 바꿀 수가 있는가? 그것은 인간의 힘으로는 불가능하다. 왜냐하면 사람의 마음의 대부분을 차지하고 있는 혼이 이미 육체 속에 들어와 있는 귀신과 하나가 되어 있기 때문이다. 그러므로 사람에게 아무런 조치를 취하지 않는다면 그 사람은 분명 악을 저지를 것이고 더러운 일들을 자행할 것이다. 그러므로 이러한 인간을 위해 하나님께서 어떤 특단의 조치를 취했으니, 그것은 먼저 우리의 영 속에 성령을 보내 주셔서 마음을 새롭게 변화시킬 수 있도록 허락하신 것이다. 이러한 이유로 구약 시대였던 B.C. 585년경, 바벨론에 포로로 잡혀갔던 에스겔 선지자를 통하여 장차 부패한 인간의 마음을 바꾸어 주시겠다고 약속하셨다는 것이다. 때가 되면 하나님의 영을 이스라엘 백성들 속에 넣어 주어서 그들의 영이 새 영이 되게 하고 그들의 마음이 새 마음이 되게 하시겠다고 약속하신 것이다 (겔 36:24~27). 그러므로 누구든지 자신의 부패한 마음을 바꾸려고 한다면, 그는 반드시 자기의 영 속에 성령을 모셔 들여야 한다. 성령이 아니고서는 육체의 소욕을 이길 수가 없고, 육체의 소욕을 따라가는 자신의 악한 마음을 선한 마음으로 바꿀 수가 없기 때문이다. 그러므로 새 창조에 속한 선한 마음을 가지려면 우리 인간은 자신의 영 속에 생명 주는 영이신 그리스도 곧 성령을 모셔 들여야 한다. 이것이 마음을 바꾸기 위한 첫 출발선이 되는 것이다. 그렇다면 자기의 영 속에 생명 주는 영이신 그리스도 곧 성령을 모시게 된다면, 자동적으로 악하고 부패하고 더럽혀진 마음이 선하고 살아 있고 깨끗한 마음으로 바뀌는 것인가? 그건 아니다. 그러려면 육신을 따라 살던 나의 이전의 마음을 처리해야 한다. 그것은 영으로서 혼을 처리하는 것이며(마 16:24~26), 예수님의 피로 양심을 씻어 깨끗하게 해야 하는 것이다(히 10:22).

9. 하나님의 생명이 우리 마음과 혼까지 새롭게 하려면 어떻게 해야 하는가?

그렇다면 어떻게 하면 우리의 마음과 혼을 새롭게 할 수가 있는가? 그것은 한마디로, 영에 계신 그리스도께서 혼에도 거처를 정하게 하는 것이다. 영에 계신 그리스도를 혼으로 모셔 오는 것이다. 그것이 바로 에베소서 3:17의 말씀의 핵심이다. 사도 바울은 에베소 성도들을 향하여 세 가지를 기도했다. 먼저는 주의 능력으로 그들의 영이 강건하게 되기를 기도했다(엡 3:16). 그리고 둘째는 그들의 마음에 그리스도께서 계시기를(거처를 정하시기를) 기도했다(엡 3:17상). 그리고 마지막으로 하나님의 사랑이 그들에게 충만케 되기를 기도했다(엡 3:17하~19). 그렇다. 먼저는 영이 강해져야 한다. 그러려면 날마다 영으로 돌이켜 날마다 주 예수의 이름을 부르고 하나님을 예배하며, 깨끗해진 양심을 따라 행하고, 성령의 직접적인 인도를 받아야 한다. 그러면 영이 강해지는 것이다. 그리고 이어서 늘 마음의 문을 활짝 열어 놓고 마음 안에 그리스도께서 들어오시도록 해야 한다. 그리하여 생명 주는 영이신 그리스도께서 마음에 아예 사시게 해야 한다. 그러기 위해서는 두 가지가 필요하다. 첫째는 이전의 악하고 부패하고 더럽혀진 혼을 처리해야 한다(마 16:24~26). 그리고 성령과 내 영이 하나된 영의 인도를 따라가야 한다(롬 8:14, 갈 5:16~17). 참고로 혼을 처리하는 방법과 영의 인도를 따라가는 방법은 다음 장에서 자세히 다룰 것이다.

10. 나오며

사도 바울은 고린도후서 13:5에서 이렇게 말했다. "너희가 믿음 안에 있는가 너희 자신을 시험하고 너희 자신을 확증하라 예수 그리스도께서 너희 안에 계신 줄을 너희가 스스로 알지 못하느냐 그렇지 않으면 너희는 버림받은 자니라"(고후 13:5). 그렇다. 모든 거듭난 그리스도인들은 자신의 영 안에 그리스도께서 계신다. 그러나 오늘날 그리스도인들 중에는 자신의 영 안에 그리스도께서 계신지 아니 계신지도 모르는 이들이 매우 많다. 왜냐하면 영을 접촉하는 방법을 배우지 않았으며, 그러한 삶을 살아보지도 못했기 때문이다. 더욱이 자신의 영 안에 계신 그리스도를 자신의 마음 즉 자신의 혼 안으로 모셔 와서 변화된 마음 안에 그분이 거처를 정하시도록 해 본 일도 거의 없다. 그냥 믿음만 있으면 자신은 천국에 들어갈 것이라고 생각하고 있을 뿐이다. 아니다. 수많은 그리스도인들이 죽는 날에 생명책에서 이름이 지워지고 있다. 그러면 자신의 영 안에 들어와 계셨던 성령께서 그날 그를 떠나간다. 왜냐하면 그가 예수님을 믿긴 믿었어도 생명을 따라 살지 않았을 뿐만 아니라 생명이 마음과 혼에까지 흘러가도록 해 본 일이 없기 때문이다. 그저 죄를 짓고 있어도 자신은 이미 예수님을 믿은 자이니 구원받을 것이라고 생각하고 살 뿐이었던 것이다. 아니다. 자신의 영이 강건해지지 않고, 마음에 그리스도가 거처를 정하게 하지 않으면 나는 여전히 옛사람의 방식으로 살고 있는 사람인 것이다. 사도 바울은 말한다. 옛사람의 행위를 벗어버리고 오직 생각의 영이 새롭게 되어 의와 진리와 거룩하심으로 창조된 새사람을 입어야 한다고 말이다(엡 4:22~24). 그것도 한 번만 그렇게 하라는 것이 아니라 매일 날마다 그렇게 살아야 한다(눅 9:23). 그래서 아담으로 인하여 내 속에 들어온 뱀의 형상을 벗어버리고 그리스도의 형상으로 바뀌어져야 한다. 그런 자가 천국에 들어가게 되는 것이고, 천국에 들어갔을 때에도 빛나는 존재로서 살아갈 수 있기 때문이다.

제6장
어떻게 하면 혼(魂)의 생각과 감정과 의지를 새롭게 변화시킬 수 있을까?

> 로마서 12:1~2
>
> **1** 그러므로 형제들아 내가 하나님의 모든 자비하심으로 너희를 권하노니 너희 몸을 하나님이 기뻐하시는 거룩한 산 제물로 드리라 이는 너희가 드릴 영적 예배니라 **2** 너희는 이 세대를 본받지 말고 오직 마음을 새롭게 함으로 변화를 받아 하나님의 선하시고 기뻐하시고 온전하신 뜻이 무엇인지 분별하도록 하라

1. 들어가며

　성경 말씀에 따르면 사람은 영과 혼과 육으로 구성되어 있다(살전 5:23, 히 4:12). 그런데 이 세 가지 구성 성분 중에서 구원을 받는 순서는 영에서부터 시작하여 혼으로 그리고 육으로 이어진다. 그래서 생명 주는 영이신 예수께서는 가장 먼저 사람의 영 안으로 들어오신다(고전 6:17, 딤후 4:22). 그러므로 생명이 들어 있지 않은 상태에서 하나님을 담는 그릇으로 창조된 영 속에 하나님의 생명이 들어오신다. 그러면 사람이 거듭 태어나게 되어 하나님의 자녀가 된다. 그렇다면 하나님의 자녀가 되었다면 그것으로 끝인가? 아니다. 우리는 혼의 구원을 향해 나아가야 한다. 그렇다면 과연 어떻게 해야 혼의 구원이 이뤄지

는가? 그러려면 혼의 영역에도 하나님의 생명이 흘러들어 와야 한다. 이는 곧 그리스도께서 혼의 영역에 거처를 정하셔야 하는 것이다. 그런데 이전에 혼은 육신에 팔려 늘 죄를 짓는 데 빨랐다. 그러므로 예수님을 믿어 거듭난 성도가 되었으면 혼도 처리를 해야 한다. 그래서 혼의 영역에도 그리스도께서 거주하시게 해야 한다. 그렇다면 사람의 혼의 영역에 그리스도께서 거처를 정하시도록 하기 위해서는 어떻게 해야 하는가? 그것에는 두 가지 실제적인 가르침이 있다. 이번 장에서는 혼을 구원하는 두 가지 실제적인 가르침을 함께 나누고자 한다.

2. 사람의 혼(魂)(헬, 프쉬케)이란 무엇인가?

사람의 혼을 구원하기 위해서는 혼이 무엇인지부터 정리해 둘 필요가 있다. 이전에도 살펴 보았지만 사람의 혼(soul)이란 영과 육이 만났을 때에 생겨나는 정신적인 것으로서, '생각(知)'과 '감정(情)'과 '의지(意)'로 구성되어 있다는 것이다. 다시 말해, 사람을 사람이라고 말하는 이유가 바로 사람에게는 생각이 있고 감정이 있고 의지가 있기 때문인 것이다. 그러므로 예수께서는 사람의 혼(프쉬케)을 가리켜 '자기 자신'이라고 가르쳐주셨다(마 16:24~26, 눅 9:25). 그러므로 사람의 사람 됨이 곧 혼인 것이다. 그러므로 혼은 일종의 '자아(自我)'라고 정의할 수가 있다. 헬라어로 보면, 혼은 '프쉬케'라는 단어다(히브리어로는 '네페쉬'이다). 그런데 우리말 개역성경에 따르면, 혼을 '혼'이라고 번역한 곳이 많지 않다. 거의 없다. 신약성경에는 총 91번의 '프쉬케'라는 단어가 등장하지만, 그것을 '혼'이라고 번역하고 있는 곳은 단 두 곳뿐이다 (살전 5:23, 히 4:12).

그럼, '프쉬케'라는 단어는 우리말 개역성경에서 어떻게 번역되어 있을까? 그것은 대부분 '영혼'(마 10:28), '목숨'(마 6:25), '마음'(마 11:29), '생명'(막 3:4, 계 12:11)이라는 단어로 번역하고 있다. 그리고 때로는 '사람'(행 2:43, 7:14), '영(靈)'(롬 2:9, 고전 15:45), '심령'(벧후 2:8), '뜻'(빌 1:27), '명(名)'(벧전 3:20)'이라고도 번역하고 있다. 그러므로 이러한 번역들은 전부 의역이라고 말할 수 있을 뿐, 정확한 번역이라고 말할 수는 없다. 정확한 번역은 혼이라고 해야 하기 때문이다(살전 5:23, 히 4:12). 그러나 우리나라의 언어에서 '혼'은 '넋'을 뜻하는 단어이기 때문에, 번역자들이 문맥에 따라 각기 다른 말로 번역을 시도했던 것이다. 그렇지만 이러한 번역들은 성경 원문을 따라 성경을 보기 원하는 분들에게는 오히려 혼의 뜻이 무엇인지를 더 알지 못하게 하는 것이라고 말할 수 있다.

3. 사람의 혼을 새롭게 변화시키려면 어떻게 해야 하는가?

그렇다면 인간의 혼은 어떠한 상태에 놓여 있는 것인가? 안타깝게도 아담의 범죄 이후 인간의 모든 혼은 이미 악해진 상태로, 부패한 상태로 그리고 더럽혀진 상태에 놓여 있다. 왜냐하면 아담의 범죄로 인해 혼이 이미 망가졌기 때문이다. 혼이 더 이상 원래의 용도로 쓰임 받지 못한 상태가 된 것이다.

그렇다면 원래 혼은 어떤 용도로 창조되었는가? 원래 아담을 창조하셨을 때에 창조된 혼은 생각과 감정과 의지가 중립적인 상태에 있어 마귀에게 끌려다니는 것이 아니었다. 하지만 아담의 범죄로 인하여 인간의 혼은 마귀의 생각에 의해 물들었고 결국 범죄하고 말았다. 그리하여 인간의 혼은 마귀를 꼭 닮아 하나님을 대적하고 하나님께 반항하며 죄를 짓는 도구가 되었다. 그러므로 예수께서는 누구든지 나를 따르려거든 두 가지를 해야 한다고 하셨다. 하나는 자기 자신을 부인하라고 하셨다. 그리고 또 하나는 자기의 십자가를 지라고 하셨다. 그렇다. 사람의 혼을 변화시키려면 첫째는 예수 믿기 전의 혼 곧 이전의 혼을 부인해야 한다(마 16:24). 즉 이전의 자기 자신을 부정해야 하는 것이다. 왜냐하면 이전의 자기 자신의 혼은 이미 마귀의 포로가 되어 있기 때문이다. 그래서 혼은 하나님과 사람에게 더 이상 쓸모가 없어졌기 때문이다. 그리고 둘째는 자기의 십자가를 지라고 하셨다(마 16:24). 이는 십자가에 못 박아 자신을 죽음에 넘겨야 한다는 것을 뜻한다. 왜냐하면 자신의 혼이 죄짓기를 좋아하는 옛사람에게 속해 있기 때문이다. 그러므로 옛사람의 혼을 십자가에 못 박고 그리스도를 통하여 새로운 생명을 분배받아 새사람으로 살아야 하는 것이다.

4. 혼의 생각을 변화시키려면 어떻게 해야 하는가?

그렇다면 자기의 혼을 부인한다는 뜻은 대체 무엇인가? 그것은 자신의 생각과 감정과 의지를 부정하고 주님의 생각과 감정과 의지로 바꾸는 것이다. 왜냐하면 자기가 혹 예수님을 믿어 자신의 영에 하나님의 생명이 들어 있다고 할지라도, 자신의 생각과 감정과 의지는 여전히 옛사람에 속해 있기 때문이다. 그러므로 우리가 거듭난 자라면 혼의 세 가지 영역에서 달라져 있어야 하는 것이다.

그중의 첫 번째는 생각의 영역이 변화되어야 한다. 이는 혼이 주는 생각을 버리고 아예 생각을 영에 두어, 영의 생각을 따라가는 것이다(롬 8:6). 왜냐하면 육신의 생각은 사탄의 열매로서 사망을 맺지만, 영의 생각은 성령의 열매로서 생명과 평안을 맺기 때문이다. 그러므로 사도 바울은 사람이 구원받은 후에 하나님의 선하시고 기뻐하시고 온전한 뜻을 따라 살려 한다면, 그는 이 세대를 본받지 말고 오직 생각('누스')을 새롭게 함으로 변화를 받아야 한다고 말했던 것이다(롬 12:2). 고로 혼의 생각을 새롭게 하려면 생각을 혼에 둘 것이 아니며, 육신에 두어서도 아니 된다. 그는 생각을 영에 두어야 하는 것이다(롬 8:6). 자신의 생각을 자신의 영과 성령이 결합되어 하나 되어 있는 영에 놓아두는 것이다. 그러면 우리는 생각이 새로워지게 되는 것이다. 생각이 새로워지면 그는 영에게 역사하고 있던 그리스도께서 혼의 존재 안으로도 들어와서 역사하기 때문이다. 그리고 나머지 두 가지는 혼의 감정과 혼의 의지를 새롭게 하는 것이다.

5. 혼의 감정과 의지를 변화시키려면 어떻게 해야 하는가?

그렇다면 이제 혼의 감정과 의지를 새롭게 변화시키려면 어떻게 해야 하는가?

두 번째는 혼의 감정을 새롭게 하는 것인데, 이는 옛날의 자신의 혼의 감정을 십자가에 못 박아 죽음에 넘기고 난 후, 자신의 감정을 예수님의 감정으로 바꾸는 것이다(요 8:29). 그럼 예수께서는 어떤 감정으로 살았는가? 그것은 한마디로, 하나님이 기뻐하시는 것을 자신도 기뻐하고, 하나님이 슬퍼하는 것은 자신도 슬퍼했다는 것이다. 그리고 하나님께서 사랑하는 것을 나도 사랑하고, 하나님께서 미워하는 것을 자신도 미워했다는 것이다. 이와 같은 예수님의 방식을 나도 똑같이 따라가는 것이다.

세 번째는 혼의 의지를 새롭게 하는 것인데, 이는 자신에게 주어진 자유의지를 죄를 짓는 데에 사용하지 말고, 오직 예수님처럼 하나님의 뜻을 이루는 데 드리는 것이다(요 6:38). 그럼 예수께서는 자신의 의지를 어떻게 사용하셨던 것일까? 그분은 자신의 뜻을 내려놓았다. 그리고 오로지 아버지의 뜻을 이루기를 원했다(눅 22:42). 그래서 그분은 자신의 뜻을 따라 행하지 않고 자신을 이 땅에 보내셨던 아버지의 뜻을 따라 자신을 굴복시켰던 것이다. 그러므로 우리도 우리의 의지를 새롭게 하려면 자신의 뜻을 내려놓고 오로지 하나님의 뜻을 따라 살아가야 한다.

예로써 베드로의 경우를 살펴보자(마 16:21~23). 예수님에 대한 계시적인 신앙고백을 했던 베드로에게 예수께서는 자신이 예루살렘에 올라가게 되면 장로들과 대제사장들과 서기관들에게 많은 고난을 받게 될 것이고, 죽임을 당한 뒤에 삼 일 만에 다시 살아나게 될 것이라고 말씀하셨다. 그러자 베드로가 예수님을 붙들고 항변하면서 말했다. "주여, 그리 마옵소서. 이 일이 결코 주에게 미치지 않을 것입니다"라고 말했다. 그러자 주님께서 그를 향하여 "사탄아, 내 뒤로 물러가라. 너는 나를 넘어지게 하는 자로다. 네가 하나님의 일을 생각하지 아니하고 도리어 사람의 일을 생각하는도다"고 하셨다. 그렇다. 예수님은 자신의 뜻이 아니라 아버지의 뜻을 이루기 위해 예루살렘에 올라가서 죽으실 것이라고 말했는데, 베드로는 예수께서는 죽어서는 안 된다고 자신의 의견을 제시한 것이다. 그러나 그때 베드로의 생각(의견)은 사탄의 생각이었다. 이때 베드로의 생각은 혼이 생각하는 것이었는데 그것은 이미 사탄에게 장악된 상태였기에 사탄이 원하는 말을 그가 한 것이었다. 왜냐하면 베드로의 혼 안에 사탄이 들어 있었기 때문이다. 그러므로 베드로는 예수님에게 엄한 책망을 받을 수밖에 없었던 것이다. 그렇다. 우리의 혼이 변화를 받아 하나님이 기뻐하시고 온전하신 뜻을 이루기 위해서는 자신의 생각을 내려놓아야 한다. 자신의 생각을 십자가에 못 박아야 한다. 그리고 아버지의 생각 곧 우리 안에 들어와 계시는 예수님의 생각으로 돌이켜야 한다. 그리고 그것을 기뻐하고 그것을 성취하는 데 자신을 드려야 하는 것이다.

6. 나오며

사람이 새롭게 되는 부분은 영에서부터 시작되며, 이어서 혼과 육으로 이어진다. 이때 영은 주 예수님을 믿고 영접함으로 즉시 생명 주는 영이신 예수님을 받아들이게 된다. 그러면 그때 아버지의 생명이 자신의 영에게 공급(분배)이 된다. 그러면 영은 이제 성령과 하나가 된다(고전 6:17). 그러므로 그때의 영은 성령의 영과 나의 영이 하나 된 연합된 영이 되는 것이다. 그러므로 그때부터 우리는 영으로 돌이키면 영에 속한 사람이 되는 것이다. 이때부터는 연합된 영을 따라가면 되는 것이다. 그럼 그때 우리의 영은 어떤 영이 되는가? 첫째로 주의 이름을 불러 하나님을 예배하는 영이 된다. 둘째로 깨끗해진 양심을 따라 행동하게 된다. 그리고 더 나아가서 셋째로, 성령의 직접적인 계시와 가르침을 따라가게 된다. 그런데 이 다음 과정이 매우 중요하다. 왜냐하면 이때부터는 사탄에게 넘어가 있는 우리의 혼을 처리해야 하기 때문이다. 영에 있는 생명을 혼에게로 흘러가도록 해야 하기 때문이다. 영에 계신 그리스도가 혼을 다스리도록 하는 것이다. 이는 쉬운 작업이 아니다. 그러나 그렇게 하기 위해서는 첫째로는 혼을 부인해야 한다. 이전에 자신이 혼을 따르던 것을 그쳐야 한다. 그리고 둘째로는 내 생각과 감정과 의지를 내 영의 인도에 맞추어 드리는 것이다. 오직 생각을 새롭게 함으로 변화를 받는 것이다. 그리하여 자신의 생각을 내려놓고 그리스도의 생각이 자신을 지배하게 하는 것이다. 그리고 동시에 자신의 감정을 내려놓고 주님의 감정을 따라가는 것이다. 그리고 마지막으로 자신의 의지를 내려놓고 주님의 의지에 자기 자신을 굴복시키는 것이다. 그러면 그는 자신의 혼의 영역에 있어서도 변화된 새로운 사람이 되는 것이다. 그리하면서 혼의 구원을 이뤄가는 것이다.

제7장
왜 자기 혼(魂)을 부인하고 영 안에 계신 그리스도를 접촉해야 하는가?

> 골로새서 1:24~29
>
> **24** 나는 이제 너희를 위하여 받는 괴로움을 기뻐하고 그리스도의 남은 고난을 그의 몸된 교회를 위하여 내 육체에 채우노라 **25** 내가 교회의 일꾼 된 것은 하나님이 너희를 위하여 내게 주신 직분을 따라 하나님의 말씀을 이루려 함이니라 **26** 이 비밀은 만세와 만대로부터 감추어졌던 것인데 이제는 그의 성도들에게 나타났고 **27** 하나님이 그들로 하여금 이 비밀의 영광이 이방인 가운데 얼마나 풍성한지를 알게 하려 하심이라 이 비밀은 너희 안에 계신 그리스도시니 곧 영광의 소망이니라 **28** 우리가 그를 전파하여 각 사람을 권하고 모든 지혜로 각 사람을 가르침은 각 사람을 그리스도 안에서 완전한 자로 세우려 함이니 **29** 이를 위하여 나도 내 속에서 능력으로 역사하시는 이의 역사를 따라 힘을 다하여 수고하노라

1. 들어가며

하나님의 경륜의 핵심은 생명 분배와 땅의 분배다. 그중에 생명 분배의 과정은 3단계로 진행된다. 먼저는 영에게 생명이 분배되는 단계가 있다. 그리고 이어서 혼에게 생명이 흘러가는 단계가 있으며, 마지

막으로 육체를 생명이 장악하는 단계가 있다. 그런데 이러한 생명 분배의 핵심은 역시 영 안에 생명이 공급되는 것이다. 이때 생명은 생명 주는 영이신 그리스도를 통하여 공급된다. 그런데 문제는 이렇게 영 안에 들어온 생명을 어떻게 혼 안으로 확장할 수 있는가 하는 것이다. 그래서 이번 장에서는 영 안에 들어오신 그리스도로 하여금 혼 안에 거처를 정하게 하시는데, 결정적으로 필요한 두 가지 방법에 대해서 함께 살펴보고자 한다.

2. 예수 믿기 이전의 모든 인간의 주인은 누구인가?

예수님을 믿기 이전의 모든 인간은 자신을 자기 자신 곧 자아(self)가 주관한다. 왜냐하면 자기 자신 곧 자아는 혼(souls)이라는 것으로서 생각과 감정과 의지를 가지고 있기 때문이다. 그러므로 사람은 자신의 혼의 생각으로 감정을 느끼며 의지로 결단하여 행동에 옮기면서 살아가고 있는 것이다. 그런데 문제는 인간의 혼이 중립 상태에 있을 수 없다는 것이다. 왜냐하면 인류의 선조인 아담이 범죄한 이후 사람의 육체 속에는 귀신들이 들어 있어서, 귀신들이 자꾸 혼을 유혹하여 죄를 짓게 만들기 때문이다. 그러므로 예수님을 믿기 이전의 모든 사람은 다 죄의 노예가 되어 죄를 지으며 살게 된다. 다시 말해, 예수님을 믿기 전의 사람은 자신의 육체 속에 들어 있는 귀신들의 영향을 벗어나지 못한 채 귀신에게 묶여서 살고 있는 것이다. 그러므로 인간 스스로 선을 택하거나 악을 택할 수 있는 중립적인 지위를 상실하고 말았다. 그러므로 예수 믿기 이전의 나의 주인은 분명 나 자신이었으나 나 자신은 결코 중립적일 수가 없었던 것이다. 그리고 인간의 양심도 여러 환경을 접하면서 무디어지고 말아서 죄를 죄로 인식하지도 못한 채, 양심에 화인 맞은 사람처럼 살고 있는 것이다. 그러므로 사람의 혼은 이미 악하게 된 상태에 놓여 있으며(창 6:5), 이미 부패해졌으며(딤후 3:8) 더러워진 상태에 놓여 있는 것이다(딛 1:15). 그러므로 혼을 중심으로 구성되어 있는 사람의 마음(혼의 생각과 감정과 의지에다가 영의 양심이 합쳐진 것)도 역시 중립적일 수는 없다. 그러므로 사람은 만약 자신이 잘못하는 것을 벌하는 자가 없다면 계속해서 더 죄를 범하고 살 것이다.

3. 부패한 인간의 혼(魂)을 변화시켜 온전하게 하려면?

그렇다면 어떻게 하면 부패한 인간의 혼을 원래 창조된 선하고 살아 있고 깨끗한 혼으로 바꾸어 놓을 수 있는가? 그것은 인간의 능력만으로는 불가능하다. 왜냐하면 어느 누구도 죄와 사망의 법에서 스스로 벗어날 수 있는 사람은 없기 때문이다. 그래서 하나님께서 이 문제에 개입을 하신다. 그것이 바로 우리의 영 속에 하나님의 생명을 분배해 주는 방식인 것이다. 이때 생명은 죽고 부활하셔서 생명 주는 영이 되셨던 예수께서 우리의 영 속에 바람처럼 호흡처럼 들어오심으로 분배해주신다. 그래서 드디어 혼의 변화가 시작된다. 그런데 자신의 영 속에 그리스도께서 들어오셨다고 해서 자동적으로 혼이 변화되는 것은 아니다. 다음과 같은 두 가지 과정이 필요하다.

첫째, 자신의 이전의 혼(자아)을 부인해야 한다(마 16:24). 이는 이전에 자신을 주장하던 혼이 자기 자신을 주장하도록 계속 내버려두어서는 아니 된다는 뜻이다. 이전의 자아를 죽음에 넘겨 더 이상 새사람 된 자기 자신을 주장하지 않게 해야 한다. 이것을 위해 우리 주 예수께서는 베드로에게 아무든지 주님을 따르려면 자기 자신을 부인해야 한다고 말씀하신 것이다(마 16:24). 그렇다. 혼은 마땅히 부정되어야 한다. 혼이 이미 마귀의 노예가 되어 있기 때문이다. 그러면 우리는 어떻게 혼을 부인할 수 있는가? 그것은 혼을 십자가에 못 박는 것이다(마 16:24, 갈 2:20). 즉 혼을 죽음에 넘기는 것이다. 왜냐하면 십자가는 사람을 죽음에 넘기는 도구이기 때문이다. 사실 주님께서 베드로에게 십자가를 지라고 했던 말은 그가 고난과 고통을 겪어야 한다는 뜻이 아니다. 물론 그러한 의미도 포함되기는 하겠지만, 실제로 십자가를 진다는 것은 자기의 혼을 십자가로 가지고 가서 자신을 죽음에 넘긴다는 뜻이다. 그러므로 누구든지 예수님을 믿어 거듭난 사람이 되었다고 할지라도 이전의 혼(자아)은 반드시 죽음에 넘겨야 한다. 이는 갈라디아서 2장 20절의 말씀처럼, 자기 자신이 십자가에 못 박혀 죽었다고 여기는(계산하는) 것이다. 그리고 이제 내 안에 사는 것은 내가 아니라 그리스도라고 여기고 선포하는 것이다. 이것을 가리켜 그리스도와의 연합이라고 부르는 것이다.

둘째, 주님을 따라가야 한다(마 16:24). 여기서 주님을 따라간다는 말은 자신의 영 속에 생명을 가지고 들어오신 그리스도를 자신에게 적용함으로 예수님처럼 사는 것을 가리킨다. 어떤 사람은 주님을 따라가는 말씀을 오직 그분의 행동을 따라가는 것으로만 인식하여, 어떻게 우리가 예수님처럼 살 수 있겠느냐고 반문하기도 한다. 물론 어느 정도는 일리가 있는 말이다. 하지만 이것은 결과로서 주님을 따라가는 방식이고 과정으로 주님을 따르는 방식이 있다. 그것은 바로 그리스도의 어떠하심이 내 안에 들어와 있음을 믿고 그분을 내 영에서 누리는 것이다.

4. 영 안에 계신 그리스도를 누리려면 어떻게 해야 하는가?

그렇다면 우리가 주 예수님을 믿고 받아들일 때에 우리의 영 안에 들어오신 그리스도를 우리는 어떻게 혼에서 역사하게 할 수 있는가? 소극적으로는 혼을 부인하는 일이겠지만, 보다 적극적으로는 그분이 내 혼에서 거처를 정하게 해야 한다. 한마디로, 영에 계신 그리스도를 혼으로 모셔 오는 것이다. 그리하여 영에 공급된 하나님의 생명이 혼으로 흘러들어가게 하는 것이다. 그러면 영에 계신 그리스도께서 혼에 좌정하시게 된다. 이때 우리가 기억해야 할 놀라운 사실은 우리 영 안에 계신 그리스도가 모든 문제 해결의 열쇠가 되신다는 사실이다. 이는 하나님께서 우리의 영 속에 들어오실 때에 여호와께서 들어오시는 것도 아니고 구약 시대부터 존재하셨던 하나님의 영이 그대로 들어오는 것도 아니기 때문이다.

그럼 우리가 거듭날 때 우리의 영 안에 들어오시는 분은 누구신가? 그분은 그리스도이시면서 동시에 보혜사이신 성령이시다. 그리고 보혜사이신 성령께서도 그분이 단독적으로 들어오시는 것이 아니라 예수님과 함께 오시는 것이지 구약 시대의 성령이 우리에게 들어오시는 것이 아니다. 이는 우리 안에 계시는 그리스도는 과정을 거치신 분이라는 뜻이다. 그러므로 그분이 우리 영 안에 들어오시면 그분의 어떠하심을 나도 누릴 수가 있는 것이다.

예를 들어 보자. 예수께서 공생애를 사실 때에는 3가지를 행하셨다. 회당에서 가르치셨고, 병든 자를 고치셨고, 귀신을 쫓아내셨다. 그러므로 우리가 지혜가 부족할 때에는 영 안에 계신 그리스도를 부른 다음에 그분의 어떠하심을 선포함으로 내 문제에 그분이 개입하시도록 하는 것이다. 그때에는 이렇게 선포하라. "주 예수여, 당신은 나의 지혜이십니다", "주 예수님, 당신은 나의 치료자이십니다." "주 예수여, 당신은 나의 왕이십니다". 그리고 내게 두려움이 엄습해 온다면, "주 예수여, 주님은 나의 보호자이십니다. 당신은 나의 환난 중에 피난처이십니다."라고 선포하라. 그러면 즉시 내 영 안에 계신 그리스도께서는 나를 보호해주실 것이다. 그렇다. 우리가 주 예수님의 능력을 체험하기 위해서 이제는 하늘로 올라갈 필요가 없다. 왜냐하면 지금 하나님께서는 생명 주는 영이 되시어 내 영 안에 내주해 계시기 때문이다. 그분은 한 포의 알약처럼 우리의 영 안에 대기하고 계시는 것이다. 그래서 우리가 주의 이름을 부를 때에, 영 안에 계신 그리스도께서 내 혼의 영역으로 내려오시는 것이다. 그래서 나를 감찰하시고 나를 도와주신다. 그리하여 우리는 이제는 내 혼의 영역에서도 주님을 누리게 된다. 이러한 방식으로 우리는 주님의 모든 것을 누릴 수 있다.

참고로 우리가 누릴 수 있는 주님의 어떠하심에는 "생명, 지혜, 인내, 치료, 귀신 축사, 죽음의 효능, 부활의 능력, 초월의 능력, 왕적인 통치" 등이 있다. 왜냐하면 그분이 성육신하실 때에 그분의 육체 안에 생명을 가지고 오셨고 하나님의 지혜가 육체로 임하셨기 때문이다. 그리고 그분은 모든 것을 인내하시며 하나님의 뜻을 이루셨는데, 마지막에 가서는 자신을 죽음에 넘기셨고 3일 만에 부활하셨기 때문이다. 그리고 승천하시고 보좌 우편에 앉으셨기 때문이다. 이는 그분의 삶이 곧 우리의 모든 영역에서 능력이 된다는 것을 의미한다. 이것이 바로 우리 영 안에 계신 그리스도를 내 혼의 영역에 좌정하시게 하는 또 하나의 방법이다.

제8장
생명분배의 최종단계로서 몸(육체)의 구원이란 무엇을 가리키는가?

> 고린도후서 4:8~11
>
> **8** 우리가 사방으로 욱여쌈을 당하여도 싸이지 아니하며 답답한 일을 당하여도 낙심하지 아니하며 **9** 박해를 받아도 버린 바 되지 아니하며 거꾸러뜨림을 당하여도 망하지 아니하고 **10** 우리가 항상 예수의 죽음을 몸에 짊어짐은 예수의 생명이 또한 우리 몸에 나타나게 하려 함이라 **11** 우리 살아 있는 자가 항상 예수를 위하여 죽음에 넘겨짐은 예수의 생명이 또한 우리 죽을 육체에 나타나게 하려 함이라

1. 왜 우리는 천국 알기를 사모하고 또 천국을 구해야 하는가?

사람이 구원받는 영역은 어디에 있을까? 성경에 보니, 사람이 구원받아야 할 영역은 세 개다. 그것은 영의 영역이요 혼의 영역이자 육의 영역이다. 다시 말해, 사람의 3가지 구성 성분인 영, 혼, 육(몸)이 다 구원을 받아야 하는 것이다. 그래서 사람이 구원받는 과정을 보면 영에서부터 시작한다. 왜냐하면 생명 주는 영이신 성령께서 가장 먼저 사람의 영 속으로 들어오셔서 사람을 거듭나게 하시기 때문이다(고전 5:5). 그리고 나서 혼의 구원이 시작된다(히 10:39, 약 1:21, 5:20, 벧전 1:9).

2부_하나님의 경륜의 과정 | **165**

이때 혼의 구원이란 타고난 혼(자아)을 부인하고 내 영 안에 들어오신 예수님을 혼의 영역으로 모셔와서 혼에서 사시게 하는 것이다. 그러고 나서 최종적으로 육 혹은 몸의 구원을 받는 것이다(고후 4:10~11). 그렇다면 육(체) 혹은 몸의 구원이란 대체 무엇을 가리키는 말이며, 이것의 핵심 개념으로서 몸과 육체는 무엇을 가리키는 것인가?

고전 5:5 이런 자를 사탄에게 내주었으니 이는 육신(flesh)은 멸하고 영(spirit)은 주 예수의 날에 구원을 받게 하려 함이라

벧전 1:9 믿음의 결국 곧 〈영〉혼[들](souls)의 구원을 받음이라

히 10:39 우리는 뒤로 물러가 멸망할 자가 아니요 오직 〈영〉혼(soul)을 구원함에 이르는 믿음을 가진 자니라

약 1:21 그러므로 모든 더러운 것과 넘치는 악을 내버리고 너희 〈영〉혼[들](souls)을 능히 구원할 바 마음에 심어진 말씀을 온유함으로 받으라

약 5:20 너희가 알 것은 죄인을 미혹된 길에서 돌아서게 하는 자가 그의 〈영〉혼(soul)을 사망에서 구원할 것이며 허다한 죄를 덮을 것임이라

고후 4:10~11 우리가 항상 예수의 죽음을 몸에 짊어짐은 예수의 생명이 또한 우리 몸(body)에 나타나게 하려 함이라 11 우리 살아 있는 자가 항상 예수를 위하여 죽음에 넘겨짐은 예수의 생명이 또한 우리 죽을 육체(flesh)에 나타나게 하려 함이라

2. 사람이 영, 혼, 육의 영역에서 구원을 받아야 하는 이유는 무엇인가?

　사람이 영, 혼, 육의 영역에서 모두 구원을 받아야 하는 이유는 사람이 하나님의 생명을 받아들이기 전에 선악과를 따먹음으로 자신의 육체 안에 귀신들을 먼저 받아들였기 때문이다. 그러므로 사람은 자신의 영 안에 하나님의 생명을 받지 못한 채 에덴동산에서 쫓겨나고 만 것이다. 그리고 사람의 생각과 감정과 의지로 구성된 인간의 혼(souls) 역시 더 이상 손을 쓸 수가 없을 정도로 악해졌고 부패했으며 더러워졌다. 그리고 육체 안에는 계속해서 귀신들로 채워졌다. 그러므로 선하게 창조된 사람의 영, 혼, 육이 다 부패했기에 이 모든 것들이 다 구원받지 않으면 안 된다. 그렇다면 우리 사람들은 어떻게 자신의 타락한 영, 혼, 육을 구원할 수 있다는 말인가? 처음에는 그것이 어렵게 보이겠지만, 순차적으로 구원을 받으면 된다. 즉 맨 처음에는 영이 구원을 받고 이어서 혼과 육이 구원을 받으면 되는 것이다. 사실 지금까지 우리는 영의 구원에 대해 살펴보았다. 그렇다면 이제부터는 혼의 구원 및 육의 구원에 대해 다루면 되는 것이다. 만약 혼과 육의 구원에 대해 다루지 않는다면 자신이 이미 하나님의 자녀가 되었고 그 이름이 생명책에 기록되었다고 할지라도, 그는 개인적인 종말이든 우주적인 종말이든 종말을 맞이하는 순간에 가슴을 치며 통탄할 일이 생기고 말 것이다.

3. 사람의 구원의 여정은 어떤 과정을 거쳐서 완성이 되는가?

사람이 영, 혼, 몸(살전 5:23) 혹은 영, 혼, 육(히 4:12)을 가지고 있는 것처럼, 사람도 영, 혼, 육의 순서로 구원을 받게 된다. 성경은 가장 먼저 영이 구원을 받아야 한다고 가르친다(고전 5:5). 영이 구원을 받으려면 영에게 하나님의 생명이 분배되어야 한다. 이때 그리스도께서 생명 주는 영이 되시어(고전 15:45) 믿는 자들의 영 속에 들어오심으로 성취가 된다(딤후 4:22). 그러므로 영의 구원은 단번에 그리고 순간에 성취가 되는 것이라고 말할 수 있다.

그리고 성경은 이어서 혼이 구원을 받아야 한다고 말한다(히 10:39, 약 1:21, 5:20, 벧전 1:9). 혼의 구원은 날마다 자신의 타고난 혼을 부인하고 또한 영 속에 계시는 그리스도를 혼의 영역으로 모셔와서 그분이 혼을 다스리게 하는 것을 가리킨다. 그러나 혼의 구원은 한 번으로 성취되는 것이 아니다. 일평생을 두고 '날마다' 성취되어야 하기 때문이다(눅 9:23). 그리고 마지막으로 육 혹은 몸도 역시 구원을 받아야 한다. 그러므로 구원받아야 할 마지막 영역은 육(체)임을 알 수 있다. 그런데 어떤 사람은 그것을 육(체)의 구원이라고도 하고, 몸의 구원이라고도 말한다. 이는 둘 다 인간의 구원 가운데 마지막에 속한다는 것은 일치하지만, 그것의 초점을 어디에 두느냐에 따라 '몸의 구원'이라고도 말하고, '육의 구원'이라고도 말한다. 그런데 마지막인 육체의 구원 혹은 몸의 구원은 우리가 일평생을 두고 해결해 나가는 구원의 문제이지만 동시에 그것은 우리가 죽는 날에 완전히 성취되는 것이기도 하다. 우리가 죽는 그날에 몸의 구속이 완전히 성취되기 때문이다(롬

8:23). 왜냐하면 거듭난 사람은 자신이 죽을 때에 몸의 변형을 받는 구원 곧 부활체를 입는 구원을 받게 될 것이기 때문이다.

롬 8:23 [그런데] [단지] 그뿐[만이] 아니라 또한 우리[자신도] 곧 성령(그 영)의 '처음 익은 열매(첫열매)'를 받은 우리까지도 [역시] 속으로 탄식하여 '양자 될 것(양자삼음)' 곧 우리 몸의 속량(구속)을 [간절히] 기다리느니라

4. 성경은 몸의 구원 내지는 육(肉)(혹은 육체)의 구원을 어떻게 말하는가?

그렇다면 사람의 몸 내지 육(肉)의 구원은 어떻게 이뤄지는가? 그것은 둘 다 인간의 구성 성분 가운데, 물질적인 부분의 구원을 지칭하는 말이라는 점에 있어서는 같지만, 둘의 강조점이 조금 다르다. 즉 몸의 구원의 최종적인 목표와 육의 구원의 최종적인 목표가 서로 다르기 때문이다. 결론적으로 '몸의 구원'의 최종적인 목표는 우리의 몸이 성령의 집이 되는 것이다. 그리고 '육(체)의 구원'의 최종적인 목표는 육체 안에 있는 귀신들을 다 몰아낸 후에 내 육체 속에 있는 귀신의 집을 깨뜨리는 것이다. 그러므로 몸의 구원이나 육체의 구원은 한 순간에 성취되는 것이 아니다. 이것도 혼의 구원과 마찬가지로 일평생을 두고 이뤄가야 할 것이며 최종적으로 죽는 날 부활체를 입음으로 완성이 되는 것이다.

5. 몸의 구원이란 무엇을 가리키는가?

그렇다면, 먼저 '몸의 구원'에 대해서 살펴보기로 하자. '몸'이라는 것이 어떤 점에서 육체와 같지만 또한 어떤 점에서 차이가 있는지를 살펴보자. 몸이나 육체는 둘 다 사람의 구성 성분 가운데 물질적인 세계를 접촉하는 기관이다. 하지만 구원의 목표라는 관점에서 보면 서로 다르다. 왜냐하면 몸의 구원의 목표는 자기의 몸을 하나님이 기뻐하시고 온전하신 뜻이 성취되도록 내어 드리는 것이기 때문이다.

그리고 몸과 육체는 어떤 차이를 가지고 있을까? 그것은 다음과 같다

첫째, '몸'은 유기적인 연합체로서 여러 지체들이 모여 하나를 이룸으로 한 육체를 만들어 가는 것을 의미한다. 그러므로 성경에서 몸을 언급할 때에는 여러 지체들이 각기 독특한 역할을 감당하지만 한 몸을 이루는 것이라고 말한다. 그러므로 교회를 언급할 때에는 반드시 '그리스도의 몸인 교회'라고 말하지, '그리스도의 육체인 교회'라고 말하지는 않는다. 왜냐하면 몸은 여러 지체들이 연합하여 하나의 몸을 이루기 때문이다. 다음의 성경 구절을 보라.

고전 12:12~14 몸은 하나인데 많은 지체가 있고 몸의 지체가 많으나 한 몸임과 같이 그리스도도 그러하니라 13 우리가 유대인이나 헬라인이나 종이나 자유인이나 다 한 성령으로 세례를 받아 한 몸이 되었고 또 다 한 성령을 마시게 하셨느니라 14 몸은 한 지체뿐만 아니요 여럿이니

고전 12:19~20 만일 다 한 지체뿐이면 몸은 어디냐 20 이제 지체는 많으나 몸은 하나라

고전 12:26~27 만일 한 지체가 고통을 받으면 모든 지체가 함께 고통을 받고 한 지체가 영광을 얻으면 모든 지체가 함께 즐거워하느니라 ²⁷ 너희는 그리스도의 몸이요 지체의 각 부분이라

롬 12:4~5 우리가 한 몸에 많은 지체를 가졌으나 모든 지체가 같은 기능을 가진 것이 아니니 ⁵ 이와 같이 우리 많은 사람이 그리스도 안에서 한 몸이 되어 서로 지체가 되었느니라

둘째, 몸은 몸의 일부분을 따로 떼어 내서 이야기하는 개념이 아니라 전체를 하나로 묶어서 언급하는 개념이라는 것이다. 그러므로 몸은 전인을 가리키는 또 다른 표현이라고 할 수 있다. 그러므로 성경에서는 '온 몸'이라는 표현이 자주 등장한다. 아래의 성경 구절을 보라.

대하 25:12 유다 자손이 또 만 명을 사로잡아 가지고 바위 꼭대기에 올라가서 거기서 밀쳐 내려뜨려서 그들의 온 몸이 부서지게 하였더라

겔 10:12 그 온 몸과 등과 손과 날개와 바퀴 곧 네 그룹의 바퀴의 둘레에 다 눈이 가득하더라

마 5:29 만일 네 오른 눈이 너로 실족하게 하거든 빼어 내버리라 네 백체 중 하나가 없어지고 온 몸이 지옥에 던져지지 않는 것이 유익하며

마 5:30 또한 만일 네 오른손이 너로 실족하게 하거든 찍어 내버리라 네 백체 중 하나가 없어지고 온 몸이 지옥에 던져지지 않는 것이 유익하니라

마 6:22 눈은 몸의 등불이니 그러므로 네 눈이 성하면 온 몸이 밝을 것이요

마 6:23 눈이 나쁘면 온 몸이 어두울 것이니 그러므로 네게 있는 빛이 어두우면 그 어둠이 얼마나 더하겠느냐

눅 5:12 예수께서 한 동네에 계실 때에 온 몸에 나병 들린 사람이 있어 예수를 보고 엎

드려 구하여 이르되 주여 원하시면 나를 깨끗하게 하실 수 있나이다 하니

눅 11:34 네 몸의 등불은 눈이라 네 눈이 성하면 온 몸이 밝을 것이요 만일 나쁘면 네 몸도 어두우리라

눅 11:36 네 온 몸이 밝아 조금도 어두운 데가 없으면 등불의 빛이 너를 비출 때와 같이 온전히 밝으리라 하시니라

요 13:10 예수께서 이르시되 이미 목욕한 자는 발밖에 씻을 필요가 없느니라 온 몸이 깨끗하니라 너희가 깨끗하나 다는 아니니라 하시니

고전 12:17 만일 온 몸이 눈이면 듣는 곳은 어디며 온 몸이 듣는 곳이면 냄새 맡는 곳은 어디냐

엡 4:16 그에게서 온 몸이 각 마디를 통하여 도움을 받음으로 연결되고 결합되어 각 지체의 분량대로 역사하여 그 몸을 자라게 하며 사랑 안에서 스스로 세우느니라

골 2:19 머리를 붙들지 아니하는지라 온 몸이 머리로 말미암아 마디와 힘줄로 공급함을 받고 연합하여 하나님이 자라게 하시므로 자라느니라

약 3:2 우리가 다 실수가 많으니 만일 말에 실수가 없는 자라면 곧 온전한 사람이라 능히 온 몸도 굴레 씌우리라

약 3:3 우리가 말들의 입에 재갈 물리는 것은 우리에게 순종하게 하려고 그 온 몸을 제어하는 것이라

약 3:6 혀는 곧 불이요 불의의 세계라 혀는 우리 지체 중에서 온 몸을 더럽히고 삶의 수레바퀴를 불사르나니 그 사르는 것이 지옥 불에서 나느니라

셋째, 몸이라는 개념은 육체에 비해 보다 더 긍정적인 표현으로 자주 사용되는데, 이는 사람의 몸 속에 예수의 생명이 더해진다면 그 몸을 의의 병기로 하나님께 드릴 수 있게 되고(롬 6:13), 성령의 전(집)이 되게 할 수 있다(고전 6:19)고 말하기 때문이다. 그러므로 사도 바울은

우리의 몸을 예수의 생명으로 가득 채워 자기 몸을 하나님이 기뻐하실 산 제물로 드리라고 권면한다(롬 12:1). 또한 우리의 몸을 가지고 하나님께 영광 돌리는 데에 사용하라고 권면한다(고전 6:20). 그러므로 우리가 자신의 몸의 구원을 받으려면, 자신의 몸을 의의 병기로 하나님께 드릴 뿐만 아니라, 자신의 몸을 성령이 거주하는 집으로 내어 드려야 하는 것이다.

롬 6:13 또한 너희 지체를 불의의 무기로 죄에게 내주지 말고 오직 너희 자신을 죽은 자 가운데서 다시 살아난 자 같이 하나님께 드리며 너희 지체를 의의 무기로 하나님께 드리라

고전 6:19~20 너희 몸은 너희가 하나님께로부터 받은 바 너희 가운데 계신 성령의 전인 줄 알지 못하느냐 너희는 너희 자신의 것이 아니라 20 값으로 산 것이 되었으니 그런즉 너희 몸으로 하나님께 영광을 돌리라

제9장
어떻게 할 때 영 혼 육 중에서 육체까지도 구원할 수 있는가?

> 로마서 7:18~25
>
> 18 내 속 곧 내 육신에 선한 것이 거하지 아니하는 줄을 아노니 원함은 내게 있으나 선을 행하는 것은 없노라 19 내가 원하는 바 선은 행하지 아니하고 도리어 원하지 아니하는 바 악을 행하는도다 20 만일 내가 원하지 아니하는 그것을 하면 이를 행하는 자는 내가 아니요 내 속에 거하는 죄니라 21 그러므로 내가 한 법을 깨달았노니 곧 선을 행하기 원하는 나에게 악이 함께 있는 것이로다 22 내 속사람으로는 하나님의 법을 즐거워하되 23 내 지체 속에서 한 다른 법이 내 마음의 법과 싸워 내 지체 속에 있는 죄의 법으로 나를 사로잡는 것을 보는도다 24 오호라 나는 곤고한 사람이로다 이 사망의 몸에서 누가 나를 건져내랴 25 우리 주 예수 그리스도로 말미암아 하나님께 감사하리로다 그런즉 내 자신이 마음으로는 하나님의 법을 육신으로는 죄의 법을 섬기노라

1. 들어가며

성경은 구원을 삼중적으로 말씀한다. 먼저는 영이 구원을 받아야 한다고 말하고(고전 5:5), 이어서 혼이 구원을 받아야 한다고 말하며(벧전 1:9) 그리고 마지막으로 육(육체)이 구원을 받아야 한다고 말한다(고

후 4:10~11). 그런데 이러한 삼중 구원은 모두가 단회적인 것이 아니다. 영의 구원은 거듭나는 순간에 단번에 이루어지지만, 혼의 구원은 날마다 이뤄가야 하며, 육의 구원도 역시 일평생의 과정을 통해서 이뤄가야 하기 때문이다. 더욱이 단번에 이미 받은 영의 구원이라 할지라도, 영의 구원은 우리가 죽는 날에 또다시 한번 확인되어야 한다. 왜냐하면 그날 생명책에서 이름이 지워짐으로 구원이 취소되는 그리스도인들이 많이 있기 때문이다. 그렇다면 인간의 최종적인 구원으로서 육체의 구원은 대체 어떻게 이뤄지는가? 이러한 육체(헬, '사륵스')의 구원은 몸(헬, '소마')의 구원과는 어떻게 같고 어떻게 다른 것인가?

2. 사람이 구원받는 순서는 어떠한가?

사람의 창조의 순서는 먼저 흙으로부터 육체가 빚어진 뒤에 그 코에 생기(영)가 들어오고 그때에 혼(헬, 프쉬케)이 생겨난 것이다. 그러니까 창조의 순서는 육과 영과 혼의 순서로 창조된 것이다. 그런데 구원의 순서는 창조의 순서와는 약간 다르다. 가장 먼저 영(헬, 프뉴마)이 구원을 받기 때문이다. 왜냐하면 생명 주는 영이신 그리스도께서 실제의 영인 성령을 통해 믿는 자들 속에 들어오심으로 사람의 영에 생명의 분배가 먼저 이뤄지기 때문이다(요 3:5, 고전 6:17, 15:45). 그리고 나서 혼의 구원이 날마다 이뤄지되 죽을 때까지 계속된다. 왜냐하면 혼은 육과 영이 만날 때에 생겨난 자기 자신(자아)으로서, 이것이 없으면 그는 더 이상 사람이라고 부를 수 없기 때문이다. 그런데 이렇게 창조된 혼이 그만 아담의 범죄로 인하여 육체 속에 들어온 죄된 본성 곧 귀신들과 하나가 되어버렸다. 그러므로 아담의 후손으로 태어난 사람치고 중립적인 위치에 서서 선과 악을 스스로 취할 수 있는 혼은 한 사람도 없다. 전부 다 죄를 짓는 데 발 빠른 혼만 가진 인간이 있을 뿐이다. 그러므로 혼이 구원을 받으려면 혼은 부인(거절)되어야 하는 것이다(마 16:24). 혼이 자기를 계속해서 주장하도록 놓아두어서는 아니 되는 것이다. 그렇다면 혼을 부인하는 방법은 무엇인가? 그것은 자신의 혼을 십자가에 매일 못 박아 그것을 죽음에 넘기는 것이다(갈 2:20). 그리고 생각을 영에 둠으로써 혼이 더 이상 육체의 소욕을 따라가지 않게 하는 것이다. 그래도 매일 혼은 다시 살아날 것이다. 그러므로 혼의 구원은 일평생 그리고 날마다 이뤄가야 하는 구원이다. 그러므로 혼의 구원은 일종의 과정이라고 말해야지 순간이라고 말해서는 아니 된다. 그리고 나서 이제 끝으로 육을 처리해야 한다. 육을 처리함으로 육에게도 예수의 생명이 나타나게 해야 하기 때문이다(고후 4:10~11).

고후 4:10~11 우리가 항상 예수의 죽음을 몸에 짊어짐은 예수의 생명이 또한 우리 몸에 나타나게 하려 함이라 11 우리 살아 있는 자가 항상 예수를 위하여 죽음에 넘겨짐은 예수의 생명이 또한 우리 죽을 육체에 나타나게 하려 함이라

3. 우리가 받아야 할 세 번째의 구원은 육의 구원인가 몸의 구원인가?

그렇다면 사람의 구원의 최종 단계는 육의 구원인가 아니면 몸의

구원인가? 결론부터 말씀드리자면 둘 다의 구원이라고 해야 한다는 것이다. 왜냐하면 이 둘이 같은 차원의 구원을 말하고 있지만 그 방법에 있어서와 그리고 그 목표가 서로 다르기 때문이다. 그러므로 같은 종류의 구원이라 할지라도 우리는 둘을 다르게 접근해야 한다. 왜냐하면 성경은 사람의 물질적인 부분을 몸이라고 하고 또한 육체라고도 구분하기 때문이다. 사도 바울은 사람을 영혼몸이라고 구분했지만(살전 5:23), 히브리서 기자는 사람을 영, 혼, 육이라고 구분했기 때문이다(히 4:12). 그런데 훗날 사도 바울은 몸속에 죄가 들어 있는 몸을 가리켜 '육체'라고 불렀다. 자기의 속 곧 자신의 육신에 선한 것이 거하지 아니하고 죄가 거하고 있기 때문이었다(롬 7:18·20). 그러니까 죄를 짓는 것은 내가 아니라 내 속에 거하는 죄라고 말한 것이다. 사실 아담이 죄짓기 전에 사람 몸속에는 죄가 있지 않았다. 그런데 아담의 범죄로 인하여 죄가 선악과의 형태로 몸속에 들어옴에 따라 사람은 죄된 본성이 지배하는 상태가 되어버렸다. 그러므로 사람은 자신이 거듭나서 성령의 통제를 받지 아니한다면, 그는 자기 안에 들어 있는 죄된 본성을 따라 죄를 짓게 마련이다. 그래서 죄의 열매를 맺을 수밖에 없다.

4. 육 혹은 몸의 구원의 방법과 목표는 대체 무엇인가?

그렇다면 몸의 구원의 방법과 목표는 무엇인가? 먼저 몸의 구원의 방법은 자신의 몸을 산 제물로 하나님께 드리는 것이다(롬 12:1). 왜냐하면 예수께서 십자가에서 죽으실 때 사람의 몸을 죗값을 주고 모두 다 사셨기 때문이다(고전 6:20). 그러므로 사람의 몸은 더 이상 귀신들의 소유가 될 수 없다. 예수님의 소유가 되었기 때문이다. 그러므로 이것으로 우리는 하나님께 영광을 돌려야 한다. 이는 곧 사람의 몸을 의의 병기로 하나님께 드리는 것이라고 하겠다(롬 6:12~13). 즉 구원받은 사람이 자신의 몸을 사용하여, 그것으로 전도도 하고 봉사도 하여 하나님의 일을 행하는 것이 자신의 몸을 구원하는 것이다. 그럼, 몸의 구원의 목표는 무엇인가? 그것은 몸이 성령의 전 곧 성령의 집이 되게 하는 것이다(고전 6:19). 성령께서 영에만 계시는 것이 아니라 몸도 다스리도록 하는 것이다. 이것이 바로 몸의 구원의 목표다.

그렇다면 육의 구원의 방법과 목표는 무엇인가? 육의 구원의 방법은 몸의 구원의 방법과는 다르다. 왜냐하면 육은 이미 마귀의 포로가 된 상태에 있기 때문이다. 그래서 귀신들이 들어와 자신의 집으로 사용하고 있기 때문이다. 그리하여 귀신들은 사람에게 식욕과 성욕과 소유욕을 발동시켜 죄를 짓게 만든다. 그러므로 육의 구원은 몸의 구원과 똑같은 방식으로 진행할 수 없다. 왜냐하면 사람의 육체를 집으로 삼고 들어와 거주하고 있는 귀신들을 제거해야 하기 때문이다. 그러므로 육의 구원의 방법은 혼의 구원의 방법과 동일하다. 그것은 2가지다. 첫째는 날마다 육을 십자가에 못 박아 죽음에 넘기는 것이다(갈 5:24). 그렇지 않으면 옛사람의 육이 계속 살아나서 죄를 짓게 되기 때문이다. 둘째는 생각을 영에 두어 육의 소욕이 사람을 지배하지 못하게 하는 것이다(갈 5:16~17). 그러면, 육의 구원의 목표는 무엇인가? 그것은 육체 속에 들어 있는 귀신을 쫓아내는 것이다(마 12:28). 회개를 통해서 우리 몸속에 들어 있는 귀신을 제거하는 일이 그 목표인 것이다. 그래서 궁극적으로는 육을 몸이 되게 하여 하나님께 영광을 돌리는 의의 병기가 되게 하는 것이다.

제10장
몸과 육의 구원을 이루는 구체적인 방법은 무엇인가?

누가복음 11:14~26

14 예수께서 한 말 못하게 하는 귀신을 쫓아내시니 귀신이 나가매 말 못하는 사람이 말하는지라 무리들이 놀랍게 여겼으나 **15** 그 중에 더러는 말하기를 그가 귀신의 왕 바알세불을 힘입어 귀신을 쫓아낸다 하고 **16** 또 더러는 예수를 시험하여 하늘로부터 오는 표적을 구하니 **17** 예수께서 그들의 생각을 아시고 이르시되 스스로 분쟁하는 나라마다 황폐하여지며 스스로 분쟁하는 집은 무너지느니라 **18** 너희 말이 내가 바알세불을 힘입어 귀신을 쫓아낸다 하니 만일 사탄이 스스로 분쟁하면 그의 나라가 어떻게 서겠느냐 **19** 내가 바알세불을 힘입어 귀신을 쫓아내면 너희 아들들은 누구를 힘입어 쫓아내느냐 그러므로 그들이 너희 재판관이 되리라 **20** 그러나 내가 만일 하나님의 손을 힘입어 귀신을 쫓아낸다면 하나님의 나라가 이미 너희에게 임하였느니라 **21** 강한 자가 무장을 하고 자기 집을 지킬 때에는 그 소유가 안전하되 **22** 더 강한 자가 와서 그를 굴복시킬 때에는 그가 믿던 무장을 빼앗고 그의 재물을 나누느니라 **23** 나와 함께 하지 아니하는 자는 나를 반대하는 자요 나와 함께 모으지 아니하는 자는 헤치는 자니라 **24** 더러운 귀신이 사람에게서 나갔을 때에 물 없는 곳으로 다니며 쉬기를 구하되 얻지 못하고 이에 이르되 내가 나온 내 집으로 돌아가리라 하고 **25** 가서 보니 그 집이 청소되고 수리되었거늘 **26** 이에 가서 저보다 더 악한 귀신 일곱을 데리고 들어가서 거하니 그 사람의 나중 형편이 전보다 더 심하게 되느니라

1. 들어가며

성경은 구원을 삼중적으로 말씀한다. 먼저는 영이 구원을 받아야 한다고 말하고(고전 5:5), 이어서 혼이 구원을 받아야 한다고 말하며(벧전 1:9) 그리고 마지막으로 육(육체)이 구원을 받아야 한다고 말한다(고후 4:10~11). 그런데 이러한 삼중 구원은 모두가 단회적인 것이 아니다. 영의 구원은 거듭나는 순간에 단번에 이루어지지만, 혼의 구원은 날마다 이뤄가야 하며, 육의 구원도 역시 일평생의 과정을 통해서 이뤄가야 하기 때문이다. 더욱이 단번에 이미 받은 영의 구원이라 할지라도, 영의 구원은 우리가 죽는 날에 또다시 한번 확인되어야 한다. 왜냐하면 그날 생명책에서 이름이 지워짐으로 구원이 취소되는 그리스도인들이 많이 있기 때문이다. 그렇다면 인간의 최종적인 구원으로서 육체의 구원은 대체 어떻게 이뤄지는가? 이러한 육체(헬, '사륵스')의 구원은 몸(헬, '소마')의 구원과는 어떻게 같고 어떻게 다른 것인가?

2. 사람이 구원받는 순서는 어떠한가?

사람의 창조의 순서는 먼저 흙으로부터 육체가 빚어진 뒤에 그 코에 생기(영)가 들어오고 그때에 혼(헬, 프쉬케)이 생겨난 것이다. 그러니까 창조의 순서는 육과 영과 혼의 순서로 창조된 것이다. 그런데 구원의 순서는 창조의 순서와는 약간 다르다. 가장 먼저 영(헬, 프뉴마)이 구원을 받기 때문이다. 왜냐하면 생명 주는 영이신 그리스도께서 실제의 영인 성령을 통해 믿는 자들 속에 들어오심으로 사람의 영에 생명의 분배가 먼저 이뤄지기 때문이다(요 3:5, 고전 6:17, 15:45). 그리고 나서 혼의 구원이 날마다 이뤄지되 죽을 때까지 계속된다. 왜냐하면 혼은 육과 영이 만날 때에 생겨난 자기 자신(자아)으로서, 이것이 없으면 그는 더 이상 사람이라고 부를 수 없기 때문이다. 그런데 이렇게 창조된 혼이 그만 아담의 범죄로 인하여 육체 속에 들어온 죄된 본성 곧 귀신들과 하나가 되어버렸다. 그러므로 아담의 후손으로 태어난 사람치고 중립적인 위치에 서서 선과 악을 스스로 취할 수 있는 혼은 한 사람도 없다. 전부 다 죄를 짓는 데 발 빠른 혼만 가진 인간이 있을 뿐이다. 그러므로 혼이 구원을 받으려면 혼은 부인(거절)되어야 하는 것이다(마 16:24). 혼이 자기를 계속해서 주장하도록 놓아두어서는 아니 되는 것이다. 그렇다면 혼을 부인하는 방법은 무엇인가? 그것은 자신의 혼을 십자가에 매일 못 박아 그것을 죽음에 넘기는 것이다(갈 2:20). 그리고 생각을 영에 둠으로써 혼이 더 이상 육체의 소욕을 따라가지 않게 하는 것이다. 그래도 매일 혼은 다시 살아날 것이다. 그러므로 혼의 구원은 일평생 그리고 날마다 이뤄가야 하는 구원이다. 그러므로 혼의 구원은 일종의 과정이라고 말해야지 순간이라고 말해서는 아니 된다. 그리고 나서 이제 끝으로 육을 처리해야 한다. 육을 처리함으로 육에게도 예수의 생명이 나타나게 해야 하기 때문이다(고후 4:10~11).

고후 4:10~11 우리가 항상 예수의 죽음을 몸에 짊어짐은 예수의 생명이 또한 우리 몸에 나타나게 하려 함이라 11 우리 살아 있는 자가 항상 예수를 위하여 죽음에 넘겨짐은 예수의 생명이 또한 우리 죽을 육체에 나타나게 하려 함이라

3. 우리가 받아야 할 세 번째의 구원은 육의 구원인가 몸의 구원인가?

그렇다면 사람의 구원의 최종 단계는 육의 구원인가 아니면 몸의 구원인가? 결론부터 말씀드리자면 둘 다의 구원이라고 해야 한다는 것이다. 왜냐하면 이 둘이 같은 차원의 구원을 말하고 있지만 그 방법에 있어서와 그리고 그 목표가 서로 다르기 때문이다. 그러므로 같은 종류의 구원이라 할지라도 우리는 둘을 다르게 접근해야 한다. 왜냐하면 성경은 사람의 물질적인 부분을 몸이라고 하고 또한 육체라고도 구분하기 때문이다. 사도 바울은 사람을 영혼몸이라고 구분했지만(살전 5:23), 히브리서 기자는 사람을 영, 혼, 육이라고 구분했기 때문이다(히 4:12). 그런데 훗날 사도 바울은 몸속에 죄가 들어 있는 몸을 가리켜 '육체'라고 불렀다. 자기의 속 곧 자신의 육신에 선한 것이 거하지 아니하고 죄가 거하고 있기 때문이었다(롬 7:18~20). 그러니까 죄를 짓는 것은 내가 아니라 내 속에 거하는 죄라고 말한 것이다. 사실 아담이 죄짓기 전에 사람 몸속에는 죄가 있지 않았다. 그런데 아담의 범죄로 인하여 죄가 선악과의 형태로 몸속에 들어옴에 따라 사람은 죄된 본성이 지배하는 상태가 되어버렸다. 그러므로 사람은 자신이 거듭나서 성령의 통제를 받지 아니한다면, 그는 자기 안에 들어 있는 죄된 본성을 따라 죄를 짓게 마련이다. 그래서 죄의 열매를 맺을 수밖에 없다.

4. 육 혹은 몸의 구원의 방법과 목표는 대체 무엇인가?

그렇다면 몸의 구원의 방법과 목표는 무엇인가? 먼저 몸의 구원의 방법은 자신의 몸을 산 제물로 하나님께 드리는 것이다(롬 12:1). 왜냐하면 예수께서 십자가에서 죽으실 때 사람의 몸을 죗값을 주고 모두 다 사셨기 때문이다(고전 6:20). 그러므로 사람의 몸은 더 이상 귀신들의 소유가 될 수 없다. 예수님의 소유가 되었기 때문이다. 그러므로 이것으로 우리는 하나님께 영광을 돌려야 한다. 이는 곧 사람의 몸을 의의 병기로 하나님께 드리는 것이라고 하겠다(롬 6:12~13). 즉 구원받은 사람이 자신의 몸을 사용하여, 그것으로 전도도 하고 봉사도 하여 하나님의 일을 행하는 것이 자신의 몸을 구원하는 것이다. 그럼, 몸의 구원의 목표는 무엇인가? 그것은 몸이 성령의 전 곧 성령의 집이 되게 하는 것이다(고전 6:19). 성령께서 영에만 계시는 것이 아니라 몸도 다스리도록 하는 것이다. 이것이 바로 몸의 구원의 목표다.

그렇다면 육의 구원의 방법과 목표는 무엇인가? 육의 구원의 방법은 몸의 구원의 방법과는 다르다. 왜냐하면 육은 이미 마귀의 포로가 된 상태에 있기 때문이다. 그래서 귀신들이 들어와 자신의 집으로 사용하고 있기 때문이다. 그리하여 귀신들은 사람에게 식욕과 성욕과 소유욕을 발동시켜 죄를 짓게 만든다. 그러므로 육의 구원은 몸의 구원과 똑같은 방식으로 진행할 수 없다. 왜냐하면 사람의 육체를 집으로 삼고 들어와 거주하고 있는 귀신들을 제거해야 하기 때문이다. 그러므로 육의 구원의 방법은 혼의 구원의 방법과 동일하다. 그것은 두 가지다. 첫째는 날마다 육을 십자가에 못 박아 죽음에 넘기는 것이다

(갈 5:24). 그렇지 않으면 옛사람의 육이 계속 살아나서 죄를 짓게 되기 때문이다. 둘째는 생각을 영에 두어 육의 소욕이 사람을 지배하지 못하게 하는 것이다(갈 5:16~17). 그러면, 육의 구원의 목표는 무엇인가? 그것은 육체 속에 들어 있는 귀신을 쫓아내는 것이다(마 12:28). 회개를 통해서 우리 몸속에 들어 있는 귀신을 제거하는 일이 그 목표인 것이다. 그래서 궁극적으로는 육을 몸이 되게 하여 하나님께 영광을 돌리는 의의 병기가 되게 하는 것이다.

제11장
몸과 육의 구원을 이루는 것이 왜 그리 중요한가?

> 마태복음 19:27~30
> 27 이에 베드로가 대답하여 이르되 보소서 우리가 모든 것을 버리고 주를 따랐사온대 그런즉 우리가 무엇을 얻으리이까 28 예수께서 이르시되 내가 진실로 너희에게 이르노니 세상이 새롭게 되어 인자가 자기 영광의 보좌에 앉을 때에 나를 따르는 너희도 열두 보좌에 앉아 이스라엘 열두 지파를 심판하리라 29 또 내 이름을 위하여 집이나 형제나 자매나 부모나 자식이나 전토를 버린 자마다 여러 배를 받고 또 영생을 상속하리라 30 그러나 먼저 된 자로서 나중 되고 나중 된 자로서 먼저 될 자가 많으니라

1. 들어가며

사람의 구원은 영에서부터 시작되지만 이어서 혼으로 그리고 육으로 이어진다. 이는 자신의 영이 구원을 받았다고 해서 영의 구원에서 만족할 것이 아니라, 혼과 육도 구원을 받는 데까지 이르러야 함을 의미한다. 그런데 대부분의 그리스도인들은 자신이 믿음으로 구원받은 것에 대해 만족한다. 자신이 예수님을 믿어서 죄사함을 받게 되었고 구원을 받게 되었으니 자신의 구원은 이제 완성되었다고 생각하는 것이다. 하지만 그것이 끝인가? 아니다. 성경에서는 영에서 시작된 구

원이 혼의 구원을 이루고 더 나아가서 몸과 육의 구원으로까지 이어져야 함을 계속해서 말씀하고 있는 것이다. 그러므로 자신이 예수님을 믿어 영의 영역에서 구원을 받았다면 이제는 혼의 구원과 더불어 육신의 구원 곧 몸의 구원을 위해 힘써야 하는 것이다. 그렇다면 성도들은 영의 구원에서 한 걸음 더 나아가 육신의 구원을 이루기 위해서 어떻게 해야 하는가? 아니 왜 사람은 영의 구원에서 만족하지 말고 혼의 구원과 육의 구원을 위해서 힘써야 하는가?

2. 성경이 말씀하고 있는 구원은 어떻게 진행되는가?

성경이 말하는 구원은 사실 3단계로 진행되는 것이다.

첫째로, 영이 구원을 받는 단계가 있다(고전 5:5). 이는 자신의 영에게 하나님의 생명이 분배되는 것을 가리킨다. 이때 사람은 영의 영역에서 거듭 태어난다. 이때 거듭남은 생명 주는 영이신 성령께서 자신의 영 안으로 하나님의 생명을 가지고 들어옴으로 시작되는 것이다. 그러므로 예수께서는 사람이 물과 성령으로 거듭나야 하나님의 나라에 들어갈 수 있다고 말씀하신 것이다(요 3:5). 여기서 물은 회개를 통한 죄사함을 의미하고, 성령은 생명을 가지고 들어오시는 생명 주는 영이신 그리스도를 의미한다. 그러면 그 순간에 그는 자기의 영과 성령의 영이 하나가 되는 놀라운 일을 경험하게 된다(고전 6:17). 이 영을 두고 성경은 '연합된 영'이라고 한다. 이러한 상태는 그가 죽는 날까지 이어진다. 하지만 죽는 날에 자신의 영과 성령의 영이 떨어지는 사람이 아주 많다. 왜냐하면 자신의 이름이 생명책에서 지워지면서 자신의 영에게서 성령이 떨어져 나가기 때문이다. 그러므로 한 번 구원을 받았다고 해서 그것이 영원토록 안전한 것이 아니라는 것을 알아야 한다. 어찌 되었든 모든 사람은 자신이 죄인인 것을 시인하고 주 예수님을 믿음으로 구원이 시작되는 것이다. 그러므로 만약 그가 구원받는 순간에 죽는다면 그는 반드시 천국에 들어갈 수가 있을 것이다.

둘째로, 혼이 구원을 받는 단계가 있다(벧전 1:9). 이에 대해 베드로 사도는 믿음의 끝으로서 혼이 구원을 받아야 함을 역설하였다. 왜 그런가? 그것은 아담의 후손으로 태어나는 사람 치고 자신의 혼이 하나님의 뜻을 기뻐하고 하나님의 뜻대로 살아가는 사람이 없기 때문이다. 자신의 육신 안에 곧 자신의 육체 속에 죄가 들어 있어 자기를 죄의 법 아래로 끌고 가기 때문이다. 그러므로 자아 곧 혼은 반드시 부인되어야 한다(마 16:24). 그러므로 타고난 자아는 십자가에 못 박아야 한다. 그리고 자신의 혼의 생각을 영에 두고 영의 소원을 따라가야 한다. 그래야 혼이 구원을 받을 수 있는 것이다. 즉 혼의 영역에 예수님의 생명이 흘러들어와서 그가 예수 생명으로 살아야 혼이 구원을 받는 것이다(고후 4:10). 그런데 사람의 혼 곧 자아는 이미 엄마의 뱃속에 있을 때부터 귀신의 공격을 받고 살고 있었다. 그러므로 누구든지 자아는 귀신의 가르침에 익숙해져 있다. 그러므로 그러한 사람의 자아를 가만 놔두게 되면, 그는 죄된 본성이 가득 차 있는 육신의 소욕을 따라 죄를 짓게 되는 것이다. 그러므로 타고난 나의 옛사람은 십자가에 못 박아 죽음에 넘겨야 한다. 그리고 생각을 영에 두고 영에 속한 사람이 되어야 하는 것이다.

마지막 셋째로, 몸과 육(육체)이 구원받는 단계가 있다(고후 4:10~11). 예수님을 믿기 전에 자신의 육체 안에는 이미 귀신들이 들어와 자리를 잡고 살고 있었다. 그래서 예수께서는 사람의 육체를 가리켜 '귀신의 집'이라고 말씀하셨다(마 12:43~45). 그러므로 사람은 태어나면서부터 귀신의 영향을 받고 살고 있으며 그래서 죄를 짓기 마련이다. 그러므로 사도 바울은 죄를 짓고 있는 육신을 '사망의 몸'이라고 불렀다(롬 7:24). 그러므로 사람은 자신이 하나님의 생명을 분배받아 영이 구원을 받았다면 그때부터는 날마다 혼을 부인하고 죽음에 넘김으로 혼도 구원받게 한 다음에 반드시 몸과 육의 구원으로 나아가야 하는 것이다. 먼저 육체가 구원받게 하려면 이미 자신의 육체 안에 들어와 있는 귀신을 제거한 다음에 나중에는 반드시 귀신의 집을 파괴해야 한다(눅 8:1~2, 11:24~26). 그리고 몸이 구원받게 하려면 이제는 자신의 몸을 쳐 복종시켜 하나님의 나라를 위한 의의 병기로서 하나님께 드려야 한다(롬 6:13).

3. 왜 우리는 자신의 몸과 육체를 구원받게 해야 하는가?

그렇다면 왜 우리는 자신의 영이 구원받은 것에 만족하지 않고 혼을 구원시키고 더 나아가서 자신의 몸과 육체를 구원받게 해야 하는가? 그것은 천국에 들어갔을 때에 우리가 어떤 지위와 신분을 누리고 또한 어떤 영광을 누리게 될 것인지가 바로 우리의 몸과 육체를 얼마나 구원시켰느냐에 달려 있기 때문이다. 왜냐하면 천국은 우리가 행한 만큼 보상을 받는 장소이기 때문이다(계 22:12). 그러므로 만약 우리가 회개하고 믿음을 가져서 자신의 영이 구원을 받았는데, 그날 죽게 된다면 그는 천국에 들어갈 수는 있을 것이다. 그러나 그에게 천국에서 누릴 지위와 신분 그리고 영광과 같은 보상이 아무것도 없을 것이다. 비록 천국에는 들어갔지만 천국 집도 준비되어 있지 않을 것이며 면류관도 하나 없을 것이며, 자신이 앉아서 예배드릴 보좌 자리도 더더욱 없을 것이다. 왜냐하면 그가 구원받은 이후 자신의 몸과 육신으로 한 일이 아무것도 없기 때문이다. 왜냐하면 천국은 행한 대로 보상을 받는 것이지 은혜로 보상이 주어지는 곳이 아니기 때문이다.

4. 구원은 믿음으로 받는가 행함으로 받는가?

많은 성도들이 헷갈려 하는 부분이 바로 이것이다. 과연 자신이 믿음만으로도 구원을 받을 수 있는지 자신의 행함이 뒷받침되어야 구원을 받는지가 늘 헷갈리는 것이다. 그러나 이것은 자신의 영, 혼, 육이 어떻게 구원을 받는지에 대하여 그 과정을 잘 모르기 때문에 하는 말이다. 왜냐하면 자신의 영이 구원받음으로 하나님의 생명을 분배받아서 하나님의 자녀가 되고, 천국에 들어가게 되는 문제는 전적으로 믿음의 문제인 것이지 행함의 문제가 아니기 때문이다. 그러나 이러한 진술도 온전하다고 말할 수는 없다. 왜냐하면 종국적으로 천국에 들어가는 문제는 자신이 예수님을 믿어 하나님의 자녀가 된 것에만 있는 것이 아니라, 그의 이름이 죽을 때에 생명책에서 지워지지 않아야 하기 때문이다(계 3:5, 21:27). 그러므로 만약 그가 죽을 때에 그의 이름이 생명책에서 지워진다면, 그는 결국 성 밖으로 쫓겨나거나 불과 유황이 타는 못에 던져지고 말 것이기 때문이다(계 21:8, 22:15). 그러므로 천국에 입성하는 문제는 단지 자신이 믿었다는 이유만으로 되는 것이 아니라는 것을 알아야 한다. 천국 입성은 반드시 회개가 뒷받침되어야 가능하기 때문이다. 그러므로 구원에 있어서 믿음과 회개는 어쩌면 동전의 양면과도 같은 것이다. 그러므로 예수께서는 천국에 들어가기 위해서는 믿는 것만 아니라 회개도 필요하다고 가르치셨다(마 4:17). 자신의 더러워진 두루마기(겉옷)를 빨아야 한다고 말씀하신 것이다(계 22:14). 그러므로 우리는 천국에 들어가려면 예수님의 말씀에 따라 물과 성령으로 거듭나야 들어간다는 말씀을 절대적으로 받아들여야 한다(요 3:5).

그렇다면 성도들에게 있어서 '행함'이란 어떤 의미가 있는가? 그것은 우리가 천국에 들어갔을 때에 우리가 받을 지위와 신분과 그리고 영광과 깊은 관계가 있는 것이다. 만약 우리가 믿고 회개하여 천국에 들어갈 사람이 되었을지라도, 이 땅에서 자신의 육신을 이용해 주의 나라와 복음 전파를 위해 행한 일이 하나도 없다면, 천국에서 그가 누릴 지위와 신분 그리고 영광이 하나도 없을 것이기 때문이다. 그러므로 자신이 이제 신앙생활을 시작하는 사람이라면 우선 그는 믿음과 회개 생활에 집중해야 한다. 그리고 그가 이미 거듭나서 하나님의 자녀가 된 것이 확실해졌다면 그는 그때부터라도 천국에서 자신이 받을 지위와 신분 그리고 영광을 위해 부지런해야 한다. 왜냐하면 천국은 우리가 수고한 대로 보상을 받는 보상의 나라이기 때문이다. 그것도 우리의 육체로 일한 것만이 천국에서 나의 상으로 주어질 것이 되기 때문이다.

5. 천국에서 진짜 신분적 차이가 존재하는가?

어떤 분들은 믿음만 있으면 천국에도 들어가고 또한 천국에서 왕 같은 제사장으로 살 것이라고 가르친다. 하지만 이것은 예수님의 말씀도 모르고 천국의 실상도 모르기 때문에 하는 말이다. 왜냐하면 천국에서 보상의 하나로 주어지게 되는 자신의 지위와 신분이 결코 똑같지 않기 때문이다. 어떤 사람은 섬기는 자로 천국에 들어갈 것이다. 하지만 또 어떤 사람은 다스리는 자가 되거나 더 나아가서는 왕으로 참여하는 자가 있을 것이기 때문이다. 그것은 다른 사람이 이야기한 것이 아니라 우리 주 예수님께서 직접적으로 제자들에게 하셨던 말씀 속에 나와 있다. 그런데 그 말씀을 사람들은 자기의 이해의 수준에서 번역하고 해석함에 따라 그것을 쉽게 찾아내지 못하고 있을 뿐이다. 마태복음 20장에 따르면, 예수님의 좌우편에 있는 보좌에 앉을 자는 주님이 마시는 잔을 마셔야 할 뿐만 아니라, 동시에 이 땅에서 크고자 해서는 아니 되고, 이 땅에서 으뜸이 되고자 해서도 아니 된다고 말씀하셨다(마 20:26~27). 그러면 천국에서는 섬기는 자가 되거나 종으로 참여할 것이라고 하셨기 때문이다. 그렇다고 해서 천국에서 성도의 지위와 신분은 이 땅의 개념의 경우처럼 그러한 것은 아니다.

마 20:26~27 [헬라어 직역] 너희 중에서 장차 이와 같은 것이 있지 않을 것이다. 오히려 만일 너희 안에서 누구든지 크게 되기를 원한다면 그는 장차 너희를 섬기는 자가 될 것이다(봉사자로 있을 것이다). 27 그리고 만약 너희 중에서 누구든지 으뜸이 되기를 원한다면(첫째이기를 바란다면), 그는 장차 너희의 종으로 있을 것이다.

그리고 오늘 말씀을 보라. 누가 과연 천국에서 자기의 영광의 보좌에 앉아 다스리는 자가 되는 것인가? 그것은 분명하다. 그것은 제자들이 주님을 따르되 그냥 따른 것이 아니라 자신의 모든 것(미래, 재산 등)을 다 버리고 주님을 따라갔기 때문이다. 그러므로 천국에서 다스리는 자가 될 것인지 아니면 천국에서 섬기는 자가 될 것인지 하는 문제는 자신이 이 세상에 살 때에 어떻게 살있느냐에 따라 보상으로 주어지는 것이지 결코 믿음에 따라 주어지는 것이 아닌 것이다.

제12장
몸과 육의 구원을 위해 살았던 자가 천국에서 받게 될 상은 무엇인가?

> 고린도전서 9:24~27
>
> 24 운동장에서 달음질하는 자들이 다 달릴지라도 오직 상을 받는 사람은 한 사람인 줄을 너희가 알지 못하느냐 너희도 상을 받도록 이와 같이 달음질하라 25 이기기를 다투는 자마다 모든 일에 절제하나니 그들은 썩을 승리자의 관을 얻고자 하되 우리는 썩지 아니할 것을 얻고자 하노라 26 그러므로 나는 달음질하기를 향방 없는 것 같이 아니하고 싸우기를 허공을 치는 것 같이 아니하며 27 내가 내 몸을 쳐 복종하게 함은 내가 남에게 전파한 후에 자신이 도리어 버림을 당할까 두려워함이로다

1. 들어가며

하나님께서 우주 만물을 창조하신 데에는 어떤 목적이 있었다. 그것은 인간에게 하나님의 생명을 분배하여 하나님의 자녀가 되게 한 다음, 혼과 육의 구원을 이루는 분량에 따라 그를 하나님의 상속자로 세워 하나님의 나라를 기업으로 물려주려는 계획이었다. 이러한 하나님의 원대한 경영 계획을 가리켜 바울은 '하나님의 경륜'이라고 했다(엡 3:2). 그러므로 우리가 신앙생활을 할 때에 반드시 알고 있어야 할

것은 하나님의 구원 경륜이 무엇인가 하는 것이다. 그래서 지난 스무 번의 장을 통해 우리는 하나님의 경륜에 대해 차근차근 살펴보고 있다. 그중에서 이번 장은 하나님의 구원 경륜 가운데 마지막 부분에 해당하는 몸 혹은 육체의 구원을 살펴보고자 한다. 그것들 중에서도 몸과 육체의 구원을 이룬 자가 천국에서 받게 될 상이 과연 무엇인지를 살펴보고자 한다.

2. 나의 영만 구원을 받았다면 내 구원의 여정은 다 끝난 것이고 그 후에는 덤으로 사는 것인가?

오늘날 그리스도인들 중에는 자신이 예수님을 믿어서 죄사함을 받고 구원받아 하나님의 자녀가 되었다면 이제 더 이상 성취해야 할 것이 없다고 생각하는 분들이 더러 있다. 그리고 구원도 자신의 의지나 뜻이 아니라 하나님의 예정에 따라 성취된 것이었기에, 자신의 구원은 안전하다고 생각하기도 한다. 하지만 그것은 일종의 교리에 해당하는 것일 뿐 성경은 그렇게 말씀하고 있지 않다. 왜냐하면 "나더러 주여 주여 하는 자마다 다 천국에 들어갈 것이 아니요 다만 하늘에 계신 내 아버지의 뜻대로 행하[고 있]는 자라야 [장차] 들어가리라"고 주님께서 직접 말씀하셨기 때문이다(마 7:21). 그리고 한 번 구원받아서 그 이름이 생명책에 기록된 자라도 세상과 마귀와 죄를 이기지 못하는 자는 생명책에서 그의 이름이 지워진다고 말씀하고 있기 때문이다(계 3:5). 그러므로 자신이 예수님을 믿어서 죄사함을 받고 하나님의 자녀가 되었다고 해서 모두가 다 새 예루살렘 성 안에 들어가는 것이 아님을 알아야 한다. 실제로 대부분의 그리스도인들은 성 밖으로 던져지거나 심지어 불과 유황이 타는 못에 던져지고 있기 때문이다. 그러므로 자신이 죄인임을 깨닫고 주 예수님을 믿고 그분을 마음속에 영접하여 하나님의 자녀가 되었다면 그때부터는 하늘나라에 들어갈 때에 자신이 받을 지위와 신분 그리고 영광과 미래를 잘 준비해 나가야 한다. 왜냐하면 하나님께서 세우신 경륜에 따르면 사람은 영만 구원받는 것이 아니라 혼의 영역에서도 구원을 받아야 하며(벧전 1:9), 몸과 육의 구원도 받아야 한다고 말씀하고 있기 때문이다(고후 4:10~11).

3. 왜 우리는 혼의 구원과 몸 혹은 육체의 구원을 이뤄가야 하는가?

그러므로 자신이 죄인임을 시인하고 예수님을 영접하여 하나님의 자녀가 되었다면, 그때부터 그는 그다음 구원 과정인 혼의 구원과 몸 혹은 육체의 구원을 위해 힘써야 한다. 그런데 인간의 영의 영역에서 우리가 받을 구원은 인간의 수고가 하나도 필요 없는 것이다. 왜냐하면 모든 것을 다 하나님께서 계획하시고 그것을 예수님의 십자가 사건과 그분의 부활을 통해 이루셨기 때문이다. 그러므로 우리는 다만 죄인이라는 것을 시인하고 주 예수님을 구주로 받아들여 고백하기만 하면 된다(롬 10:9~10). 그러면 그리스도께서 생명 주는 영으로서(고전 15:45) 우리의 영 속으로(딤후 4:22) 들어와, 아버지의 생명을 분배해주심으로 하나님의 자녀가 되는 것이다. 이것을 가리켜 '거듭남'이라고 부른다.

　그러나 진짜는 영의 구원부터 시작이라는 것이다. 왜냐하면 영의 구원을 받았다고 해서 하나님께서 바라시는 구원 경륜을 다 이룬 것이 아니기 때문이다. 이 사람은 이제 하나님이 바라시는 다음 단계의 구원을 위해 힘써 싸워야 하는 것이다. 그것은 혼이 구원을 받는 것이며, 더 나아가서는 몸과 육이 구원을 받는 것이기 때문이다. 그런데 은혜로 주어지는 영의 구원과는 달리 혼과 몸(육체)의 구원은 우리의 수고와 땀이 들어가야 한다는 것이다. 그러므로 자신을 쳐 복종시키려는 의지가 없다면 두 번째 구원인 혼의 구원과 세 번째 구원인 몸과 육체의 구원을 이룰 수가 없다. 만약 우리들 중에 누구라도 천국에 들어갈 수 있다면 자기 집의 2층에 올라가 보라. 거기에는 3개의 항아리가 준비되어 있을 것이다. 그것은 바로 기도의 항아리요, 눈물의 항아리요, 땀의 항아리인 것이다. 그런데 이 모든 항아리들은 우리에게 은혜로 주어지는 것들이 아니라는 사실이다. 우리가 복음과 주의 나라를 위해 힘쓰고 애쓴 것들이 있을 때 그것들이 채워지기 때문이다.

4. 혼(魂)의 구원은 어떻게 이뤄지는가?

　이제까지 신앙생활을 하면서 혼의 구원과 몸 혹은 육체의 구원을 들어본 적이 없는 성도들도 더러 있을 것이다. 왜냐하면 그것에 대해 제대로 아는 분도 없었을 것이고 또한 그것을 가르쳐 주거나 배운 적도 없기 때문에 그것에 대해 잘 모르는 것이다. 하지만 우리가 천국에 들어갔을 때에 누리게 될 지위와 신분 그리고 영광이 있다는 것을 알아야 한다. 그리고 그것은 우리가 영의 구원을 받은 후의 삶으로 결정이 된다는 것이다. 다시 말해 혼의 구원과 그리고 몸 혹은 육체의 구원을 얼마나 이루었느냐에 따라 천국에서의 우리의 미래가 결정되는 것이다. 그러므로 우리 성도의 신앙생활의 더 중요한 영역은 혼의 구원과 몸 혹은 육체의 구원을 이루는 것이다. 만약 우리가 이 세상에 살 때에 이것을 놓쳐 버린다면, 천국에 들어가서 아쉬움을 영원히 간직하며 살아야 할 것이다.

그렇다면 혼의 구원이란 어떻게 이루어지는가? 사실 자신의 혼(자아, 자기 자신, 나)이란 예수 믿기 전에 이미 육체 속에 들어온 죄(이것을 인격적으로 말하면 귀신이다) 곧 귀신에게 팔려버린 상태이기 때문에, 이미 부패한 상태에 놓여 있는 자기 자신을 가리킨다. 그러므로 이러한 혼은 늘 죄를 짓기에 바쁘다. 오히려 하나님의 뜻을 성취하는 데에는 매우 느리다(롬 7:18). 그러므로 예수 믿기 전 귀신과 결탁된 채 살아왔던 옛사람을 십자가에 못 박아서 반드시 죽음에 넘겨야 한다. 그래서 자신의 생각과 감정과 의지를 늘 부인해야 하는 것이다. 왜냐하면 이전의 자신의 생각과 감정과 의지는 귀신이 주는 욕망으로 가득 차 있기 때문이다(갈 5:16~17).

그러므로 자신의 혼이 구원받게 하려면 적어도 두 가지가 필요하다. 첫째는 자신의 혼을 부인해야 한다는 것이다(마 16:24). 이를 위해서는 자아를 십자가에 못 박아 죽음에 넘겨야 한다(갈 2:20). 왜냐하면 우리의 옛사람은 우리가 세례를 받을 때에 그리스도와 함께 장사되었기 때문이다(롬 6:4). 그럼에도 불구하고 우리 육체 속에 있는 귀신이 우리 몸에서 다 제거된 상태가 아니기 때문에, 우리는 날마다 자신의 옛 자아를 십자가에 못 박아야 한다(눅 9:23). 둘째, 내 생각과 감정과 의지를 내 영에 생명을 가지고 들어오신 그리스도 곧 실제이신 성령께 두어야 한다는 것이다(롬 8:5~6). 특히 자신의 생각을 새롭게 함으로 변화를 받아서(롬 12:2), 자신의 생각을 영에 두어야 한다(롬 8:6). 그래야 육체의 욕심을 이루지 않을 수 있는 것이다(갈 5:16).

5. 몸 혹은 육체의 구원은 어떻게 이뤄지는가?

그렇다면 몸의 구원 혹은 육체의 구원은 어떻게 이뤄야 하는가? 몸과 육체는 사실 우리의 존재 가운데 물질적인 세계를 접촉하는 기관들을 부르는 명칭이다. 하지만 몸의 기능과 육체의 기능이 서로 각각 다르기 때문에 이 둘은 같은 것이지만 분리해서 처리해야 한다.

먼저 몸의 구원은 어떻게 이루는가? 그것은 2단계로 진행된다. 하나는 간주하는 단계다. 그렇다고 여기는 단계가 있다(롬 6:11). 내 몸은 그리스도께서 죗값을 주고 사신 것이기 때문에(고전 6:20) 죄에 대해서는 죽었지만 하나님께 대해서는 산 자로 여기는 것이다(롬 6:10). 또 하나는 몸의 각 지체들을 하나님께 의의 병기로 드리는 것이다(롬 6:13). 몸은 사실 그리스도를 머리로 하는 지체들의 연합이다(고전 12:27). 그러므로 지체들은 머리이신 그리스도의 지시를 잘 따라서 움직여야 한다. 그래서 여러 지체들이 모인 것이지만 한 몸이 되어 활동해야 한다. 그래야 우리 지체들이 하나의 일들을 수행할 수가 있는 것이다. 그래서 하나님이 기뻐하시는 일들을 수행해야 한다. 그럴 때에 우리의 입과 손과 발이 서로 연합하여 전도도 할 수 있고, 식사도 준비하며 청소도 하고 가르칠 수도 있는 것이다. 이것이 바로 몸의 구원이다. 그러므로 비로소 몸은 하나님의 뜻을 이루는 도구가 될 수 있는 것이다. 그리하여 최종적으로 우리 몸은 '성령의 전'이 되는 것이다(고전 6:19).

그리고 육체의 구원도 이뤄가야 한다. 이것은 몸의 구원과 약간 다르다. 몸은 그리스도의 지체들이지만 육체는 여전히 귀신의 집으로서 귀신의 욕망을 따라가는 부패한 영역으로 있기 때문이다. 이것은 3단계로 진행된다. 먼저 첫째로, 육체는 수리해서 쓸 것이 아니라, 혼처럼 십자가에 못 박아 죽음에 넘겨야 한다(갈 5:24). 왜냐하면 아담과 하와가 선악과를 따먹었을 때 선악과에 달라붙어 있는 귀신들이 사람의 몸 안으로 들어오기 시작했기 때문이다. 그래서 사람의 육체가 귀신의 집이 되었기 때문이다(창 3:14, 마 12:43~45). 그러므로 우리의 육체는 귀신이 주는 욕망들이 끝없이 올라온다. 그러므로 내 육체가 그리스도와 함께 십자가에 못 박혔다고 여겨야 한다. 그러고 나서 둘째로, 이제부터는 육체도 성령의 소욕을 따라가야 한다(갈 5:16). 그래야 육체의 욕심을 더 이상 이루지 않기 때문이다. 그리고 마지막으로 셋째로, 육체의 완전한 구원을 이루기 위해서는 곧 육체 속에 있는 귀신들이 자신을 끌어가지 못하도록 아예 자신의 육체 속에 있는 귀신들을 하나씩 하나씩 제거하는 것이다. 그것들이 없으면 죄된 욕망도 생겨나지 않을 것이기 때문이다. 그러므로 귀신을 축사하는 일이야말로 육체의 구원을 이루는 데 너무나도 중요한 것이다. 그런데 우리 몸에 들어 있는 귀신들이 얼마나 많은지 헤아릴 수가 없다. 그러므로 우리는 죽는 날까지 귀신을 쫓아내야 한다. 이때는 자신이 지은 죄이든지 아니면 조상들이 지은 죄이든지 할 것 없이 죄들을 회개한 다음, 귀신을 쫓아내야 한다. 만약 그렇게 하지 않은 상태에서 귀신을 쫓아내면 귀신들은 다시 들어온다. 다시 들어올 때에는 더 악한 귀신들을 데리고 들어올 수도 있다. 그러면 나중 형편이 처음보다 더 악화될 수가 있다. 그리므로 귀신을 쫓아낼 때에는 반드시 회개를 하고 귀신을 쫓아내야 한다.

6. 몸과 육체의 구원을 이루었던 자가 천국에 들어가서 받게 될 복은 무엇인가?

그렇다면 몸과 육체의 영역에서 구원을 이루었던 자가 천국에 들어갔을 때에 어떤 일이 기다리고 있는가? 그것은 바로 우리가 이 땅에서 영과 혼의 구원을 받은 후, 몸과 육체의 구원을 통해 이루었던 분량에 따라 하늘의 복을 받게 된다는 것이다. 하나님께서 우리에게 신령한 복을 주시기 위해 하늘에 준비해 놓고 있는 여러 종류의 상들이 우리를 기다리고 있는 것이다. 그러나 이것은 누구에게나 주어지는 것이 아니다. 왜냐하면 행한 대로 즉 행함을 따라서 보상으로 주어지는 것들이기 때문이다. 즉 예수 믿고 나서 어떻게 살았느냐에 따른 보상인 것이다. 사실 생각해 보라. 예수 믿고 온갖 죄를 짓고 세상 향락에 취해 있다가 회개하여 천국에 들어온 성도와 일평생을 주의 복음과 주의 나라를 위해 수고한 자들이 천국에서 똑같은 지위와 신분 그리고 영광을 누리며 살겠는가?

그래서 성경을 보면, 하늘나라에 들어간 성도들이 받을 수 있는 상 곧 하나님께서 우리 성도들을 위해 준비해 놓고 있는 상에는 총 세 가지가 있다는 것을 알 수가 있다. 그것은 한마디로 '천국 집'으로 주어지는 것이며, '면류관'을 받는 것이며, '보좌 자리'에 앉는 것이다. 이 중에서 '천국 집'은 우리가 수고한 대로 하나씩 하나씩 보상으로 주어질 상으로서, 대부분의 성도들이 조금씩이라도 받는 상(헬, '미스도스')이라고 할 수 있다. 그러므로 이러한 상(reward, wage)은 '임금, 보수, 품삯, 대가라고 부를 수 있다. 그런데 '면류관'은 주의 나라와 복음 전파 그리고 몸 된 교회를 위해서 노력하고 수고하고 애쓴 자들에게만 주어지는 상(헬, '브라베이온')으로서, 자기에게 주어진 일에 최선을 다해 일함으로 좋은 성적을 거둔 자들에게만 주어지는 상(award, prize)이라고 할 수 있다. 그리고 마지막 '보좌 자리'는 구원받은 성도가 몸과 육체를 통해 이룬 것들을 종합 평가해서 하나님께서 주시는 가장 귀한 상이라고 할 수 있다.

첫째로, 성도들이 천국에서 받을 상에는 '천국 집'이 있다(고후 5:1). 천국에 들어갔을 때에 우리가 살 집이 있는 것이다(물론 천국에 집이 없는 사람도 아주 많을 것이다). 그런데 모든 사람이 다 아름답게 지어진 좋은 집에 살지는 않는다. 우리가 수고해서 하늘에 올려 보낸 재료만큼만 천국 건축 천사들이 우리의 집을 짓기 때문이다. 그러므로 우리가 교회에 나와서 청소 한 번 하고, 식사 준비 한 번 하는 것도 결코 그 상을 잃지 않는다는 것을 알아야 한다. 그러면 천국 집의 재료들이 천국에 올라가면, 천사들은 우리의 천국 집을 짓기 위해서 일을 시작한다. 그러면 맨 처음에는 집을 지을 땅을 준비하고 집의 크기와 모양을 정한다. 그리고 올라온 재료에 따라 집 안에 들어갈 인테리어를 준비하며, 정원에 있는 꽃과 나무와 새들과 그리고 물고기들을 준비해 준다. 그러므로 성도들이 이 땅에서 행하는 모든 수고는 결코 하나도 땅에 떨어지지 않는다는 것을 알아야 한다.

둘째로, 성도들의 천국에서 받을 상에는 '면류관('스테파노스')'이 있다. 이것은 이기는 자에게만 주어지는 상으로서 천국에서 성도에 대한 영광의 정도를 알려 주는 상이다. 즉 면류관 상은 천국에 들어간 성도라고 해서 다 주어지는 것이 아닌 것이다. 그 방면에 최고의 업적을 남겼을 때에 주는 영예 상으로서 주어지는 상이기 때문이다. 그러므로 천국에서 면류관을 쓰고 있는 성도들은 많지 않다. 그러므로 그 사람이 쓰고 있는 면류관의 종류와 개수는 그 사람이 어떤 종류의 일을 하였으며, 얼마나 열심히 수고했는지 그 역사를 알려 준다. 천국에서 이 면류관은 천국 집의 1층 로비의 탁자 위에 놓여 있는데, 예배를 드리러 갈 때에 이것을 쓰고 간다.

셋째로, 성도들이 천국에서 받을 가장 아름다운 상은 최종적으로 '보좌 자리'다. 왜냐하면 그것은 그 사람의 지위와 신분을 말해 주는 상이기 때문이다. 천국에 들어간 성도는 사실 딱 두 가지 신분으로 나뉘게 된다. 하나는 섬기는 성도이며(마 20:26~27) 또 하나는 다스리는 성도다(마 19:27~30, 눅 22:29~30). 그리고 다스리는 성도들 중에는 그냥 천사들과 몇몇의 사람들을 다스리는 성도가 있는가 하면, 좀 더 나아가서는 하늘나라의 땅을 기업으로 물려받아 그 땅 위에서 왕 노릇하는 성도들이 있다(계 5:10, 22:4).

그런데 예배를 드리기 위해 모여 있을 때에 천국의 성도들을 살펴보면, 그가 어떤 사람인지를 금방 알 수 있다는 것이다. 하나님의 보좌 가까이에는 24장로들이 있다. 이들은 이기는 자들 곧 다스리는 자들이나 왕 노릇하는 자들의 대표를 가리킨다. 특히 이기는 자들은 144,000석의 준비된 보좌에 앉아서 예배를 드리는데, 이들은 또다시 4천 명의 이기는 자들인 성가대원들과 14만 명의 이기는 성도들로 구분되어 있다. 144,000명의 자리는 24개의 반차로 구분되어 있는데, 총 70줄에 걸쳐서 앉게 된다. 1번 줄에서 6번 줄까지는 이기는 자들 중에서 왕 노릇하는 자들이 앉는 자리라면, 7번 줄부터 70번 줄까지는 다스리는 자들이 앉는 자리이다. 그리고 이들의 보좌(의자)에는 이름이 다 써 있다. 그리고 그 뒤에 서서 종려나무 가지를 흔들며 예배 드리는 수억 명의 사람들이 있다. 그러나 이들이 서 있는 자리도 역시 마음대로 가서 서는 자리가 아니라, 하나님께서 지정해주신 자리에 서서 예배를 드리게 된다.

7. 나오며

천국에서 성도들이 받을 상은 전부 다 자신의 몸으로 행한 것들이다. 생각으로 했던 것은 결코 보상으로 다가오지 않는다. 우리 몸의 각 지체들을 움직여서, 행동으로 옮긴 것만 천국에서 보상으로 주어지는 것이다. 그러므로 머리만 굴리고 있지 마라. 몸을 움직여야 한다. 모든 보상은 다 몸을 움직여서 주의 나라와 복음 전파를 위해서 그리고 몸 된 교회를 위해 수고한 것으로 받기 때문이다. 그러므로 몸을 움직여서 교회에 나와 예배 드리는 것도 보상으로 주어진다는 것을 알아야 한다. 하다못해 입술로 찬양하는 것도 보상으로 주어지게 된다. 그리고 밖에 나가서 예수님을 믿으라고 전도지 한 장 나눠 드리는 것도 보상으로 주어진다. 또한 수건으로 강대상과 의자 한 번 닦는 것도 보상으로 주어진다. 그런데 어떤 사람들 중에는 사명이 있어서 그 길을 걸어가거나 그와 동역하는 사람들이 있다. 그런데 이들에게는 그 사명에 충성한 정도에 따라 각자에게 면류관이 주어지기도 한다. 그리고 하나님께서는 최종적으로 그가 육신으로 행한 모든 것을 다 종합하여 보좌 자리를 마련해주신다. 그것이 바로 그가 천국에 들어갔을 때에 영원히 누리게 될 지위와 신분이자 영광이다. 그렇다면 이때 종합적으로 평가하는 기준들이 있다면 그것들에는 어떤 것들이 있을까? 그러한 것에는 그가 얼마나 주님을 위해 봉사했느냐, 그가 얼마나 맡겨진 사명에 충성했느냐, 그가 영권을 얻어서 성도들 속에 있는 귀신들을 얼마나 제거했느냐, 얼마나 기도했느냐, 얼마나 회개를 통해 깨끗해졌느냐, 얼마나 헌신했느냐, 얼마나 낮아져서 겸손히 일했느냐에 따라서 달라지게 될 것이다. 그렇다면 지금 내가 하나님의 부르심을 받아 천국에 들어간다면, 지금 나를 위해 하늘에서는 어떤 상이 기다리고 있는 것일까?

하나님의 경륜의 방해자

제1장 구원의 최종적인 완성 단계에서 반드시 귀신의 집을 파괴해야만 하는 이유는?
제2장 어떻게 하면 우리도 귀신의 집을 깨뜨릴 수 있는가?
제3장 귀신은 어떤 존재이며 우리는 왜 귀신을 쫓아내야 하는가?
제4장 예수의 이름과 귀신을 쫓아내는 놀라운 영적 무기들은 무엇인가?
제5장 귀신을 쫓아내는 영적 무기들은 실제로 어떻게 사용할 수 있는가?

제1장
구원의 최종적인 완성단계에서 반드시 귀신의 집을 파괴해야만 하는 이유는?

> 마태복음 12:43~45
>
> **43** 더러운 귀신이 사람에게서 나갔을 때에 물 없는 곳으로 다니며 쉬기를 구하되 쉴 곳을 얻지 못하고 **44** 이에 이르되 내가 나온 내 집으로 돌아가리라 하고 와 보니 그 집이 비고 청소되고 수리되었거늘 **45** 이에 가서 저보다 더 악한 귀신 일곱을 데리고 들어가서 거하니 그 사람의 나중 형편이 전보다 더욱 심하게 되느니라 이 악한 세대가 또한 이렇게 되리라

1. 들어가며

하나님께서는 만세 전에 인류를 구원하시고자 하는 어떤 계획을 가지셨다. 그리고 하나님께서는 지금도 그대로 그것을 실행하고 계신다. 사도 바울은 이 계획을 가리켜 '하나님의 경륜'이라고 했다. 우리는 지난 스물한 번의 장을 통해 하나님의 구원 경륜에 대해 살펴보고 있다. 사실 하나님께서 인류를 구원하는 데에는 우리 인간의 영의 영역에서부터 시작하지만, 혼으로 그리고 나서 육의 영역으로 확장되기를 원하신다. 그중에서 오늘은 영, 혼, 육의 구원 가운데 육의 구원에 관한 경륜의 마지막 과정에 대해 살펴보고자 한다. 그것은 귀신의 집

을 파괴해야 한다는 것이다. 귀신의 집이란 대체 어떤 것이며, 왜 육의 구원을 완성하려고 할 때 반드시 귀신의 집을 파괴해야 하는지를 살펴보고자 한다. 이 말씀을 통하여 놀라운 영적인 진보가 있기를 바란다.

2. 하나님의 구원 경륜 가운데 육(肉)의 구원이란 어떤 것을 가리키는가?

하나님께서 만세 전에 세우신 인류 구원 계획은 2가지로 실행된다. 그것은 한마디로 첫째는 생명의 분배요 둘째는 땅의 분배다.

이러한 두 가지 목적을 실행하기 위해 하나님께서는 보이지 않는 영의 세계와 보이는 물질 세계를 창조하셨다. 또한 우리는 이러한 창조의 핵심이 인간에게 있었다는 것을 알아야 한다. 왜냐하면 하나님의 창조는 인류가 살 수 있는 환경을 마련하기 위함이었기 때문이다. 그때 하나님께서는 인간을 창조하시되, 하나님을 담을 수 있는 그릇으로 창조하셨다(고후 4:7). 이는 하나님을 사람의 영에 분배해주기 위한 것이었다.

하지만 그 순간에 하나님의 구원 경륜을 방해하는 세력이 나타났으니 그가 바로 뱀 속에 들어가서 아담과 하와를 꼬드겼던 사탄 마귀다(계 12:9). 결국 인간은 하나님의 생명을 먹기 좋은 형태로 주어진 생명과를 먹기 전에 선악과를 따먹고 말았다. 그리하여 생명 분배 이전에 하나의 전 단계가 필요했다. 그래서 하나님께서는 인류가 범죄한 죄의 대가를 지불하려고, 속죄를 위해 사람이 되셨고 그리고 십자가에서 죽으신 것이다. 이분이 바로 우리 주 예수님이시다. 이것이 바로 예수께서 사람이 되신 이유 중에 한 가지 이유인 것이다(막 10:45).

그러고 나서 하나님께서는 생명 분배를 시작하셨다. 그래서 이제 인류의 죗값을 대신 담당하신 예수께서 생명 주는 영이신 성령으로 오셔서(고전 15:45) 생명을 주시기 시작하셨다. 그리고 그때부터는 사람들이 생명을 쉽게 분배받을 수 있도록 믿는 자들 속에 호흡처럼 들어가는 방식을 취하셨다(요 20:22). 그러므로 누구든지 자신이 죄인이라는 것을 시인하고 예수님을 자신의 생명이자 구주로 영접한다면, 그도 역시 자신의 영 속에 하나님의 생명을 분배받게 된다. 그것을 '거듭남'이라고 부른다(요 3:5).

그런데 예수께서 이 세상에 오신 목적은 단지 인류에게 생명을 분배하시기 위해서만은 아니었다. 그것은 생명을 공급해주시되 더 풍성하게 공급해주시기 위해 오셨기 때문이다(요 10:10). 그렇다면 예수께서 생명을 공급해주시되 더 풍성하게 분배해 주시는 방법은 어떤 것인가? 그것은 바로 우리 인간의 영 속에 들어오신 예수께서 혼의 영역까지 생명이 흘러가게 하고 이어서 육의 영역에까지도 하나님의 생명이 흘러들어가게 하는 것이다(고후 4:10~11). 그러므로 사람은 영의 구원만 받을 것이 아니라, 혼의 구원도 받아야 하고, 이어서 최종적으로는 육의 구원도 받아야 한다. 그래서 육의 구원을 받음으로 생명 분배의 최종 단계에 이르러야 한다.

3. 육(肉)의 구원은 어떻게 이뤄지는가?

그렇다면 인간의 육의 구원은 어떻게 이뤄지는가? 그것은 다시 3단계로 이뤄진다.

그것은 첫째로, 육을 십자가에 못 박아 죽음에 넘기는 것이다(갈 5:24). 왜냐하면 육체가 원래는 땅('아마다')의 흙('아파르')으로 창조되었지만 선악과를 따먹음으로 인하여 부패했기 때문이다. 또한 하나님께서는 뱀으로 하여금 죄지은 사람의 육체 속에 들어가서 살도록 허용하셨기 때문이다(창 3:14). 그러므로 최초의 인간이었던 아담과 하와의 육체는 귀신이 들어가서 거주하는 공간이 되었다. 그러므로 예수님께서 비유로 말씀하신 바, 더러운 귀신의 활동 가운데 드러난 진실은 그 귀신이 사람을 자신의 집이라고 말한다는 것이다(마 12:43~45). 그렇다. 사람의 몸은 육신이 되었고 이 육신은 귀신이 거주하는 공간이 되었으며 귀신은 그 속에 집을 짓고 살고 있는 것이다. 그러므로 육의 구원의 1단계는 귀신이 지배하고 있는 육체를 십자가에 못 박아 그리스도와 함께 죽음에 넘기는 것이다.

그리고 둘째로, 육의 소욕을 따르지 않고 내 영과 성령이 하나가 된 영의 인도를 따라가는 것이다(갈 5:16). 생각을 영에 두고 영을 따라가야 육의 소욕을 이루지 않고 성령의 소욕을 이룰 수가 있기 때문이다(롬 8:6). 그렇다면 거듭날 때 내 영과 하나 된 성령의 소욕이란 대체 어떤 것인가? 그것은 바로 우리의 몸을 거룩한 산 제물로 하나님께 드리는 것이다(롬 12:1). 죄짓기 좋아하는 우리의 옛 자아는 십자가에서 그리스도와 함께 죽었다고 간주하고 이제는 부활하신 그리스도와 연합하여 자신을 하나님께 의의 병기로 드리는 것이다(롬 6:11~13).

그리고 셋째, 최종적으로는 육체 속에 거주하고 있는 귀신들을 우리 몸에서 다 제거하는 것이다. 왜냐하면 귀신들이 우리 몸에 남아 있는 한 우리는 또다시 죄의 유혹을 받아 죄를 지을 수 있기 때문이다. 또한 우리의 몸을 거룩한 산 제물로 하나님께 드릴 수 없기 때문이다. 뿐만 아니라 귀신들이 우리 몸속에 들어와서 가져다준 여러 종류들의 저주들을 끝낼 수가 없기 때문이다. 그리고 더 나아가서는 귀신의 집을 파괴할 수가 있기 때문이다.

4. 왜 귀신의 집을 파괴해야 하는가?

왜 성도는 자기 육체 속에 들어 있는 귀신의 집을 파괴해야 하는 것인가? 그것은 우리 몸에서 귀신을 제거하기 위한 가장 확실하고도 최종적인 방법이 귀신의 집을 파괴하는 것이기 때문이다. 사실 귀신이 우리 몸에 들어온다고 할지라도 처음부터 막 집을 짓는 것은 아니다. 귀신이 우리 몸에 집을 지으려고 하는 이유는 우리 몸에 더 많은 귀신이 들어가게 만들고 귀신들을 체계적으로 관리하여 써먹기 위함이다. 그러므로 우리는 귀신의 집이 우리 몸에 남아 있게 해서는 아니 된다. 그래서 우리 주 예수께서는 마 12:43~45의 말씀 가운데, 귀신의 집이 남아 있을 때에 일어날 수 있는 놀라운 영적인 사실을 우리에게 알려 주셨다. 그것은 귀신이 나갔다가도 귀신의 집이 파괴되지 않는 한 다시 그 집으로 들어오려고 시도한다는 것이다. 왜 그러한가? 그것은 귀신의 집이 사람의 몸속에 남아 있는 한 그 집을 포기하지 않기 때문이다. 귀신의 집이 있어야 비교적 안전하게 사람의 몸 안에 거주할 수 있고 여러 종류의 귀신들을 체계적으로 관리하여 그 사람을 지옥으로 끌어갈 수 있기 때문이다. 그러므로 우리 성도들은 자신의 몸속에 있는 귀신을 조금 쫓아내었다고 해서 그것으로 기뻐하고 만족할 것이 아니다. 왜냐하면 결국에는 귀신의 집을 파괴시켜, 귀신이 거주할 공간을 아예 없애버려야 하기 때문이다. 그래야 비로소 귀신이 떠난 육체의 공간을 성령이 지배하는 공간이 되게 할 수 있기 때문이다. 그것이 바로 우리의 육체의 구원을 이루는 것이다. 왜냐하면 그렇게 해야 우리 육체까지도 하나님이 다스리고 통치하는 공간으로 만들 수가 있기 때문이다.

5. 귀신의 집이란 어떤 것인가?

귀신의 집이란 귀신이 우리 몸속에 건축하는 집으로서 귀신이 거주하는 영적인 공간을 가리킨다. 그런데 이러한 영적인 공간은 우리 육체의 크기와는 전혀 상관없이 더 크고 더 넓게 만들 수가 있다. 그런데 이러한 귀신의 집에 대해서 우리에게 알려진 바는 그리 많지 않다. 하지만 하나님께서 말세를 당하여 이러한 비밀을 우리에게 알려 주셨으니 그것을 정리하면 다음과 같다.

첫째, 귀신의 집은 언제 만들어지는가? 귀신의 집은 엄마의 자궁에 있던 아기 때부터 만들어질 수 있다. 그러나 아기의 부모가 3대째 예수님을 믿어 죄를 짓지 않고 회개하고 살아왔다면 태중의 아기에게서 귀신의 집은 만들어지지 않는다. 하지만 아이의 부모가 무당이었다면 이 아이는 태중에서부터 귀신의 공격을 받고 귀신이 각기 종류별로 들어가서 집을 만들어버린다. 그러니까 귀신의 집은 태중에서부터 만들어질 수 있지만 사람마다 약간의 차이는 있는 것이다.

둘째, 귀신의 집은 어떤 재질로 만들어지는가? 귀신의 집은 여러 종류의 재질로 만들어진다. 그것은 부서지기 쉬운 재질인 흙과 나무와 유리와 기와로 만든 집이 있고, 부수기 어려운 재질인 돌과 쇠와 놋으로 만든 집이 있다. 비교적 부서지기 쉬운 재질로 만들어진 집들은 쉽게 파괴시킬 수 있지만 강한 재질들로 만들어진 집은 그만큼 파괴하기가 쉽지 않다. 그러나 한 가지 알아야 할 것은 집이 만들어질 때에 흙으로 만들어진 흙집이 어느 날 갑자기 돌집이나 놋집으로 바뀌지는 않는다는 것이다. 그것은 처음부터 결정되어 그렇게 지어지기 때문이다. 그러므로 집을 짓기 시작한 귀신이 얼마만큼의 큰 영인지가 그 집의 크기와 규모 그리고 재질을 결정한다.

셋째, 귀신은 우리 몸의 어디에 자기의 집을 만드는가? 귀신이 우리 몸에 집을 지을 때에는 총대장 귀신이 그 사람의 어느 부분을 지배하고 다스릴 것이냐에 따라 결정되는 것인데, 귀신이 주로 집을 짓는 장소는 배와 가슴, 머리와 자궁, 그리고 등이다. 그러나 작은 집들은 다른 곳에도 만들 수가 있으니 손가락, 발가락에도 귀신의 집을 만들 수 있고 장딴지나 옆구리에도 귀신의 집을 만들 수가 있다. 그리고 같은 배에도 1개만이 아니라 2개의 집도 만들 수 있다. 그때 먼저 만들어진 집이 본점이고 다음에 만들어진 집은 분점이 되는 것이다. 보통 귀신은 사람의 몸에 큰 집을 3~7개 정도 만들며, 작은 집도 군데군데에 만든다.

넷째, 귀신의 집 안은 어떻게 생겼는가? 귀신의 집 안에 들어가 보면 귀신의 집에는 마당도 있고 칸칸의 방들도 가지고 있다. 그리고 칸칸의 방 안에는 각기 다른 종류의 귀신들이 가득가득 채워지게 된다. 이전에 있던 귀신들이 같은 종류의 귀신들을 불러들이기 때문이다. 쉽게 말해 위암으로 죽은 귀신들이 들어 있는 방 안에는 위암으로 죽은 사람에게 역사했던 귀신들이 가득 들어 있는데, 처음에는 몇 마리 되지 않았어도 그러한 종류의 귀신들을 불러들이기 때문에 그 방 안에는 위암으로 죽은 귀신들로 가득 채워지게 되는 것이다. 그러므로 나이가 50~60대 정도의 사람이라면 귀신의 집의 각 방에는 각기 다른 종류의 귀신들로 가득 차 있는 것을 볼 수 있다.

다섯째, 귀신의 집 안의 각 방에는 어떤 귀신들이 들어 있는가? 거기에는 그 사람이 어떤 은사와 특징을 가지고 있느냐에 따라서 귀신도 그러한 종류로 채워지게 된다. 그래서 귀신을 방별로 구분해 본다면, 첫째로, 여러 종류의 무당들의 형상을 하고 있는 귀신들의 방이 있다. 여기에는 각종 대사들만 들어 있는 방, 각종 장군들이 들어 있는 방, 그리고 각종 동자신 그리고 보살이 들어 있는 방, 작두 무당이 들어 있는 방, 여자 무당이 들어 있는 방, 남자 무당이 들어 있는 방

등이 있다. 둘째로, 짐승이나 동물들의 형상을 하고 있는 방이 있다. 여기에는 귀신의 특성에 따라 짐승들의 모습을 하고 있는데, 호랑이(혈기), 여우(교활함), 원숭이(기교를 부림), 고양이(작은 혈기), 수탉(혈기와 물질을 흩어 버림), 개(싸움과 다툼), 공작새(자기 과시), 쥐(가난) 등이 들어 있다. 그리고 여러 종류의 뱀들과 지네, 지렁이도 들어 있다. 참고로 귀신의 모습이 무당이나 짐승들의 형상으로 보인다고 할지라도 실제로 그들이 입은 옷이나 가죽을 벗겨 보면 전부 다 뱀의 모습을 하고 있다는 것이다. 셋째로, 조상들의 모습을 하고 있는 방이 있다. 여기에는 자기의 조상들로 할아버지와 할머니가 갓을 쓰고 있고 비녀를 꽂고 있다. 여기에 들어 있는 귀신들은 예수 믿지 않고 죽은 그 사람의 조상들의 사진을 벽에 걸어 놓고 자신을 그렇게 꾸미고 있다. 넷째로, 불행한 사고나 자살로 죽은 사람들의 형상을 하고 있는 귀신들의 방이 있다. 이런 종류의 방에는 불에 타서 죽은 사람의 형상을 하고 있는 귀신들의 방, 물에 빠져 죽은 귀신들의 방, 농약 먹고 죽은 [사람의 형상을 하고 있는] 귀신들의 방(이 방에 가면 농약 냄새가 진동한다), 목매달아 죽은 귀신들의 방, 굶어서 죽은 귀신들의 방(여기에는 어려서 굶어 죽은 귀신들의 방, 가난해서 굶어 죽은 귀신들의 방 등), 교통사고로 죽은 귀신들의 방, 칼에 찔려 살해당한 귀신들의 방 등이 있다. 그리고 다섯째로, 기타 방으로서, 유산한 아이들의 모습을 한 귀신들의 방, 기생들의 모습을 하고 있는 귀신들의 방 등이 있다.

여섯째, 귀신의 집과 각 방의 체계는 어떻게 되어 있는가? 귀신의 집에는 본부 집의 대장 귀신이 이 사람 전체의 총사령관이 된다. 그리고 본부 집 안의 각 방에는 또한 방장 귀신이 있다. 만약 밖에 나와 있는 귀신이 쫓겨나가면 다음 서열의 귀신이 올라와서 그 자리를 대신한다. 그러므로 귀신은 계속 쫓아도 계속해서 나오는 것이다. 이것을 잘 모르면, 왜 지난번에 사명대사를 쫓았는데 이번에도 사명대사가 올라오느냐고 말하는 것이다. 그리고 귀신의 집은 한 사람에게 한 개만 있는 것이 아니다. 각 집의 대장 귀신들이 있고, 각 집의 대장 귀신들 중에서 최고가 바로 본부 집의 대장 귀신인 것이다. 그리고 각 방마다 각기 같은 종류의 귀신들로 가득 차 있는 것이다.

일곱째, 귀신의 집은 언제 어떻게 파괴할 수 있는가? 귀신의 집은 처음부터 파괴하기는 어렵다 회개를 하고 축사를 받아서 귀신이 떠나가되 사람의 몸속에 있는 귀신들의 약 80% 정도가 떠나가면 하나님께서 귀신의 집을 파괴할 수 있도록 허용할 때가 찾아온다. 그러면 귀신의 집을 부술 수 있는 영권을 가진 사역자가 하나님의 뜻에 따라 귀신의 집을 파괴시킬 수가 있는 것이다. 이때 사역자는 귀신의 집을 부수는 천사들을 부르는데, 이때 내려오는 천사들은 장군급의 천사들로서 갑옷을 입고 있고 말을 탄 천사들도 있다. 이들은 특수 기계를 가지고 내려오는데, 그것으로 귀신의 집을 부순다. 그 모양이 꼭 착암기(광산이나 토목 공사에서 바위에 구멍을 뚫는 기계) 같은 모양을 하고 있다. 그러면 돌이나 쇠나 놋도 파괴가 되는데, 그러면 이어서 트럭들이 나타나서 이것을 다 실어서 어디론가 가져간다. 그러면 천사들이 물청소를 한다. 그리고 각 방에 들어 있는 귀신들은 하늘에 있는 군대 천사들이 와서 결박하여 다 끌어간다.

여덟째, 귀신의 집이 완전히 파괴되면 어떤 일이 생기는가? 장군급의 계급이 높은 천사들에 의해 귀신의 집이 파괴되고 청소가 되면 광활한 영토와 대지가 조성된다. 그러면 이제는 그곳에 집을 짓는 천사들이 집을 짓기 시작하는데, 하나의 도시가 형성되기도 한다. 그리고 그 한가운데에 성령의 보좌가 설치된다. 그러면 육체의 공간이 드디어 성령이 다스리는 공간 곧 성령의 집이 되는 것이다. 이때 어떤 집들이 지어지고 얼마만큼의 큰 도시가 형성되느냐를 보면 그 사람이 장차 이 땅에서 받을 복과 사명을 어느 정도는 알 수 있다는 것이다. 어떤 사람이 정말 구제와 봉사를 많이 했다면 귀신의 집이 파괴된 자리에 궁궐들이 막 지어진다. 그리고 향락을 즐기지 않고 주님의 일에 집중한 자에게는 놀이동산 같은 것이 생긴다. 그리고 어떤 사람은 한국풍의 집과 아시아풍의 집과 유럽풍의 집이 지어지기도 하는데, 이는 그의 사역이 한국을 넘어서 아시아와 유럽으로 뻗어나갈 것임을 말해 준다.

6. 귀신의 집을 통해서 알 수 있는 영적인 비밀은 무엇인가?

어떤 귀신들이 들어와서 어떤 집을 짓고 있는지를 잘 살펴보면, 그 사람이 이 세상에 보내어질 때 어떤 사람으로 쓰임 받도록 보내어졌는지를 대강 알 수가 있다. 왜냐하면 사탄 마귀도 사명자가 이 땅에 들어오면, 금방 그 사람을 알아보고 계급이 높은 귀신들을 파송하기 때문이다. 그래서 그 귀신이 그 사람 속에 들어가서 그로 하여금 하나님의 사명을 감당하지 못하도록 방해하기 때문이다. 그러므로 그 사람의 총사령관 귀신이 어떤 귀신이냐에 따라 또한 귀신이 짓고 있는 집의 크기와 규모 그리고 재질이 어떤 것이냐에 따라, 그 사람을 하나님께서 어떤 방면에서 또한 얼마나 크게 쓰실 것인지를 가늠해 볼 수가 있는 것이다. 그러므로 귀신의 집을 파괴하면서 우리 성도들은 자신을 향한 하나님의 계획과 뜻이 어느 정도인지도 덤으로 대강 알 수 있을 것이다. 그러나 이와 반대로 내게 엄청 계급이 높은 귀신들이 들어오게 되면, 그 사람을 죽이거나 자기들의 종으로서 무당 같은 자들을 만들기 위한 귀신의 공격은 그만큼 강하고 세질 것이다. 그러나 두려워하지 말라. 그러한 귀신의 공격을 이기지 못하도록 하나님께서 우리를 내버려두지 않을 것이기 때문이다. 그리므로 어찌히든지 우리는 귀신의 집을 파괴시켜야 한다. 그래야 하나님께 온전히 쓰임 받을 수가 있기 때문이다. 생각해 보라. 자기의 몸에 있는 귀신의 집이 파괴되지 않았는데, 어떻게 귀신의 유혹과 공격을 잘 막아낼 수 있다는 말인가? 귀신의 집을 파괴시키지 않았는데, 자신이 어떻게 하나님께 아름답게 쓰임 받으며 그리고 끝까지 변질되지 않고 쓰임 받을 수가 있다는 말인가?

7. 나오며

사실 귀신의 집을 파괴하는 것은 귀신 축사와는 또 다른 영역이다. 귀신 축사가 귀신들을 우리 몸에서 제거하는 것이라면, 귀신의 집을 파괴시키는 것은 귀신이 우리 몸에 더 이상 거주하지 못하게 하는 결정적인 역할을 하기 때문이다. 그러므로 우리의 귀신 축사의 목표는 귀신의 집을 파괴하는 것이라야 한다. 그래야 귀신이 떠난 자리에 성령께서 좌정하시고 또한 그곳에 성령이 다스리는 도시를 만들어 육체마저도 하나님이 쓰시는 도구가 되게 할 수 있기 때문이다. 그런데 귀신 이야기만 꺼내도 교회에서 이상한 사람 취급하고 이단, 삼단 운운 하는 사람들이 있다. 참으로 안타까운 교회의 현실이라고 하겠다. 우리가 만약 하나님께 어떻게 얼마만큼 쓰임 받을 것이며, 어떻게 변질되지 않고 쓰임 받을 것인가 하는 것은 결국 귀신 집의 파괴에 달려 있다. 또한 우리의 육체가 얼마나 성령이 다스리는 성령의 집으로 쓰임 받느냐 하는 것도 귀신 집의 파괴에 달려 있다. 그러므로 부지런히 회개하자. 왜냐하면 회개 없이는 귀신이 우리 몸에서 떠나가지 않기 때문이다. 또한 귀신이 혹시 강한 사역자에 의해 떠나갔어도 다시 들어오기 때문이다. 그런데 다시 들어올 때에는 자기보다 더 악한 귀신들을 데리고 들어옴으로 상태가 더 나빠질 수 있기 때문이다. 그러므로 이제부터라도 회개 기도문으로 철저하게 날마다 기도할 수 있기를 바란다. 그리고 십자가 세우기를 하여 자가 축사를 하거나, 영권 있는 사역자로부터 사역을 받아 귀신을 떠나보내야 한다. 그리고 어느 정도가 되면 귀신의 집을 파괴시켜야 한다. 그래야 우리가 더 이상 이리저리 흔들리지 않고 끝까지 쓰임 받는 자가 되기 때문이다. 그래서 이와 같이 육의 구원을 이루는 자는 천국에 들어갔을 때에 그냥 들어가는 것이 아니라 하늘나라의 상속자로 들어가게 될 것이며 또한 천국에서도 땅을 기업으로 분배받는 지위와 신분과 그리고 영광을 차지하는 성도가 될 수 있을 것이다.

귀신의 집		
건축시기	*엄마의 자궁에서부터 *태어난 후에는 좋지 않은 영적인 환경이나 범죄로 인하여 　- 조상으로부터 악한 영을 물려받아서 　- 자기가 범죄하여	
재질	*약한 재질: 흙, 나무, 유리, 기와 *강한 재질: 시멘트, 돌, 쇠, 놋	
장소	*주요 장소: 배, 가슴, 머리, 자궁, 등짝 *기타 장소: 팔, 다리, 손, 발	

귀신의 집 안에 들어있는 영들의 종류	
무당과 장군과 중들	대사, 장군, 동자신, 보살, 작두무당, 여자무당, 남자무당
각종 짐승들과 동물	호랑이, 여우, 원숭이, 고양이, 수탉, 공작새, 뱀, 지네 등
조상들	소상의 할아버지와 할머니
불행한 사고 및 자살로 죽은 사람	불에 타서, 물에 빠져서, 농약 먹고, 목매달아, 굶어서...
유산한 아이들	
기생들	

귀신의 집의 체계
* 사람에게는 총 대장귀신이 있다. * 각 방에는 방장 귀신들이 있다. * 대장귀신이 쫓겨나면 다음 서열의 귀신이 올라와 대신한다. * 각 방안에는 전부 같은 종류의 귀신들로만 가득 채워져 있다.

귀신의 집의 파괴

* 귀신의 약 80% 정도가 나가야 파괴할 수 있다.
* 하나님께서 허락하시는 시기가 되어야 할 수 있다.
* 갑옷을 입거나 말탄 장군같은 높은 계급을 가진 특수 천사가 그의 천사들이 내려온 후에
* 착암기 같은 특수 기계를 가지고 와서 파괴한다.

귀신의 집이 파괴되면?

* 천사들이 귀신의 집을 물로 깨끗이 청소한다.
* 광활한 대지위에 아름다운 조경이 조성된다.
* 그 사람의 사명과 받을 복에 따라서 각종 집들이 지어진다.
* 성령의 보좌가 세워진다.
* 육체에도 비로소 천국이 도래한다.

제2장
어떻게 하면 우리도 귀신의 집을 깨뜨릴 수 있는가?

여호수아 5:13~6:7

13 여호수아가 여리고에 가까이 이르렀을 때에 눈을 들어 본즉 한 사람이 칼을 빼어 손에 들고 마주 서 있는지라 여호수아가 나아가서 그에게 묻되 너는 우리를 위하느냐 우리의 적들을 위하느냐 하니 14 그가 이르되 아니라 나는 여호와의 군대 대장으로 지금 왔느니라 하는지라 여호수아가 얼굴을 땅에 대고 엎드려 절하고 그에게 이르되 내 주여 종에게 무슨 말씀을 하려 하시나이까 15 여호와의 군대 대장이 여호수아에게 이르되 네 발에서 신을 벗으라 네가 선 곳은 거룩하니라 하니 여호수아가 그대로 행하니라

6:1 이스라엘 자손들로 말미암아 여리고는 굳게 닫혔고 출입하는 자가 없더라 2 여호와께서 여호수아에게 이르시되 보라 내가 여리고와 그 왕과 용사들을 네 손에 넘겨 주었으니 3 너희 모든 군사는 그 성을 둘러 성 주위를 매일 한 번씩 돌되 엿새 동안을 그리하라 4 제사장 일곱은 일곱 양각 나팔을 잡고 언약궤 앞에서 나아갈 것이요 일곱째 날에는 그 성을 일곱 번 돌며 그 제사장들은 나팔을 불 것이며 5 제사장들이 양각 나팔을 길게 불어 그 나팔 소리가 너희에게 들릴 때에는 백성은 다 큰 소리로 외쳐 부를 것이라 그리하면 그 성벽이 무너져 내리리니 백성은 각기 앞으로 올라갈지니라 하시매 6 눈의 아들 여호수아가 제사장들을 불러 그들에게 이르되 너희는 언약궤를 메고 제사장 일곱은 양각 나팔 일곱을 잡고 여호와의 궤 앞에서 나아가라 하고 7 또 백성에게 이르되 나아가서 그 성을 돌되 무장한 자들이 여호와의 궤 앞에서 나아갈지니라 하니라

1. 들어가며

어떻게 하면 우리도 귀신의 집을 깨뜨릴 수 있는가? 사실 우리 육체 안에 있는 귀신의 집을 깨뜨린다는 것은 귀신을 쫓아내는 것보다 더 어려운 일이라고 할 수 있다. 왜냐하면 귀신의 집을 깨뜨리기 위해서는 하늘의 군대 천사들이 오는 것이 아니라 귀신 집을 부술 수 있는 특수 천사가 와야 비로소 가능하기 때문이다. 그것도 그것을 지휘하는 천사의 계급은 최소 장군급이어야 한다. 그러니까 이를 군대 계급장으로 굳이 표현한다면, 귀신의 집을 깨뜨리려고 오는 천사는 최소 별 한 개 이상이어야 하며 상황에 따라 별 서너 개짜리도 오는 것이다. 그러나 정말 강력한 귀신의 집을 파괴하려 할 때에는 미가엘 천사장이 파송되어야 하는데, 이때 파송되는 미가엘 천사의 계급은 별이 여섯 개나 된다. 그러므로 귀신의 집을 깨뜨린다는 것은 매우 어려운 작업이다. 특히 사역자가 귀신의 집을 깨뜨릴 수 있는 수준이 된다는 것은 여간 어려운 일이 아닐 수 없다. 하지만 우리가 영, 혼, 육을 구원하는 단계에서, 맨 마지막 단계로서 육체의 구원을 이루려면, 우리는 반드시 귀신의 집을 깨뜨려야 한다. 그렇다면 귀신의 집을 깨뜨린다는 말은 대체 어떤 의미를 지닌 것이며, 영적인 세계에서 계급은 어떤 역할을 차지하는 것인가? 그리고 마지막으로 우리 육체에 성령의 집을 지으려면 최소한 우리는 어떻게 하고 있어야 하는가에 대해 살펴보고자 한다.

2. 귀신의 집을 깨뜨린다는 말씀의 의미는?

　귀신의 집을 깨뜨린다는 것은 무엇을 의미하는가? 그것은 우리 몸에서 활동할 수 있는 귀신들의 공간을 이제 한꺼번에 다 제거해 버린다는 것을 뜻한다. 즉 귀신이 우리 몸에서 활동하는 아지트 자체를 다 제거해 버리는 것이 귀신 집의 파괴다. 그러므로 귀신에게 있어서는 누군가에 의해 자기의 집이 깨뜨려진다는 것만큼 서글픈 일은 없을 것이다. 그러므로 귀신의 집을 함부로 깨뜨릴 수 없다. 고로 귀신의 집을 깨뜨리려면 자기 몸에서 귀신들을 어느 정도 다 제거한 다음에 깨뜨려야 하는 것이다. 그렇지 않으면 귀신들이 한꺼번에 공격하기 때문이다. 그러므로 귀신의 집이 깨뜨려진다는 말은 이전까지 귀신이 그 사람의 주인 노릇을 하고 있었는데, 이제는 그것이 끝장났다는 것을 뜻한다. 더욱이 귀신의 집을 깨뜨린다는 것은 이전까지는 귀신을 한 명씩 혹은 한 무더기로 쫓아낸 것이었다면, 이제는 나머지 귀신들을 전부 다 한꺼번에 쫓아낸다는 것을 의미한다. 그러므로 자기 몸에서 귀신을 거의 다 내보낸 상태가 되어야, 비로소 귀신의 집도 깨뜨릴 수가 있는 것이다. 다시 말해 커다란 귀신들은 거의 다 뽑아냈으니 이제는 잔챙이들을 한꺼번에 처리하겠다는 것이 귀신의 집을 깨뜨린다는 의미다. 그러므로 귀신의 집을 깨뜨린다는 것은 귀신을 제거하는 단계 중에서도 거의 마지막 단계에 도달했음을 의미한다.

3. 귀신을 자기 몸에서 거의 제거하지 않은 상태인데도 억지로 귀신의 집을 깨뜨리게 되면 어떤 일이 발생하는가?

어떤 성도들은 귀신의 집을 깨뜨려야 비로소 우리의 육체가 성령의 집이 되고 자신의 육체가 하나님께 아름답게 쓰임 받는다는 이야기를 듣고는 당장 자기 속에 있는 귀신의 집을 깨뜨려 주기를 부탁하기도 한다. 그러나 그러한 일은 상당히 어리석은 행동이라고 말할 수 있다. 왜냐하면 귀신이 우리 몸에서 거의 다 제거되지도 않았는데도, 귀신의 집을 깨뜨려 버리면 그 집에 들어 있는 귀신들이 한꺼번에 밖으로 나오게 된다. 그러므로 그들은 반드시 공격힌다. 왜 그런가? 그들은 자기가 머물러 있던 집에서 나갈 준비가 전혀 되어 있지 않은 상태에서 쫓겨났기 때문이다. 왜냐하면 그 사람이 회개함으로써 자기들이 떠날 준비를 해주지 않았기 때문이다. 그러므로 함부로 귀신의 집을 깨뜨려 버리면 귀신들은 떠나야 할 아무런 이유가 없는데도 그 집에서 쫓겨날 신세가 되는 것이다. 그러므로 그때에는 귀신이 곧바로 사역자와 당사자를 공격해 버린다. 고로 큰 귀신들을 잡지도 않은 상태에서 이런 일이 생긴다면, 귀신을 쫓는 사역자나 귀신을 쫓으려 하는 당사자가 큰 곤경에 처하게 된다. 귀신들이 한꺼번에 공격하기 때문이다. 그러면 엄청 큰 일이 생길 수도 있다. 그러므로 귀신의 집을 함부로 깨뜨려서는 아니 되는 것이다. 귀신의 집을 깨뜨릴 만한 준비가 되었을 때 그 일이 가능한 것이다. 그러므로 귀신의 집을 깨뜨리는 것보다 더 중요한 일이 있는 것이다. 그것은 날마다 회개하여 자신의 몸에서 귀신을 계속 떠나보내되, 어느 정도 귀신들이 떠나간 상태가 되어서, 더 이상 떠나보낼 큰 귀신들이 없을 때에 귀신의 집도 깨뜨려야 하는 것이다.

4. 귀신의 집은 누가 어떻게 깨뜨릴 수 있는가?

그렇다면 귀신의 집은 누가 어떻게 깨뜨릴 수 있는가? 귀신의 집이란 사실 귀신이 우리 사람의 몸속에 지어 놓은 영적인 공간이다. 그러므로 귀신의 집은 우리 몸 크기만 한 공간이 결코 아니다. 실로 엄청나게 크고 넓다. 또한 귀신의 집을 깨뜨리기도 쉽지 않다. 그런데 귀신의 집들 중에는 그나마 깨뜨리기 쉬운 집이 있기도 하다. 그것은 흙이나 나무나 유리나 기와로 만든 집일 경우다. 이런 경우라면 그 집을 쉽게 깨뜨릴 수 있겠지만, 귀신의 집이 돌이나 쇠나 놋으로 지어진 상태라면 정말 깨뜨리기가 어렵다. 그러므로 인간의 힘으로 귀신의 집을 깨뜨릴 수는 없는 것이다. 그것은 오직 하늘에서 집을 부수는 특수 천사들이 와야 가능하다. 그리고 실제로 귀신의 집을 깨뜨리러 오는 천사들을 살펴보면 그들은 갑옷을 입고 칼을 차고 온다. 그리고 오는 천사들의 계급도 다 장군급이다. 그리고 더욱이 미가엘 같은 천사장과 같은 급의 천사가 올 때에는 말을 타고 오는 것이다.

그러면 귀신의 집은 어떻게 깨뜨리는가? 그것은 장군급의 천사들이 와서 깨뜨리되 돌이나 쇠 그리고 놋을 깨뜨릴 수 있는 특수 장비를 가지고 온다. 즉 돌이나 바위를 깨뜨릴 수 있는 특수 드릴이나 착암기를 가지고 와서 집을 깨뜨리는 것이다. 그러면 트럭이 와서 깨진 돌이나 쇠, 놋을 어디론가 실어 나른다. 그러면 천사들이 깨끗이 물청소를 한다. 그러면 실로 엄청난 공간이 확보된다. 그러면 그곳이 이제 성령이 다스리는 공간으로 변화된다. 그러면 천사들이 그곳에 집을 짓기 시작한다. 그리고 마지막으로 그 한가운데에 성령의 보좌가 내려온다. 이제 육체의 모든 공간의 주인이 성령님이 되셨다는 것을 의미하는 것이다.

6. 귀신의 집을 깨뜨리려면 어느 정도의 계급을 가져야 하는가?

그렇다면 귀신의 집을 깨뜨릴 수 있는 장군급의 천사를 부릴 수 있는 사역자가 되려면 어느 정도의 계급을 가져야 하는가? 그것은 최소한 별 두 개 정도는 되어야 한다. 왜냐하면 귀신 집을 깨뜨리려고 오는 천사들은 별 한 개를 달고 있는 장군급이기 때문이다. 사실 천사의 세계에서는 계급은 매우 중요하다. 계급에 따라 일할 수 있는 크기와 정도가 달라지기 때문이다. 그리고 자기가 제압할 수 있는 천사들도 달라지기 때문이다. 그런데 놀라운 사실은 천사들의 세계에서는 능력이 매우 중요하다는 것이다. 그러므로 타락한 천사들이라도 큰 능력을 가진 천사들일 때에는 선한 천사라도 함부로 건드릴 수 없다. 그러므로 악한 귀신들이나 선한 천사들이나 모두 자신의 계급에 따라 일처리가 가능하다. 만약 자신이 싸우는 천사라고 하면 보다 더 높은 계급의 천사가 되어야 한다. 그래야 자기보다 한 단계 더 낮은 계급의 천사들을 물리칠 수가 있기 때문이다. 천사들의 세계에서는 자기보다 높은 계급의 천사와 싸워서 이길 수가 없기 때문이다.

그런데 인간의 사정은 약간 다르다. 하나님의 자녀인 성도는 능력을 가진 것이 아니라 천사를 부릴 수 있는 권세를 가졌기 때문이다. 그러므로 그리스도께서 십자가에 죽으실 때, 귀신들이 무장 해제되었다(골 2:15)는 말은 귀신의 능력이 없어졌다는 뜻이 아니다. 단지 그들의 계급장이 뜯겼다는 것을 의미한다. 그러므로 높은 계급의 귀신들이라도 하나님의 자녀가 된 우리 믿는 이들의 명령에 복종해야 한다. 우리 믿는 이들에게는 만왕의 왕이자 만주의 주이신 예수님의 이름의 권세가 주어졌기 때문이다. 그러나 믿음이 없거나 귀신의 공격을 무서워하는 자는 몇 번 귀신 축사를 시도하다가 그만 못하게 된다. 그러면 귀신들이 자기를 공격한다는 것을 알기 때문이다. 그러므로 우리 인간도 영적인 계급을 높여가야 한다. 이제 갓 거듭난 성도는 계급장이 이등병 정도다. 그러나 영적인 세계를 어느 정도 알고 영적인 세계를 분별하기 시작하면 그는 이제 소위 계급장을 단 것이다. 그러므로 우리는 날마다 부지런히 회개해야 한다. 그리고 영권을 성장시키기 위해 방언으로 기도하고, 귀신들과 싸워야 한다. 그래야 영권이 올라가기 때문이다.

6. 귀신의 집을 갖고 있는 당사자는 자기 육체 안에 있는 귀신의 집을 깨뜨리기 위해서 어떤 준비를 해야 하는가?

일반 평신도로서 귀신의 집을 갖고 있는 경우라면 자기 안에 있는 귀신의 집을 깨뜨리기 위해 어떤 준비를 해야 하는가? 우선 감사한 것은 평신도의 경우 귀신의 집의 재질은 강하지 않고, 귀신의 계급도 그리 높지는 않다는 것이다. 물론 예외는 있다. 예를 들어 자신의 부모님이 신내림을 받은 무당이라면, 그 속에 들어 있는 귀신의 경우 계급이 무궁화 한 개에서 세 개, 별 한 개짜리다. 그러므로 무당 속에 들어 있는 영들을 쫓아내리면 상냥한 녕권을 가지고 있어야 한다. 그런데 평신도 치고 별 한 개의 계급장을 다는 것은 쉽지 않다. 그러므로 이런 무당과 같은 경우에는 높은 계급을 가진 주의 종들에게 부탁해서 무당의 영을 쫓아내는 수밖에 없다.

그렇다면 일반적으로 평신도들은 어떻게 준비해야 훗날 귀신의 집을 파괴할 수 있는가? 그것은 첫째로, 날마다 회개를 하여 조금씩 조금씩 자기 안에 있는 귀신을 쫓아내되, 점차로 더 많이 회개하여 자기 안에 있는 더 큰 계급의 귀신까지도 쫓아내고 있어야 한다. 그래야 귀신의 집을 파괴할 때에 귀신의 공격을 받지 않기 때문이다. 그리고 주의 종들인 사역자에게 축사를 받을 때에도 회개를 충분히 하고 사역을 받아야 한다. 둘째로, 자신의 육체를 십자가에 못 박아 죽음에 넘긴 다음, 죄짓기 좋아하는 육체는 죽었다고 간주하여 죄에게 내주지 말며, 자신의 몸을 의의 병기로서 하나님께 드려야 한다(롬 6:11, 13). 그러면 내 육체의 전부는 아니더라도 내 육체의 일부 공간이나마 성령께서 다스리는 공간으로 만들어 갈 수가 있는 것이다.

제3장
귀신은 어떤 존재이며 우리는 왜 귀신을 쫓아내야 하는가?

> 요한복음 10:10
> 도둑이 오는 것은 도둑질하고 죽이고 멸망시키려는 것뿐이요 내가 온 것은 양으로 생명을 얻게 하고 더 풍성히 얻게 하려는 것이라

1. 들어가며

　하나님의 경륜을 이룸에 있어서 귀신은 대체 어떤 존재인가? 하나님의 경륜 가운데 생명 분배의 최종 단계는 육체의 구원에 있다. 그런데 육체 속에는 귀신이 들어 있기에, 이 귀신을 제거하지 않는 한 이 귀신은 우리들로 하여금 죄를 짓게 만들고 사망으로 이끌어갈 것이다. 그러므로 자신의 육체가 그리스도와 함께 십자가에 죽었다고 간주하는 것만으로 죄를 이길 수는 없는 것이다. 그렇다. 죄된 본성인 귀신들이 우리 육체에 남아 있는데 어찌 육체의 본성을 우리 스스로가 극복할 수 있겠으며 이것을 초월해서 살 수 있겠는가? 그러므로 주의 생명이 육체의 영역까지 흘러 들어오게 하려면 반드시 육체를 처리해야 하는데, 그것은 바로 육체 속에 들어 있는 귀신을 제거하는 것이다. 그래서 우리 육체 속에서 귀신을 쫓아내다가 결국 마지막에

가서는 귀신의 집을 완전히 파괴시켜야 한다. 왜냐하면 귀신의 집이 우리 육체 속에 있는 한 귀신은 한사코 우리 육체 안으로 들어오려고 시도할 것이기 때문이다. 그러므로 육체 구원의 최종 단계는 귀신의 집을 파괴하는 것이라고 할 수 있다. 그리고 이런 귀신의 집을 파괴하기 위해서는 우선 귀신들부터 우리 몸에서 하나씩 하나씩 쫓아내야 한다. 그렇다면 귀신은 대체 어떤 존재인가? 더불어 우리가 귀신을 반드시 쫓아내야 하는 이유가 무엇인지에 관해 말씀을 이제 하나씩 정리해 보도록 하자.

2. 귀신(鬼神)이란 대체 어떤 존재인가?

귀신은 영물이다(계 16:14). 귀신은 영적인 존재로서 원래는 천사였으나 타락하여 하늘에서 쫓겨난 영물을 가리킨다(벧후 2:4). 이들은 하늘들과 지구가 창조된 후, 아직 다른 것들이 창조되기 이전에 먼저 창조된 천사들이다(창 1:1~2, 2:1, 왕상 22:19, 골 1:16). 그러므로 이들은 우리 육신의 눈으로는 볼 수 없는 영물들인 것이다. 그런데 이들은 원래 하나님께서 당신의 뜻을 이루기 위해 수종드는 자들로 창조되었다(시 103:20~22). 그러나 이들의 대장인 루시퍼는 하나님의 뜻을 거역하고 자기가 하나님 노릇을 하려다가 발각되었고(사 14:12~15, 겔 28:12~19), 예수께서 부활 승천하신 직후 그들의 대장인 루시퍼를 따라 한 패가 되어 미가엘과 그의 천사들과 싸웠으나 이기지 못하고 하늘에서 쫓겨난 자들이다(계 12:7~9). 성경은 하늘에서 떨어진 그들을 귀신이라고 일컫는다. 그러므로 구약 시대만 해도 이들은 귀신들이라고 불리지는 않았다. 그러므로 구약 시대에 타락한 천사들은 비록 그들의 마음이 타락했어도 여전히 하나님의 종으로 있었다. 하나님께서는 공의로우신 분이시다. 그래서 잘한 일에는 상을 주시고 악을 저지르면 징계하신다. 만약 누구라도 하나님의 말씀에 불순종하여 우상을 숭배하거나 악한 일을 행할 경우 하나님께서는 그를 반드시 징계하신다. 그때 징계의 도구로 사용하시는 것이 바로 천사들이다. 그런데 구약 시대만 해도 하나님께서는 악한 자들을 심판하실 때에 선한 천사들을 사용하기도 하고 악한 천사들을 사용하시기도 하셨다. 예를 들어, 하나님께 범죄한 다윗을 칠 때에는 선한 천사인 '여호와의 천사'를 보내셨다(삼하 24:15~17). 그때 그 천사는 이스라엘 백성을 전염병으로 쳤다. 그런데 하나님께서 욥에게 시험을 허락하실 때에는 악의 천사인 '사탄('대적하는 자'라는 뜻)'을 쓰셨다(욥 1:6~10). 그래서 사탄은 하나님의 허락을 받고 욥을 치되, 처음에는 그의 소유물을 쳤고 두 번째는 그의 가족들을 쳤으며, 세 번째는 그의 건강을 쳤다. 그러나 구약 시대에는 아무리 악한 천사라 할지라도 하나님의 허락을 받고 징계의 일들을 수행해야 했다. 그러나 예수께서 십자가에 죽으신 후 부활 승천 이후부터는 달라졌다. 하나님께서는 미가엘과 그의 천사를 보내어 용(사탄 마귀)과 그의 천사들을 하늘에서 쫓아버리셨기 때문이다. 그러므로 그때 이후 사탄 마귀는 음부(무저갱)에 갇혀 지내고 있다. 그러나 그가 사탄의 일을 하지 않는 것은 아니니, 자신을 대리할 자들을 이 땅에 올려 보내 사람들을 죄짓게 만들고 있고 지옥으로 끌어가고 있다. 그리고 이때부터 달라진 점은 구약 시대에는 악한 영들이 사람의 죄를 참소하는 일을 하였으나, 예수님의 승천 이후부터는 참소하지 않고 우리가 죄를 지으면 곧바로 공격한다는 것이다(계 12:10).

3. 귀신이 하는 일은 무엇인가?

그렇다면 귀신이 하는 일은 무엇인가? 그들은 악의 화신으로서 죄를 지은 자들에게 하나님의 징계를 내리는 일을 행하는 것이다. 그래서 결국 자기들의 처할 운명의 장소인 지옥 불로 끌고 가는 것이다. 그러므로 귀신들은 사람이 하나님의 말씀에 불순종할 때마다 온갖 저주들을 받게 하다가, 나중에는 그 사람을 죽인 후, 그의 영혼을 지옥에 끌어간다. 그렇다면, 귀신들은 오늘날까지 사람 속에 들어가서 무슨 일을 하고 있는가?

첫째는 질병의 저주를 준다(신 28:21~22, 27~28, 59~61). 각종 질병들과 불치병과 중병에 걸리게 하여 성도를 고통받게 하는 것이다. 심지어 임신을 못하게 하기도 한다(출 23:25~26). 둘째는 가난의 저주도 준다(신 28:30~33). 아무리 노력하고 힘써도 손에 쥐는 것이 없도록 하는 저주를 내린다. 그리고 이미 가진 것도 남에게 빼앗기는 저주를 내리는 것이다. 그것은 우리가 지은 죄와 조상들이 지은 죄로 인하여 내려온 귀신들이 우리의 물질을 가로막기 때문이다. 있는 물질은 새어 나가게 하고, 들어오는 물질은 들어오지 못하도록 막아버리는 것이다. 셋째, 형통하지 못하게 하는 저주를 준다. 이것은 성도들의 앞날을 귀신들이 가서 막아버리는 것이다. 그러면 회사가 망하게 되고, 부부관계는 깨지고, 가족은 뿔뿔이 흩어지게 된다. 그러므로 이러한 세 가지 저주를 없애려고 한다면 그는 반드시 자기 안에 들어 있는 귀신을 제거해야 한다.

4. 예수께서는 사탄 마귀와 귀신들이 이 땅에 온 목적을 어떻게 말씀하셨는가?

예수께서는 사탄 마귀와 귀신들을 도둑에 비유하셨다. 그들은 도둑이자 강도라고 말씀하셨다(요 10:10). 그는 사람들이 가지고 있는 것들을 빼앗아 가되 사람으로 하여금 먼저 죄를 짓게 만든 후 빼앗아 가기 때문이다. 그렇다면 사람들은 대체 이러한 악한 귀신들에게 무엇을 빼앗기며 살아가는가? 그것은 도둑으로 비유된 귀신들이 사람 속에 들어가서, 도둑질하고 죽이고 멸망시킨다는 것이다. 귀신들이 사람 몸속에 들어갈 때에는 사람을 해치러 들어오는 것이고 저주를 주기 위해서 들어오는 것이다. 그리하여 최종적으로는 사망을 선고받아 지옥에 떨어지게 하는 것이다. 그것을 예수께서는 세 가지로 설명해주셨다.

첫째, 귀신들은 도둑질을 한다는 것이다(요 10:10). 도둑질을 하되 사람의 '건강'을 도둑질하여 병들게 하고, '물질'을 도둑질하여 가난하게 만들고, 사람의 '미래'를 도둑질하여 불행하게 만드는 것이다. 그러므로 성도들은 반드시 자기의 몸에서 귀신을 몰아내야 한다.

둘째, 귀신들은 죽인다는 것이다(요 10:10). 여기서 '죽인다'는 표현은 단순히 사람의 목숨을 끊는다는 것을 가리키는 말이 아니다. 헬라어 원문에 보면, 이 단어는 '튀오'라고 되어 있다. 이 단어는 '제물로 바치다, 살인하다, 살해하다, 죽이다'라는 뜻을 가졌다. 그러니까 귀신들은 사람들을 죽여서 결국 루시퍼에게 제물로 바치는 것이다. 왜냐하면 귀신들이 주의 일을 많이 했거나 주님께 크게 쓰임받는 사람을 죽여서 지옥에 데려가면, 사탄이 상을 주기 때문에 귀신들은 그 일을 기뻐하는 것이다.

셋째, 귀신들은 멸망시킨다는 것이다(요 10:10). 여기서 '멸망시키다'의 헬라어 단어('아폴뤼미')는 그 뜻이 크게 세 가지가 있다. 첫째는 '멸망시키다, 파괴하다'라는 뜻이 있다. 그리고 둘째는 '살해하다, 피살시키다'는 뜻이 있고, 세 번째는 '잃어버리다'는 뜻을 가지고 있다. 그러므로 귀신들은 사람을 파괴시키는 것을 즐거워한다. 그러므로 귀신들은 반드시 제거해야 한다.

5. 왜 우리는 귀신들을 우리 몸속에서 제거하고 결국 귀신의 집까지 파괴해야 하는가?

우리가 비록 자기 자신을 십자가에 못 박아 죽음에 넘기고, 자신의 육체 또한 십자가에 못 박아 죽음에 넘겼다고 간주한다 하더라도, 귀신이 우리 몸속에 남아 있는 한 우리는 계속해서 귀신의 공격에 노출

될 수밖에 없다. 그러므로 우리는 자기의 몸속에 들어 있는 귀신들을 매일 조금씩 조금씩 쫓아내야 한다(신 7:22~24). 귀신을 한꺼번에 다 쫓아버리면 우리 육체가 심각한 타격을 입게 되기 때문이다. 그럼, 왜 우리는 주님 오시는 그날까지 날마다 귀신을 쫓아내야 하는 것인가? 그것을 정리하면 다음과 같은 네 가지 이유가 있다.

첫째, 하나님의 경륜상 생명 분배의 최종 단계로서, 사람의 육체가 구원을 받아야 하기 때문이다(고후 4:11).

둘째, 귀신이 우리 몸속에 남아 있는 한 그들이 계속해서 죄된 본성으로 우리를 유혹하여 죄를 짓게 만들 것이기 때문이다.

셋째, 귀신이 내 몸속에 있는 한 우리가 질병과 가난과 약함으로부터 벗어날 수가 없기 때문이다(신 28장).

넷째, 하나님의 경륜을 방해한 사탄 마귀를 인간을 통해서 패배시키기 위함이다(요일 3:8, 계 21:7).

6. 나오며

사실 이스라엘 민족이 출애굽하여 가나안 땅을 정복하는 과정을 보면, 그것은 영락없이 하나님의 경륜 곧 우리 인간의 영, 혼, 육의 구원의 과정을 고스란히 대변해 주고 있음을 본다. 왜냐하면 이스라엘 민족이 애굽에서 유월절을 지키고, 홍해를 건너 광야로 나와서 40년간 만나를 먹은 후, 가나안 일곱 족속을 쫓아내어 그 땅을 정복했던 과정이 영락없이 하나님의 경륜의 성취 과정과 그대로 일치하기 때문이다. 그러므로 어느 누구라도 예수님을 유월절 양으로 믿으면 죄사함을 받고 영의 구원을 받게 된다. 그리고 세례를 받은 후 광야 같은 교회 생활을 통해서 생명의 떡을 계속 먹음으로 혼의 구원을 이뤄가야 하는 것이다. 그리고 요단강 건너가서 가나안 일곱 족속을 정복하는 것은 자신의 육체 속에 들어 있는 귀신을 정복하는 것이다. 육체의 구원은 귀신을 쫓아냄으로 완성되는 것이다. 그러므로 성도라면 반드시 귀신을 우리 몸에서 제거해야 한다. 그래야 하나님의 경륜상 생명의 분배 가운데 육체의 구원을 이룰 수 있기 때문이다. 그러다가 결국에는 귀신의 집까지 파괴시켜야 육체의 온전한 구원을 이룰 수가 있다.

제4장
예수의 이름과 귀신을 쫓아내는 놀라운 영적 무기들은 무엇인가?

> 누가복음 10:17~20
>
> **17** 칠십 인이 기뻐하며 돌아와 이르되 주여 주의 이름이면 귀신들도 우리에게 항복하더이다 **18** 예수께서 이르시되 사탄이 하늘로부터 번개 같이 떨어지는 것을 내가 보았노라 **19** 내가 너희에게 뱀과 전갈을 밟으며 원수의 모든 능력을 제어할 권능을 주었으니 너희를 해칠 자가 결코 없으리라 **20** 그러나 귀신들이 너희에게 항복하는 것으로 기뻐하지 말고 너희 이름이 하늘에 기록된 것으로 기뻐하라 하시니라

1. 들어가며

하나님의 경륜을 이룸에 있어서 귀신은 대체 어떤 존재인가? 하나님의 경륜 가운데 생명 분배의 최종 단계는 육체의 구원에 있다. 그런데 육체 속에는 귀신이 들어 있기에, 이 귀신을 제거하지 않는 한 이 귀신은 우리들로 하여금 죄를 짓게 만들고 사망으로 이끌어갈 것이다. 그러므로 자신의 육체가 그리스도와 함께 십자가에 죽었다고 간주하는 것만으로 죄를 이길 수는 없는 것이다. 그렇다. 죄된 본성인 귀신들이 우리 육체에 남아 있는데 어찌 육체의 본성을 우리 스스로

가 극복할 수 있겠으며 이것을 초월해서 살 수 있겠는가? 그러므로 주의 생명이 육체의 영역까지 흘러 들어오게 하려면 반드시 육체를 처리해야 하는데, 그것은 바로 육체 속에 들어 있는 귀신을 제거하는 것이다. 그래서 우리 육체 속에서 귀신을 쫓아내다가 결국 마지막에 가서는 귀신의 집을 완전히 파괴시켜야 한다. 왜냐하면 귀신의 집이 우리 육체 속에 있는 한 귀신은 한사코 우리 육체 안으로 들어오려고 시도할 것이기 때문이다. 그러므로 육체 구원의 최종 단계는 귀신의 집을 파괴하는 것이라고 할 수 있다. 그리고 이런 귀신의 집을 파괴하기 위해서는 우선 귀신들부터 우리 몸에서 하나씩 하나씩 쫓아내야 한다. 그렇다면 귀신은 대체 어떤 존재인가? 더불어 우리가 귀신을 반드시 쫓아내야 하는 이유가 무엇인지에 관해 말씀을 이제 하나씩 정리해 보도록 하자.

2. 예수께서 귀신을 쫓아낼 수 있었던 것은 무엇 때문인가?

예수께서 귀신을 쫓아낼 수 있었던 이유는 무엇인가? 예수께서 하나님의 아들이시기 때문인가? 아니다. 예수께서 귀신을 쫓아낼 수 있었던 것은 귀신의 왕 바알세불 곧 마귀와 싸워서 승리했기 때문이다(마 4:1~11). 왜냐하면 강한 자의 집의 세간을 강탈하려면 먼저 강한 자인 사탄 마귀를 결박해야 하기 때문이다(마 12:29). 그러므로 예수께서 공생애를 시작하셨을 때 성령께서는 예수님을 광야로 내몰았고 거기에서 40일간 금식 기도하게 하셨다. 그리고 사탄 마귀와 한판 붙게 한 것이다. 그러자 마귀는 예수께서 체력적으로 가장 떨어져 있던 순간을 알고서 찾아와 예수님을 시험했지만, 그만 3 대 0으로 지고 말았다. 그날 예수께서는 마귀의 세 가지 시험들로서 "돌을 떡덩이로 만들어 보아라, 성전 꼭대기에서 뛰어내리라, 내게 절하라 그리하면 천하만국과 그것의 영광을 주리라"는 유혹을 받았지만 세 가지 시험을 모두 기록된 말씀으로 이기셨다(신 8:3, 신 6:16, 신 6:13). 그리고 누구든지 진 자는 이긴 자의 종이 되는 영적인 법칙(벧후 2:19)에 따라, 마귀는 이제 예수님의 종이 될 수밖에 없었던 것이다. 그러자 예수께서는 마귀의 하수인들인 귀신들을 그때부터 내쫓기 시작하셨다. 다시 말해 예수께서 귀신을 쫓아낼 수 있었던 이유는 그분이 귀신의 왕인 바알세불 곧 사탄 마귀와 싸워서 승리하셨기 때문이다. 그러나 그때는 뱀의 머리를 아주 작살낸 것은 아니었다.

3. 믿는 우리가 귀신을 쫓아낼 수 있는 근거는 무엇인가?

사탄 마귀와 싸워 판정승을 거두신 후, 예수께서는 공생애의 1/3을 귀신을 쫓아내고 병든 자를 고치는 데 사용하셨다(눅 13:32). 왜냐하면 예수께서는 공생애의 시작에 마귀의 시험을 물리쳐서 이기셨으며, 십자가 사건 때에는 옛 뱀인 마귀의 머리를 박살 냈기 때문이다. 여기서 마귀의 머리를 박살 냈다는 것은 마귀가 가진 사망과 음부의 열쇠를 빼앗았을 뿐만 아니라 그가 가진 권세와 능력과 보좌에 제한을 두셨다는 것이다. 그리하여 사탄은 그때부터 무저갱에 갇혀 지금까지 나오지 못하고 있다. 다만 자신의 종들을 올려보내 자신의 일을 하고 있을 뿐이다. 그러나 천년왕국의 끝이 오면 하나님께서는 그를 잠깐 놓아줄 것이다. 그리고 십자가 사건 때에 주님께서 행하신 또 하나의 일이 있었으니 그것은 높은 계급의 귀신들을 무장 해제시켰다는 것이다(골 2:15). 이는 귀신들이 가진 권세 곧 그들의 계급장을 떼어버리셨다는 것이다. 이것이 '무력화했다'는 말의 원뜻이다. 그러므로 사탄 마귀와 귀신들은 그리스도 예수 앞에서 어떤 계급도 가질 수가 없다. 다만 원래 창조된 바에 따라 자기들에게 주어진 능력만을 갖고 있을 뿐이다.

이후 예수께서는 그의 공생애 약 1년쯤 지났을 때에, 당신의 12제자들에게 귀신을 쫓는 권세와 능력을 주시면서 그들로 하여금 귀신을 쫓아내게 하셨다(눅 9:1~2). 그리고 나서는 70명의 제자들에게도 귀신을 쫓아내도록 권세와 능력을 주셨다. 그러자 70명의 제자들도 나가서 귀신을 쫓아내었으니 그들이 돌아와서 하는 말은 무엇이었는가! "주여, 주(당신)의 이름이면 귀신들도 항복하더이다"(눅 10:17)라고 말했다. 그랬다. 귀신들이 예수의 이름을 듣고는 쫓겨났던 것이다. 그리고 예수께서 속죄 사역을 마치셨다. 그래서 사탄 마귀의 권세와 능력과 보좌를 제한하셨고 귀신들을 무장 해제시키셨다. 그리고 3일 만에 부활하시고 승천하기 직전 제자들에게 말씀하시기를, 믿는 자들은 이제 누구든지 예수의 이름으로 표적을 행할 수 있다고 하셨으니(막 16:17~18), 그것은 예수의 이름으로 귀신을 쫓아내는 것이다. 그러므로 믿는 모든 성도들은 누구나 귀신을 쫓아낼 수가 있게 된 것이다. 다시 말해 성도가 귀신을 쫓아낼 수 있게 된 근거는 예수님의 승리에 있는 것이며 예수께서 우리에게 주신 예수의 이름에 있는 것이다. 우리가 비록 귀신보다 능력이 조금 떨어진다 하여도 우리에게는 암행어사 마패와 같은 예수 이름의 권세가 있는 것이다.

4. 예수의 이름이란 대체 어떤 이름인가?

그렇다면 믿는 자들에게 귀신을 쫓아낼 수 있도록 주신 예수의 이름은 어떤 이름인가? 그 이름은 모든 이름 위에 뛰어난 이름으로서, 하늘에 있는 자들(선한 천사들과 구원받은 성도들)과 땅 위에 있는 자들(육체가 살아 있는 사람들과 귀신들)과 땅 아래에 있는 자들(지옥에 가 있는 사람들과 귀신들) 위에 있는 뛰어난 이름이다. 그러므로 모든 무릎이 예수 이름 앞에 꿇고 있는 것이다(빌 2:9~10).

그런데 놀라운 사실은 '예수'라는 이름이 단지 아들만의 이름이 아니라는 것이다. 그 이름은 '아버지'의 이름이며, 또한 '아들'의 이름이자 '성령'의 이름이기 때문이다(마 28:18~19). 왜냐하면 예수께서 제자들에게 아버지와 아들과 성령의 이름으로 세례를 주라고 명령하셨지만, 이때 사용된 '이름'이 먼저 단수라는 것이며, 또한 제자들이 직접 나가서 세례를 줄 때에, 그들은 아버지와 아들과 성령의 이름으로가 아니라 예수의 이름으로 세례를 주었기 때문이다(행 3:38). 왜냐하면 예수의 이름이 곧 아버지와 아들과 성령의 이름이기 때문이다. 그러므로 성도들이 예수의 이름을 사용해 귀신을 쫓아낸다는 것은 아버지와 아들과 성령의 권세와 능력을 사용하여 쫓아내는 것이다.

5. 성부와 성자와 성령의 이름으로 사용할 수 있는 영적 무기들에는 어떤 것들이 있는가?

그러므로 오늘날 우리 믿는 자들은 예수 이름의 권세와 능력을 사용하여 귀신을 쫓아낼 수가 있는 것이다. 예수 이름의 권세는 우리가 말로 명령하고 선포할 때 사용하는 것이며, 그러면 능력 있는 천사들이 와서 그 명령과 선포대로 일을 하는 것이다. 그런데 귀신들에게 이렇게 명령하고 선포한다고 해서 다 떠나가는 것은 아니다. 왜냐하면 우리가 전능하신 한 분 하나님 곧 예수님의 이름으로 명령한다고 할지라도 그들은 버티기 때문이다. 그래야 루시퍼에게 책망과 징계를 받지 않기 때문이다. 그래서 견디는 것이다. 그러므로 믿는 성도들은 귀신이 떠나가지 않고 버틸 때 그들이 버틸 수 없도록 강력한 무기들을 써서 그들을 쫓아내야 한다. 영적인 무기들을 사용하여 그들에게 강력한 고통을 안겨주어야 하는 것이다. 그렇다면 믿는 우리 성도들이 귀신을 쫓아낼 때 사용할 수 있는 강력한 무기들에는 어떤 것들이 있는가? 그것들은 사실 성부와 관련하여 사용할 수 있는 무기와 성자와 관련하여 사용할 수 있는 무기와 성령과 관련하여 사용할 수 있는 무기로 각각 나누어 볼 수 있다.

첫째, 성부와 관련하여 사용할 수 있는 무기는 '불'과 '망치'가 있다.

왜냐하면 하나님께서 소멸시키는 불이시기 때문이다(렘 23:29, 히 12:29). 뿐만 아니라 하나님의 말씀은 바위를 쳐서 부숴뜨리는 방망이이기도 하기 때문이다(렘 23:29). 그러므로 귀신을 쫓아낼 때에는 그들을 불로 태우고 망치로 머리를 깨부숴 버려야 한다.

둘째, 성자와 관련하여 사용할 수 있는 무기도 있으니, 그것은 바로 예수님의 '피'와 '쇠 지팡이(철장)'이다. 어린양의 피는 모든 죄를 사할 뿐만 아니라 귀신들의 권세와 능력을 완전히 약화시킬 수 있기 때문이다(계 12:11). 그리고 쇠 지팡이는 어떤 높은 계급의 귀신도 단숨에 몸통을 잘라버리고 뼈도 부술 수 있기 때문이다(계 2:26~27).

셋째, 성령과 관련하여 사용할 수 있는 무기에는 '검'과 '은사들'이 있다. 성령께서 그때 주시는 말씀인 레마 말씀으로 귀신들을 자를 수가 있다. 왜냐하면 그때 사용하는 칼은 예리할 뿐만 아니라 좌우에 날이 서 있기 때문이다(엡 6:17). 아울러 믿는 성도들은 각종 성령의 은사들을 사용하여 귀신들을 쫓아낼 수가 있다. 이러한 은사에는 '지혜의 말씀의 은사, 지식의 말씀의 은사, 믿음, 병 고침과 능력 행함과 예언, 영들 분별함과 방언과 방언 통역' 등이 있다(고전 12:8~10).

그렇다. 예수님을 믿는 자들에게는 하나님께서 이러한 영적인 무기들을 사용할 수 있도록 허락하신다. 그러므로 그리스도인들은 자기 영 안에 들어오신 예수께서 한 분 하나님이자 전능하신 분이라는 사실을 믿고, 그분이 바로 우리 믿는 이들의 승리의 이름인 예수님의 이름을 주셨다는 것을 믿어야 한다. 그리고 그 이름으로 귀신을 쫓아내되, 각종 영적인 무기들을 사용해 쫓아내고 안 나가려 하는 놈들은 고문을 해서라도 쫓아내야 한다.

귀신을 쫓아내는 영적 무기들	
성부	불(렘 23:29, 히 12:29) 망치(렘 23:29)
성자	피(계 12:11) 쇠지팡이(계 2:26~27)
성령	칼(엡 6:17) 각종 은사들(고전 12:8~10)

제5장
귀신을 쫓아내는 영적 무기들은 실제로 어떻게 사용할 수 있는가?

누가복음 4:31~41

³¹ 갈릴리의 가버나움 동네에 내려오사 안식일에 가르치시매 ³² 그들이 그 가르치심에 놀라니 이는 그 말씀이 권위가 있음이러라 ³³ 회당에 더러운 귀신 들린 사람이 있어 크게 소리 질러 이르되 ³⁴ 아 나사렛 예수여 우리가 당신과 무슨 상관이 있나이까 우리를 멸하러 왔나이까 나는 당신이 누구인 줄 아노니 하나님의 거룩한 자니이다 ³⁵ 예수께서 꾸짖어 이르시되 잠잠하고 그 사람에게서 나오라 하시니 귀신이 그 사람을 무리 중에 넘어뜨리고 나오되 그 사람은 상하지 아니한지라

³⁶ 다 놀라 서로 말하여 이르되 이 어떠한 말씀인고 권위와 능력으로 더러운 귀신을 명하매 나가는도다 하더라 ³⁷ 이에 예수의 소문이 그 근처 사방에 퍼지니라 ³⁸ 예수께서 일어나 회당에서 나가사 시몬의 집에 들어가시니 시몬의 장모가 중한 열병을 앓고 있는지라 사람들이 그를 위하여 예수께 구하니 ³⁹ 예수께서 가까이 서서 열병을 꾸짖으신대 병이 떠나고 여자가 곧 일어나 그들에게 수종드니라 ⁴⁰ 해 질 무렵에 사람들이 온갖 병자들을 데리고 나아오매 예수께서 일일이 그 위에 손을 얹으사 고치시니 ⁴¹ 여러 사람에게서 귀신들이 나가며 소리 질러 이르되 당신은 하나님의 아들이니이다 예수께서 꾸짖으사 그들이 말함을 허락하지 아니하시니 이는 자기를 그리스도인 줄 앎이러라

1. 들어가며

하나님의 경륜에 따라 생명의 분배는 결국 육체의 영역에서 완성이 된다. 그런데 육체의 영역에서 최종적으로 구원이 완성되기 위해서는 육체 속에 들어 있는 귀신들을 우리 몸속에서 제거해야 한다. 그렇다면 과연 어떻게 해야 귀신을 내 몸속에서 제거할 수 있는가? 그것은 예수의 이름으로 명령하는 것이다. 예수의 이름으로 귀신에게 떠나갈 것을 명령하는 것이다(눅 10:17, 행 16:18). 하지만 귀신들이 우리들의 명령에 순종하지 않을 때가 많다. 그 이유는 귀신들이 참고 버티는 것이다. 없는 깃처럼 버티는 것이다. 그러므로 귀신을 쫓아내기 위해서는 그들이 나가지 않으면 안 되게끔 만들어야 한다. 그것은 영적 부기들을 사용해서 그들에게 고통을 안겨주는 것이다. 그렇다면 영적 무기들을 실제적으로 어떻게 사용할 수 있는가?

2. 귀신을 떠나보내기 위해 사용할 수 있는 영적인 무기들에는 어떤 것들이 있는가?

그렇다면 성도들이 귀신을 떠나가게 하기 위해 사용할 수 있는 영적인 무기들에는 어떤 것들이 있는가? 그것에는 하나님께서 귀신에게 고통을 안겨 주는 무기여야 한다. 그러한 무기에는 대표적으로 여섯 가지 종류가 있다. 즉 불(히 12:29)과 쇠망치(렘 23:29), 피(계 12:11)와 쇠 지팡이(계 2:26~27), 그리고 칼(엡 6:17)과 성령의 은사들(고전 12:8~10)

은 귀신에게 고통을 안겨 줄 수 있는 영적인 무기들이다. 그러나 영적인 무기들은 이것 외에도 다른 것도 얼마든지 사용할 수 있다. 그러니까 앞의 여섯 가지 무기 외에도 펄펄 끓는 용암이나 찌를 수 있는 창, 긁을 수 있는 불갈퀴, 자를 수 있는 불가위, 뽑아낼 수 있는 핀셋, 갈아버릴 수 있는 연자 맷돌 등 어떤 것이든지 가져다가 무기로 사용하면 된다.

3. 우리 몸에서 귀신을 좇아낼 수 있는 근거는 무엇인가?

귀신은 영물이다. 이들은 우리들이 사는 세계보다 한 차원 높은 영의 세계에서 살면서 이 물질 세계에까지 영향을 끼치고 있는 존재들이다. 그러므로 우리는 영의 세계에서도 통하는 것을 사용해야 한다. 그것이 바로 이 물질 세계의 왕이면서도 영의 세계에서도 왕이신 예수의 이름을 사용해야 한다. 즉 예수의 이름이면 귀신들을 제압할 수가 있는 것이다. 왜냐하면 예수께서 공생애를 시작하실 때에 마귀를 이기셨기 때문이다(마 4:1~11). 왜냐하면 누구든지 진 자는 이긴 자의 종이 되기 때문이다(벧후 2:19). 그러므로 그때부터 예수께서는 마귀의 졸개들인 귀신들을 좇아낼 수 있었고, 당신의 제자들에게도 귀신을 좇아내는 권세를 위임하여 귀신을 좇아내게 하셨다. 그리고 십자가 사건 때에는 불법을 저질렀던 사탄 마귀의 사망과 음부의 권세도 빼앗으셨다. 그래서 지금까지 하늘과 땅의 모든 권세는 주 예수께서 갖고 계신다(마 28:18~19). 이러한 예수의 이름은 곧 아버지와 아들과 성령의 이름으로서(마 28:19), 모든 이름 위에 뛰어난 이름이다(빌 2:9~10). 그러므로 하늘에 있는 자들과 땅 위에 있는 자들과 땅 아래에 있는 모든 자들 곧 사람과 천사들(귀신들 포함)이 주님께 복종하고 있다. 그러므로 성도들은 예수의 이름을 사용하여 귀신을 쫓아낼 수가 있는 것이다.

4. 우리 몸에서 귀신을 제거하기 위해 영적인 무기들을 사용하려면 우리에게 무엇이 필요한가?

그렇다면 예수의 이름을 사용해서 귀신을 쫓아내려면 어떻게 해야 하는가? 그것은 세 가지가 필요하다. 예수님의 다음의 말씀은 과연 우리가 어떻게 귀신을 제어할 수 있는지를 가르쳐 준다.

막 11:22~23 예수께서 그들에게 대답하여 이르시되 "하나님을 믿으라"(원문: 하나님의 믿음을 계속해서 가지고 있어라) 23 내가 진실로 너희에게 이르노니 누구든지 이 산더러 들리어 바다에 던져지라 [말]하며 그 말하는 것이 이루어질 줄 믿고 마음에 의심하지 아니하면 그대로 되리라

첫째로, 귀신을 제어할 수 있는 '믿음'이 있어야 한다. 왜냐하면 영의 세계에 존재하는 귀신들을 우리가 제어할 수 있는 방법은 오직 믿음이기 때문이다. 그것은 우리도 하나님처럼 말을 하면 그대로 이뤄진다는 믿음이다. 이것은 마치 천지창조 때에 하나님께서 "빛이 있으

라"고 하실 때에 빛이 있었던 것처럼(창 1:3), 우리들도 "귀신아 떠나가라"고 명령했을 때에 그대로 이뤄진다는 믿음이 있으면 가능한 것이다.

둘째로, 명령한 것에 대해서 마음에 '의심'하지 말아야 한다. 자신의 마음 안에서 의심이 없어야 한다. 왜냐하면 우리가 의심한다면 마치 바람에 밀려 요동하는 바다 물결 같으니 이런 사람은 무엇이든지 주께 얻기를 생각하지 말라고 하셨기 때문이다(약 1:6~7). 그러므로 우리가 귀신에게 떠나갈 것을 명령할 때에는 믿음으로 선포하고 조금도 의심하지 말아야 한다.

셋째로, 원하는 것을 말로 '명령'하고 '선포'해야 한다. 다시 말해, 귀신이 떠나갈 것을 그대로 말로 표현하여 명령하거나 선포하는 것이다. 그러면 그대로 되는 것이다. 사실 하나님께서 빛과 식물, 해와 달과 별들과 동물을 창조하실 때에 말로 선포하심으로 창조하신 것처럼 우리들도 귀신에게 말로 명령함으로 쫓아낼 수가 있는 것이다.

5. 성도들이 귀신을 쫓아내는 3가지 방법은 무엇인가?

믿는 성도가 귀신을 쫓아내려면 세 가지 방법이 가능하다. 첫째는 하나님께 기도로 요청하여 귀신이 떠나가게 하는 것이다. 그리고 둘째는 귀신에게 직접 말로써 명령하여 떠나가게 하는 것이다. 그리고 셋째는 천사를 시켜서 귀신을 쫓아버리는 것이다. 어느 것을 사용해도 상관은 없다. 하나님과 가까운 자는 기도로 요청하면 되는 것이며, 말의 권세가 있으면 직접 말로 명령하면 된다. 그리고 천사들을 부릴 수 있는 높은 영적 계급을 가지고 있으면 천사에게 시켜도 된다. 그러나 어떤 방법을 사용하든 결과는 같다. 그리고 실제로 귀신을 쫓아낼 때에는 세 가지 방법을 다 사용하면서 축사하는 것이 보통이다.

6. 귀신을 쫓아낼 때에 실제적으로 사용하는 기도와 명령과 선포는 어떤 것인가?

귀신을 쫓아낼 때에 실제적으로는 어떻게 말해야 하는가? 여기, 불을 사용해서 귀신을 쫓아내는 방법을 소개하면 다음과 같다.

"하나님, 이 시간 이 사람 속에 들어 있는 악한 영들을 쫓아내기 원합니다. 이 성도님은 그동안 회개해 왔습니다. 이제 오늘 떠나보낼 영들을 주님께서 내보내 주시옵소서. 주님, 이 시간은 하늘에서 불을 내려 주시기를 기도합니다. 그리하여 이 사람 속에 있는 귀신이 떠나가게 하옵소서." "이제 하늘에서 불을 다스리는 천사는 불을 가지고 내려옵니다. 양손에 제단에서 불을 담은 대접과 같은 그릇을 가지고 내려옵니다" 그리고 당사자의 머리에 손을 얹는다. 그리고 명령한다. "정수리는 열릴지어다. 이제 불이 들어갑니다. 귀신이 견딜 수 없는 높은 온도의 불이 들어갑니다. 불이 들어가면서 머리는 뜨거워집니다. 계속 뜨거워집니다. 점점 더 뜨거워집니다. 귀신이 견딜 수 없을 정도로 뜨거워집니다. 이제 불은 머리에서 목으로 내려갑니다. 목에서 가슴으로 내려갑니다. 가슴에서 배로, 배에서 자궁으로 내려갑니다. 그리고 다리와 발로 내려갑니다. 내려가면서 곳곳에 자리 잡고 있는 귀신들을 태워버립니다. 귀신들의 몸이 타들어갑니다. 지글지글 타들어갑니다. 견딜 수 없는 고통이 가해집니다." "이제 군대 천사들 만 명이 하늘에서 내려옵니다. 그리고 지금 타들어가고 있는 영들을 결박합니다. 이제 내가 예수님의 이름으로 명하노니, 결박을 받으라. 결박을 받아라. 지금 천사들은 결박한 이 악한 영들을 음부로 끌어갑니다. 싹 다 끌어갑니다. 남김없이 끌어갑니다." "주님, 이제 귀신이 떠나간 자리에 귀신이 달라붙지 못하도록 예수님의 피를 부어 주시옵소서." "예수님의 피는 귀신이 떠난 자리에 들어갑니다. 예수님의 피가 빈 자리에 채워집니다. 그래서 귀신이 달라붙지 못하게 합니다." "감사합니다. 하나님. 오늘 이 성도님에게서 귀신을 쫓아주시고, 예수님의 피로 채워 주시니 감사합니다. 이제부터 건강하게 하옵시고, 귀신으로부터 벗어나 주님만 잘 섬기는 복된 성도가 되게 하여 주시옵소서. 우리 주 예수님의 이름으로 기도합니다. 아멘."

제 **4** 부

하나님의 경륜의 완성

제1장 하나님께서 에덴동산 중앙에 선악과를 두신 이유는 무엇인가?
제2장 하나님의 아들이 육신을 입고 이 세상에 오셔야 했던 또 하나의 이유는?
제3장 우리가 누릴 생명이란 어떤 것이며, 그것의 속성과 특징은 무엇인가?
제4장 이제 나도 하나님의 경륜을 성취하는 사람이 되려면?

제1장
하나님께서 에덴동산 중앙에 선악과를 두신 이유는 무엇인가?

요한계시록 12:1~12

1 하늘에 큰 이적이 보이니 해를 옷 입은 한 여자가 있는데 그 발 아래에는 달이 있고 그 머리에는 열두 별의 관을 썼더라 **2** 이 여자가 아이를 배어 해산하게 되매 아파서 애를 쓰며 부르짖더라 **3** 하늘에 또 다른 이적이 보이니 보라 한 큰 붉은 용이 있어 머리가 일곱이요 뿔이 열이라 그 여러 머리에 일곱 왕관이 있는데 **4** 그 꼬리가 하늘의 별 삼분의 일을 끌어다가 땅에 던지더라 용이 해산하려는 여자 앞에서 그가 해산하면 그 아이를 삼키고자 하더니 **5** 여자가 아들을 낳으니 이는 장차 철장으로 만국을 다스릴 남자라 그 아이를 하나님 앞과 그 보좌 앞으로 올려가더라 **6** 그 여자가 광야로 도망하매 거기서 천이백육십 일 동안 그를 양육하기 위하여 하나님께서 예비하신 곳이 있더라 **7** 하늘에 전쟁이 있으니 미가엘과 그의 사자들이 용과 더불어 싸울새 용과 그의 사자들도 싸우나 **8** 이기지 못하여 다시 하늘에서 그들이 있을 곳을 얻지 못한지라 **9** 큰 용이 내쫓기니 옛 뱀 곧 마귀라고도 하고 사탄이라고도 하며 온 천하를 꾀는 자라 그가 땅으로 내쫓기니 그의 사자들도 그와 함께 내쫓기니라 **10** 내가 또 들으니 하늘에 큰 음성이 있어 이르되 이제 우리 하나님의 구원과 능력과 나라와 또 그의 그리스도의 권세가 나타났으니 우리 형제들을 참소하던 자 곧 우리 하나님 앞에서 밤낮 참소하던 자가 쫓겨났고 **11** 또 우리 형제들이 어린 양의 피와 자기들이 증언하는 말씀으로써 그를 이겼으니 그들은 죽기까지 자기들의 생명을 아끼지 아니하였도다 **12** 그러므로 하늘과 그 가운데에 거하는 자들은 즐거워하라 그러나 땅과 바다는 화 있을진저 이는 마귀가 자기의 때가 얼마 남지 않은 줄을 알므로 크게 분내어 너희에게 내려갔음이라 하더라

1. 들어가며

하나님께서 선악과를 에덴동산에 두신 이유는 대체 무엇인가? 만세 전에 하나님께서는 당신의 생명을 인류에게 분배하여 하나님의 자녀가 되게 한 다음, 영, 혼, 육의 구원을 이룬 분량만큼 하나님의 나라를 기업으로 상속하려는 경영 계획을 세우셨다. 이것을 가리켜 '하나님의 경륜'이라고 부른다. 그런데 하나님의 경영 계획이 성취되는 것을 보면, 생명 분배에 앞서 인류의 구속을 먼저 실행하셨다. 그 이유는 인류의 시조 아담이 사탄의 말을 듣고 범죄하여 하나님의 경륜(플랜A: 생명 분배+땅의 분배)에서 벗어났기 때문이다. 그리하여 플랜B(구속이 포함된 경륜=구속 성취+생명 분배+땅의 분배)가 작동된 것이다. 만약 아담이 뱀의 말을 듣지 않고 하나님의 말씀에 따라 에덴동산에 있는 생명과를 먼저 먹었더라면 플랜B는 작동되지 않았을 것이다. 하지만 아담은 뱀의 말을 듣고 범죄하고 말았기에 하나님께서 사람이 되셔서 인류의 죄를 대신하여 십자가에 죽으셨던 것이다(막 10:45). 그렇다면 왜 하나님께서는 굳이 에덴동산에 선악과를 두심으로 플랜B를 작동시키셔야 했던 것일까? 이것은 우리로 하여금 하나님께서 에덴동산에 아예 선악과를 두시지 않았다면 그것을 아담이 먹지도 않았을 것이고 그러면 굳이 플랜B를 작동하지 않아도 되셨을 텐데 말이다. 대체 하나님께서는 왜 에덴동산에 굳이 선악과를 두셨던 것인가?

2. 예수께서 이 세상에 오신 목적은 무엇인가?

성경은 예수께서 이 세상에 오신 이유에 대해 총 세 가지로 답을 해주고 있다.

막 10:45 인자가 온 것은 섬김을 받으려 함이 아니라 도리어 섬기려 하고 자기 목숨을 많은 사람의 대속물로 주려 함이니라

요 10:10 도둑이 오는 것은 도둑질하고 죽이고 멸망시키려는 것뿐이요 내가 온 것은 양으로 생명을 얻게 하고 더 풍성히 얻게 하려는 것이라

요일 3:8 죄를 짓는 자는 마귀에게 속하나니 마귀는 처음부터 범죄함이라 하나님의 아들이 나타나신 것은 마귀의 일을 멸하려 하심이라

첫째, 예수께서 이 세상에 오신 것은 섬기려고 오셨는데, 그것은 많은 사람을 구속하시려고 자신을 대속물로 내주기 위해 오신 것이다(막 10:45). 그리고 둘째, 예수께서 이 세상에 오신 것은 양으로 비유된 사람들에게 생명을 주고 더 풍성히 얻도록 하기 위해 오셨다는 것이다(요 10:10). 그런데 이 두 가지 목적은 인간과 직접적으로 관련된 것이지만 세 번째는 조금 다른 방면이다. 마지막으로 셋째, 예수께서 이 세상에 오신 것은 마귀의 일을 멸하려 오셨다는 것이다(요일 3:8). 그러므로 예수께서 이 세상에 들어오신 세 가지 이유의 관점을 가지고 선악과의 사건을 볼 수 있어야 한다. 그러면 하나님께서 에덴동산에 선악과를 두신 이유를 알 수 있기 때문이다.

3. 하나님께서는 왜 선악과를 에덴동산에 두셨는가?

하나님께서 에덴동산에 선악과가 자라게 하셨는지 아니면 천국에 있는 선악과를 에덴동산에 갖다가 놓으셨는지 정확히 알 수는 없다. 하지만 분명한 사실은 하나님께서 아담에게 선악과를 따먹지 말라고 경고하셨으며, 그럼에도 불구하고 만약 아담이 선악과를 따먹을 경우 그는 반드시 죽을 것이라고 경고하셨다는 것이다(창 2:16~17). 이 명령은 십계명 이전에 하나님께서 인간에게 먼저 주신 계명으로서 일종의 원시 계명과도 같은 것이다. 그런데 어떤 사람은 하나님께서 에덴동산에 선악과를 두신 이유를 다음과 같이 설명한다. 하나님께서 인간을 죄의 유혹에 직면케 하여 죄를 짓게 만든 후, 인류를 위한 속죄제물로서 아들을 보내 주시어, 십자가에서 죽게 하심으로, 하나님의 인간을 향한 사랑이 얼마나 크신지를 알게 하시기 위함이라고 한다. 하지만 이러한 설명이 옳지 않은 이유는 그렇게 되면 하나님은 죄의 조장자가 되어버리기 때문이다.

그렇다면 하나님께서 선악과를 에덴동산에 두신 이유는 무엇일까? 우리는 하나님께서 에덴동산에 선악과를 두신 이유를 다음과 같은 세 가지 관점으로 살펴보아야 한다. 첫째, 하나님께서 창조하신 인간은 천사와 더불어 자유의지를 가진 특별한 존재로 창조하셨음을 알게 하기 위함이라는 것이다. 즉 하나님께서는 인간이 선택할 수 있는 길을 딱 한 가지만 두신 것이 아니라 한 가지 이상 두셔서 인간으로 하여금 진정 자유의지를 자유롭게 쓸 수 있도록 허락하기 위함이라는 것이다. 인간이 어떤 길을 선택하든 하나님께서는 그 선택에 따른 플랜(계획)을 가지고 있었기 때문이다. 그러나 창세기 2장의 말씀을 종합해 보면, 하나님께서는 아담이 선악과를 따먹지 말고 생명과를 따먹기를 바라셨음을 알 수 있다. 즉 인간에게는 플랜A와 플랜B 둘 다 있었는데, 하나님께서 바라시는 것은 생명과를 먹고 생명을 얻기를 바라신 것이다.

둘째, 하나님께서 아담에게 선악과 취식 금지 명령을 내리심으로 인하여, 인간은 창조주가 아니라 피조물로서 창조주이신 하나님의 말씀에 순종할 때에 생명의 길을 걸어갈 수 있다는 것을 알게 하기 위함이라는 것이다. 그러나 아담은 하나님의 말씀에 불순종하였고 그리하여 사망의 길을 걸어갔던 것이다.

셋째, 인간이 죄를 짓기 전에 먼저 하늘에서 죄를 지었던 마귀로 하여금 실제로 이 땅에서 범죄하게 함으로써 그를 심판하시기 위함이라는 것이다. 사도 바울은 죄는 이 세상에서 시작된 것이 아니라고 분명하게 말한다(롬 5:12). 즉 죄가 한 사람 곧 아담으로 말미암아 이 세상에 들어오게 된 것이라고 말한다. 이는 죄가 이 세상 밖에 먼저 있었다는 것이다. 그런데 아담이 하나님의 말씀에 불순종하여 뱀의 말을 들음으로 인하여 죄가 이 세상으로 들어오게 되었다는 뜻이다. 그렇다. 죄는 이미 하늘에서 시작된 것이다. 그것은 바로 하와를 거짓말로 속여 아담까지 범죄케 한 사탄 마귀가 먼저 죄를 지었기 때문이다. 그러나 그때 사탄 마귀의 범죄는 말이나 행동으로 드러난 것이 아니었다. 그냥 그의 마음에 교만한 마음을 품어 피조물인 주제에 창조주 하나님처럼 되려고 한 것이다. 이와 같은 사실을 이사야 선지자는 이렇게 예언적으로 알려 주었다.

사 14:13~14 네가 네 마음에 이르기를 내가 하늘에 올라 하나님의 뭇 별 위에 내 자리를 높이리라 내가 북극 집회의 산 위에 앉으리라 14 가장 높은 구름에 올라가 지극히 높은 이와 같아지리라 하는도다

그러므로 사탄이 마음속으로 품은 교만의 죄를 밝히 드러내기 위해 일부러 에덴동산에 선악과를 두셨고, 사탄 마귀인 루시퍼가 듣고 있을 때에, 아담에게 "선악과를 따먹지 말라. 그것을 먹는 날에는 반드시 죽게 될 것이라"고 경고하신 것이다. 이는 사탄 마귀로 하여금 아담을 넘어뜨릴 계획을 스스로 만들게 하고, 사탄의 본질인 거짓과 속임수가 밖으로 드러나게 하신 것이다. 그러니까 선악과를 에덴동산에 두시고 아담에게 그것을 먹지 말라고 하신 것은 하나님의 심부름꾼으로 지어진 피조물인 사탄이 감히 하나님의 자리를 넘보는 교만함을 심판하기 위한 덫으로써 그렇게 하신 것이다.

4. 사탄 마귀는 어떻게 되어서 인간으로 하여금 선악과를 따먹게 하였는가?

사탄 마귀(원래는 '루시엘'이었다가, 타락 직후 '루시퍼'로 이름이 바뀌었을 것으로 추정함)는 원래 어떤 존재로 창조된 것인가? 우리는 에스겔 선지자를 통해서 그가 어떤 존재로 창조되었는지를 파악할 수 있는데, 그것은

바로 에스겔 선지자가 두로 왕을 빗대어 루시퍼의 심판을 예고하는 장면 속에 고스란히 나온다.

겔 28:12~15 인자야 두로 왕을 위하여 슬픈 노래를 지어 그에게 이르기를 주 여호와의 말씀에 너는 완전한 도장이었고 지혜가 충족하며 온전히 아름다웠도다 **13** 네가 옛적에 하나님의 동산 에덴에 있어서 각종 보석 곧 홍보석과 황보석과 금강석과 황옥과 홍마노와 창옥과 청보석과 남보석과 홍옥과 황금으로 단장하였음이여 네가 지음을 받던 날에 너를 위하여 소고와 비파가 준비되었도다 **14** 너는 기름 부음을 받고 지키는 그룹임이여 내가 너를 세우매 네가 하나님의 성산에 있어서 불타는 돌들 사이에 왕래하였도다 **15** 네가 지음을 받던 날로부터 네 모든 길에 완전하더니 마침내 네게서 불의가 드러났도다

그렇다. 루시엘, 그는 처음에는 완전한 도장 곧 창조의 걸작품이었고, 지혜가 충만하였으며, 전체가 아름답게 창조된 최고의 피조물이었다(겔 28:12). 즉 그가 비록 천사로 창조되었지만 완전함에 대한 하나의 모델이었다는 것이다. 그리고 그의 옷은 대제사장이신 예수께서 입으시는 대제사장 옷에 있는 12가지 보석 중에 9가지 보석들과 금으로 수놓아져 있었다(겔 28:13a). 그리고 그에게 주어진 임무는 소고(작은 북들)와 비파(관악기)를 가지고서 하나님을 찬양하는 것이었다(겔 28:13b). 이름하여 찬양 담당 천사장이었던 것이다. 그러다 보니 그는 자신을 너무나 대단한 존재로 착각하게 되었고, 자신도 하나님처럼 되어 하나님과 같은 보좌에 앉아서 다른 천사들의 경배를 받고자 하는 마음을 품게 된 것이다.

무엇보다도 그가 인간을 꾀어 자기 종으로 삼으려고 한 것은 하나님께서 지구와 에덴동산의 모든 지배권을 자신이 아니라, 아담에게 주려고 했기 때문이다. 그런데 하나님께서 그로 하여금 거주하게 했던 공간은 과연 어디였는가? 그곳은 다름 아닌 하나님의 동산 에덴이었다(겔 28:13). 이 에덴동산이 지금 우리 사람들이 살고 있는 지구의 동쪽에 있는 에덴동산을 가리키는 것인지, 하늘에 있는 원형으로서의 에덴동산을 가리키는 것인지 명확하지는 않으나 그가 에덴동산에 두어졌다는 것은 사실이다(겔 28:13). 그런데 그가 보았을 때, 하나님께서 우주와 지구와 지구의 모든 생명체를 창조하신 후에 마지막으로 에덴동산을 창설하시더니, 아담에게 지구와 에덴동산의 지배권을 주시는 것이었다. 이는 하나님께서 아담으로 하여금 모든 만물 위에 왕 노릇하는 존재가 되게 하려는 것이었다. 그러자 루시엘이 매우 기분이 나빴던 것이다. 하나님께서 지구와 에덴동산 그리고 그것에 대한 지배권을 제일 잘난 자신에게 줄 줄 알았는데, 한낱 흙으로 지어진 아담에게 주셨기 때문이다. 그러므로 루시퍼는 하나님께 반역하는 마음을 품었고 그것을 실행에 옮긴 것이 아담과 하와를 거짓말로 속여 범죄케 한 것이다.

5. 왜 하나님께서는 굳이 우리 인간으로 하여금 귀신을 쫓아내게 하시는가?

한 분 하나님이신 예수께서 이 땅에 육신을 입고 들어오셨고 드디어 서른 살쯤에 공생애를 시작하셨는데, 주 예수께서는 3년 반 공생애 기간의 3분의 1을 귀신을 쫓는 데에 사용하셨다. 그러고는 이내 귀신을 쫓는 권세와 능력을 12제자들에게도 주셨다(눅 9:1~2). 그리고 그 다음에는 70명의 제자들에게도 주셨다. 그러자 그들도 역시 귀신을 쫓아내었는데 12제자들처럼 예수의 이름으로 귀신을 쫓아내었던 것이다(눅 10:17). 그리고 예수께서 승천하기 전에 그의 승천을 지켜보는 사람들에게도 역시 예수의 이름으로 귀신을 쫓아낼 수 있도록 허락하셨다(막 16:17~18). 그러므로 우리 그리스도인들은 왜 주님께서 귀신을 사람의 몸에서 쫓아내는 일에 그토록 심혈을 기울이고 당부하셨는지를 한 번쯤은 생각해 보아야 한다. 그것의 궁극적인 이유는 바로 하나님의 종으로 지어진 피조물인 주제에 하나님처럼 되고자 했던 교만한 마음을 품은 루시퍼와 그의 졸개들인 귀신들을 심판하시고자 함이다(마 12:28). 그런데 하나님께서 직접 사탄 마귀와 싸우는 것은 격에 맞지 않는 일이므로, 하나님께서는 그 일을 사람으로 오신 아들에게 맡기신 것이요, 아들은 또한 그것을 하나님의 생명을 받은 우리들 곧 교회에게 맡기신 것이다. 그런 자들에게 하나님께서는 하늘나라의 땅을 기업으로 물려주신다. 그러므로 우리 그리스도인들이 자신의 육체 속에 들어 있는 귀신을 쫓아냄으로 우리의 육체에까지 하나님의 통치가 임하게 하는 일은 사탄을 더 비참하게 만드는 것이 된다. 그리고 우리가 기억해야 할 것은 하나님께서는 당신의 자녀이자 상속자가 될 사람들을 위해 결코 불과 유황이 타는 못을 준비하지 않으셨다는 것이다. 그것은 피조물인 주제에 하나님을 대적한 사탄 마귀와 그를 따르는 부하들인 귀신들을 가두는 영원한 감옥으로 만드신 것이다(마 25:41). 그렇지만 귀신들에게 속아 죄를 지은 인간이 귀신들로부터 벗어나지 못해서 함께 지옥에 떨어지고 있는 실정이다. 그러므로 어찌 하든지 우리 사람들이 지옥에 떨어지지 않는 것이 하나님께 영광을 돌리는 것이며, 귀신들을 쫓아내는 것이 하나님을 기쁘시게 하는 일이다. 이것이야말로 하나님의 경륜 가운데 생명 분배의 마지막 단계인 것이다.

제2장
하나님의 아들이 육신을 입고 이 세상에 오셔야 했던 또 하나의 이유는?

> 히브리서 2:14
> 자녀들은 혈과 육에 속하였으매 그도 또한 같은 모양으로 혈과 육을 함께 지니심은 죽음을 통하여 죽음의 세력을 잡은 자 곧 마귀를 멸하시며

1. 들어가며

하나님께서 우리에게 성경을 주신 것은 사실 놀라운 축복이 아닐 수 없다. 성도라면 누구나 창세로부터 거짓의 아비 마귀와의 싸움을 싸워야 하는데, 그것을 이길 유일한 방법은 오직 진리의 말씀으로 마귀를 대적하는 것밖에 없다. 그러므로 지금으로부터 3,500년 전부터 쓰이기 시작하여 주후 100년경까지 쓰인 66권의 성경을 통해 거짓의 아비 마귀를 물리치는 방법을 터득해야 한다. 왜냐하면 성경에는 마귀를 물리친 선배들의 전투 방법이 쓰여 있기 때문이다. 그렇다면 성경에서는 마귀를 왜 물리쳐야 한다고 말씀하는가? 그것은 소극적으로는 마귀가 우리를 공격하면 우리가 불편해서 그럴 수도 있지만 궁극적으로는 하나님의 경륜의 최종적인 완성이 곧 마귀를 물리치는 것이기 때문이다. 그렇다면 하나님의 경륜의 완성이 마귀와의 싸움이라

는 것을 성경에서 어떻게 확인할 수 있는가? 예수께서 이 세상에 오신 목적과 마귀를 멸하는 것은 대체 어떤 연관성이 있는가?

2. 성경의 시작과 마지막에 나타난 하나님의 경륜은 대체 어떠한 것인가?

우리에게는 성경 66권이 있다. 그중에서 창세기는 시작의 책으로서 하나님의 경륜에 대한 씨앗의 기록이라면, 요한계시록은 결론의 책으로서, 하나님의 경륜에 대한 열매들의 기록이라고 할 수 있다. 특히 우리는 창세기 1~3장의 말씀을 통하여 하나님의 경륜이 어떤 것인지 그 씨앗들을 발견할 수 있어야 한다. 우리는 이 말씀을 통하여 하나님께서 왜 우주 만물을 창조하셨으며, 그 가운데 지구를 만드셨고, 또한 지구 가운데서도 에덴동산을 창설하셨으며, 그 동산의 생명나무 앞에 아담을 두셨는지를 알아야 한다. 그것이 하나님의 경륜에 대한 씨앗이기 때문이다. 결론적으로 천지창조는 하나님께서 당신의 형상과 모양대로 창조하신 아담이 살 수 있는 환경을 만드는 작업이었으며, 에덴동산 한가운데에 생명나무를 두셨다는 것은 아담에게 당신의 생명을 분배해주기 위해서였다는 사실이다. 고로 아담은 생명나무의 실과를 따먹고 생명을 얻어야 했으며, 생명을 얻되 더 풍성하게 얻어야 했다. 그래서 영원히 에덴동산의 풍요를 누리면서 에덴동산을 다스리는 자가 되어야 했다. 하지만 이러한 하나님의 계획은 악한 자 뱀 곧 사탄 마귀의 출현으로 훼방받고 만다. 왜냐하면 하와와 아담이 뱀의 말을 듣고 하나님께서 먹지 말라고 하셨고 먹으면 반드시 죽을 것이라고 한 선악과를 따먹었기 때문이다.

그리하여 하나님께서는 인류에게 생명을 분배해주기 전에 죄의 문제를 먼저 처리해야 했다. 그래서 하나님께서 인류의 죗값을 대신 치르기 위해 사람으로 오셔야 했다. 그분이 바로 하나님께서 사람으로 오신 예수님이시다. 그래서 예수께서는 십자가에서 우리 인류를 대신하여 죗값을 치르기 위해 죽으신 것이다. 그리고 그분은 부활 승천하신 후 생명 주는 영이 되셨다(고전 15:45). 그리고 믿는 자들의 영 속에 거처를 정하심으로 하나님의 생명을 분배해주기 시작하셨다. 그리고 이러한 하나님의 생명은 영의 영역에서 출발하여 혼의 영역을 적시고 육체의 영역까지 적실 때에 비로소 생명 분배가 완성된다(고후 4:10~11). 그리고 이 일을 성취하는 자들에게 하나님께서는 천국의 땅을 기업으로 주신다. 그러므로 우리는 반드시 영과 혼과 육의 영역에서 구원을 이뤄야 한다. 이것이 바로 하나님께서 만세 전에 세우신 하나님의 경영 계획 곧 하나님의 경륜이다.

그런데 우리는 요한계시록의 마지막 20~22장의 말씀을 통하여 창세기에 뿌려진 씨앗이 어떻게 열매 맺고 추수가 되는지를 볼 수 있다. 그리고 비로소 요한계시록의 말씀을 통하여 에덴동산이야말로 새 예루살렘 성의 하나님의 보좌를 본떠서 만든 동산이라는 것을 알 수 있다. 왜냐하면 둘 다 거기에 생명수가 있고 생명나무가 있기 때문이다. 다만 달라진 점이 있다면, 에덴동산에 침범하여 아담과 하와를 속였던 뱀이 먼저 불못에 던져진 후에, 아담과 하와로 지칭된 사람들이 땅의 왕들과 만국 백성으로 참여하고 있다는 것이다. 이와 같은 사실은 사람이 천국에 들어갔을 때에 똑같은 신분으로 참여하는 것이 아니라 어떤 사람은 왕적 지위를 가진 자로 참여하지만, 어떤 사람은 다스림을 받는 백성의 위치로 참여하게 된다는 것이다. 그렇다면 대체 무엇이 성도들이 천국에서 갖는 지위와 신분에 차이를 가져다주는 것인가? 그런데 나중에 알게 되겠지만 그것은 하나님의 경륜을 방해하였던 뱀 곧 마귀를 멸하는 것과도 매우 큰 관련이 있다는 것이다. 그러므로 우리가 천국에서 왕적 지위를 얻으려면 우리는 반드시 마귀를 상대해야 하는 것이다(벧전 5:8). 그런데 지금 마귀는 예수님의 십자가 사건 이후 하늘에서 쫓겨나서 무서생에 깁혀 있는 상대에 놓여 있으므로, 오늘날 믿는 자들은 그가 올려보낸 귀신들과 상대해야 하는 것이다.

3. 하나님의 경륜 속에 들어 있는 예수님의 죽으심은 오직 인류의 속죄만을 위한 것이었는가?

그렇다면 하나님의 경륜의 핵심은 대체 무엇인가? 그것은 한마디로 하나님께서 인간에게 베풀어 주시기로 작정하신 '생명 분배'와 '땅 분배'다. 왜냐하면 하나님께서 당신의 형상과 모양대로 지으신 인간에게 당신의 영원한 생명을 분배해주시고 천국 땅을 기업으로 나눠주시려고 모든 것을 계획하셨기 때문이다. 그런데 사탄 마귀의 개입으로 인하여, 아담이 그만 하나님의 말씀을 어기고 범죄하고 말았다. 그러므로 생명 분배와 땅 분배에 앞서 '속죄'가 하나 더 필요하게 되었다. 그리하여 하나님의 경륜은 '속죄'와 '생명 분배'와 '땅 분배'가 된 것이다.

그렇다면 예수께서 이 땅에 육신을 입고 사람이 되어 죽으신 것은 오직 인류의 속죄만을 위한 것이었을까? 아니다. 히브리서 기자와 요한 사도는 그것만이 아니라고 말하기 때문이다. 왜냐하면 하나님의 아들이 세상에 나타나신 것은 마귀의 일을 멸하려 하심이며(요일 3:8), 하나님의 아들이 사람 되어 죽으신 것은 마귀를 멸하기 위함이라고 분명하게 말씀하고 있기 때문이다(히 2:14). 그렇다. 예수께서 사람이 되시어 십자가에서 죽으신 것은 인류의 속죄만을 위한 죽음이 아니었던 것이다. 거기에 한 가지 더 중요한 뜻이 담겨 있었던 것이다. 그것은 바로 마귀를 멸하기 위한 방법으로서 예수께서 십자가에서 죽으신 것이 사용되었다는 것이다. 대체 예수님이 죽는 것과 마귀의 멸망당함은 어떤 관련이 있다는 말인가? 정말 하나님께서 작정하신 예수님의 성육신의 또 다른 이유는 대체 무엇인가?

4. 예수께서 이 세상에 사람으로 오신 세 가지 이유는 무엇인가?

하나님의 아들이신 예수께서 이 세상에 육신을 입고 사람으로 오신 이유는 무엇인가? 우리는 성경 66권의 말씀을 통하여 예수께서 이 세상에 사람으로 오신 이유를 세 가지로 발견할 수 있다.

첫째, 그것은 예수께서 우리 인류의 시조이자 대표였던 아담이 지은 범죄의 대가를 대신 지불하기 위함이었다(막 10:45). 왜냐하면 아담이 지었던 죄의 삯은 사망이었기에 죽으시기 위해 사람이 되신 것이다(창 2:17, 롬 6:23). 그런데 인류 가운데 죄 없는 사람은 없었다. 그러므로 하나님께서 인류의 죗값을 속량하시려고 대신 사람이 되신 것이다. 왜 그러한가? 그것은 하나님은 영이시기 때문이다. 하나님은 결코 죽으실 수 없기 때문이다(요 4:24). 그래서 하나님께서 그리스도로 오셔서 우리 대신 십자가에서 인류의 죄를 짊어지시고 죽으신 것이다(요 1:29).

둘째, 그것은 하나님의 생명이 무엇인지를 보여 주시고, 그 생명을 인간에게 분배해주시기 위함이었다(요 10:10, 12:24). 사실 하나님의 아들이 이 세상에 오시기 전에는 하나님의 생명이 어떤 것인지 아무도 알지 못했다. 그러나 하나님의 아들께서 그 생명을 가지고 이 세상에 나타나셨다. 그래서 하나님이 주시려는 생명이 과연 어떤 것인지를 알려 주기 위해 하나님께서 사람이 되어 오신 것이다. 그리고 그 생명을 사람들에게 나눠주시기 위해 예수께서 죽음을 선택하신 것이다. 예수께서 죽지 않으면 그 생명은 예수님에게만 있기 때문이다. 그러므로 그분의 죽음은 하나밖에 없는 생명의 해방이라고 정의할 수 있다. 한 알의 밀알이 땅에 떨어져 죽으면 많은 열매를 맺을 수 있기 때문이다.

셋째, 마지막으로 그것은 마귀를 멸하기 위함이었다(요일 3:8, 히 2:14). 오늘날 많은 그리스도인들은 예수님의 죽으심을 속죄의 죽음으로만 이해하고 있다. 하지만 그분의 죽으심은 두 번째로 생명을 해방하기 위한 방법이기도 하였다. 그런데 예수께서 죽으신 것은 속죄를 위한 죽음이 되었든지, 아니면 생명의 해방을 위한 죽음이었든지 다 인간을 위한 죽음이다. 하지만 세 번째는 이와는 성격 자체가 다르다. 왜냐하면 예수님의 죽으심은 마귀를 심판하기 위한 방법으로 선택하신 것이기 때문이다. 그럼 왜 하나님께서는 마귀를 잡기 위한 방법으로 사람이 되셔서 죽으시는 것을 선택하신 것인가? 그것은 바로 에덴동산에 선악과를 두셨던 이유와 맞물려 있기도 하다. 그것을 먹는 날에는 죽게 된다고 말씀하셨기 때문이다.

5. 하나님께서 에덴동산에 선악과를 두신 이유는 무엇인가?

하나님께서 에덴동산에 선악과를 두신 이유는 무엇인가? 사실 결과적으로 볼 때, 하나님께서 에덴동산에 선악과를 두지도 아니하시고 그것을 따먹지 말라고 명령하지만 않았어도 사람은 범죄하지 않았을 수 있을 것이다. 고로 하나님께서 에덴동산에 선악과를 두셨다는 것은 의도적이었다는 것을 알 수 있다. 그렇다면 왜 하나님께서는 의도적으로 에덴동산의 한가운데에 선악과를 두신 것인가? 그것은 다음과 같은 세 가지 이유에서다. 첫째, 인간도 역시 하나님처럼 전적으로 자유의지를 가진 존재라는 것을 알게 하시기 위함이다. 하나님께서 인간에게 자유의지를 주셨지만 하나만 선택하도록 하셨다면 그것은 전적인 자유의지는 아니기 때문이다. 그러므로 하나님께서는 인간이 생명과를 선택하든지 선악과를 선택하든지 전적인 자유의지를 주셨음을 선악과를 통해서 알게 하셨던 것이다. 둘째, 선악과의 섭취 금지 명령을 통해 인간이 뛰어난 존재로 창조되었지만 여전히 피조물에 불과한 것이며, 창조주이신 하나님의 말씀에 순종해야 한다는 것을 알게 하시기 위함이다. 이는 피조물 가운데 인간 위에 아무것도 없지만 인간 위에는 창조주 하나님이 계시다는 것을 알고, 그분의 말씀에 순종하며 살아야 한다는 것을 알려 주시기 위함이었던 것이다. 마지막으로 셋째, 이것이 무엇보다도 중요한데, 그 이유는 마귀로 하여금 자신의 정체를 드러내게 하여 마귀의 죄성을 만천하에 드러냄으로써 그를 심판하기 위한 덫으로 사용하기 위함이나. 그렇다. 신익과는 인긴에게 자유의지를 알려 주고 피조물로서 하나님께 순종해야 할 것을 알려 주기 위함도 있었지만 마지막으로 범죄한 마귀를 멸하기 위한 덫으로 사용하기 위함이었던 것이다.

6. 왜 하나님께서는 마귀를 멸하기 위한 덫으로서 선악과를 두신 것인가?

그렇다면 왜 하나님께서는 마귀를 멸하기 위한 덫으로서 선악과를 두신 것인가? 그것은 마귀가 하늘에서부터 범죄했기 때문이다. 왜냐하면 그는 피조물로서 품지 말아야 할 마음을 품었기 때문이다. 이로써 그는 하늘에 있었을 때에 이미 자신의 위치를 벗어나 버렸다. 그럼, 왜 그랬을까? 마귀도 원래는 천사로 창조되었는데 그 위치를 벗어난 것이다. 원래 모든 천사는 하나님의 말씀에 순종하고 그분의 뜻을 이루기 위해 창조된 영적인 피조물이다(시 103:20~22). 그때 무엇보다도 사탄 마귀가 된 루시엘 천사장은 다른 천사들 위에 있는 최고의 천사로서 완전함에 있어서 하나의 모델로 창조가 된 존재였다. 그래서 그에게는 다른 천사들보다도 더욱더 많은 지혜가 주어졌고 또한 가장 아름답게 창조가 되었다(겔 28:12). 그리고 하나님의 동산 에덴은 그가 거주할 처소로써 주어졌다. 그런데 그가 종의 위치를 벗어나 하나님이 되고자 하는 교만한 마음을 품은 것이다. 자기가 하늘 위로 올라가서 모든 천사들 위에 자신의 보좌를 높여 그들의 섬김을 받으려 하였고, 고위급 천사들의 회의를 자신이 주재하고 지극히 높으신 하나님과 같아지려는 마음을 품었던 것이다(사 14:13~14). 그런데 그것은 그가 직접 어떤 행동을 취한 것도 아니었고 말로 표현한 것도 아니었다. 이러므로 마귀가 최초로 마음으로 죄를 범한 것이다. 그러자 이제 하나님께서는 그의 죄를 직접 말로 표현하고 행동으로 옮기도록 선악과를 에덴동산에 두셨다. 그리고 아담에게는 그것을 따먹지 말라고 경고하셨으며, 그것을 먹는 날에는 반드시 죽게 될 것이라고 하신 것이다.

그러자 마귀는 지근거리에서 이 말씀을 듣고 있었다. 사실 하나님께서 지구를 창조하시고 거기에다가 에덴동산을 창설하여 그것을 누군가에게 주셔야 한다면, 자신에게 그것을 주셔야 함이 맞는 것이라고 생각했는데, 하나님께서는 그것을 흙덩이에 불과한 아담에게 주시자 마귀가 화가 난 것이다. 그래서 사탄 마귀는 누구의 말을 듣든지 그 순종함을 받는 자는 종이 되는 법칙(롬 6:16)과 누구든지 진 자는 이긴 자의 종이 되는 영적 원리(벧후 2:19)에 따라, 아담과 하와로 하여금 자신의 말을 듣게 하여 선악과를 따먹게 한 것이다. 그러자 그때 사탄 마귀가 비로소 자신의 본성을 밖으로 드러내기 시작하였다. 왜냐하면 거짓말로 하와를 유혹했기 때문이다. 선악과를 따먹으면 하나님처럼 될 수 있다고 속였던 것이다. 그렇다. 하나님께서 선악과를 에덴동산에 두신 것은 마음으로 범죄한 자 마귀의 죄를 더 드러내어 그를 심판하시려 함이었다. 그래서 그의 죄된 본성을 공개적으로 드러내게 하기 위해 선악과를 그곳에 두신 것이다. 그리하여 여기에다 최종적으로는 예수님을 십자가에서 죽게 함으로써 마귀는 3가지 죄를 저질렀던 것이다. 하늘에서는 가장 먼저, 마음으로 죄를 지었고, 에덴동산에서는 말로 죄를 범했으며, 골고다에서는 행동으로 죄를 범한 것이다. 그러나 이때 마귀는 아담으로 하여금 자기의 말을 듣게 함으로써 사람을 죽일 수 있는 사망의 권세를 거머쥐게 되었던 것이다. 그러므로 그때 이후 사탄 마귀는 사망의 세력을 잡은 자가 되어 인간 위에 군림하고 있었던 것이다(요 12:31, 히 2:14~15).

7. 예수께서 죽음을 통해 마귀를 멸하신 후 그분이 마귀로부터 빼앗은 것은 무엇인가?

그렇다면 하나님께서는 어떻게 해서 마귀를 완전히 심판하실 수 있게 된 것인가? 그것은 예수께서 십자가 위에서 죽으신 것 때문이다. 사실 사탄 마귀는 처음부터 범죄하였지만(요 8:44), 하나님께서는 죄를 범하는 인간을 참소하는 자로 그를 사용하셨다(계 12:10). 그러므로 사탄 마귀는 예수께서 승천하시어서 그를 하늘에서 쫓아버리기까지 계속 하늘과 이 세상을 왔다 갔다 하고 있었다(욥 1:6~7). 그리고 죄를 지은 자를 참소하여 형벌을 주고 있었다. 그런데 어느 날 하나님의 아들이 세상 사람들에게 나타나게 되었다(마 3:16~17). 그러나 마귀는 하늘에 있으면서 한 번도 하나님에게 아들이 있다는 것을 보지도 못했으며 듣지도 못했는데, 예수께서 세례 요한에게 세례를 받으시던 날에 하늘에서부터 들려오는 음성을 듣게 되었던 것이다. "이는 내 사랑하는 아들이요 내 기뻐하는 자라"(마 3:17). 그러자 그는 아담 이후로 몸속에 귀신이 들어 있지 않은 새로운 사람을 처음으로 만나게 된 것이다. 이름하여 둘째 아담이신 예수께서 자기 눈앞에 나타난 것이다. 그러자 마귀는 예수께서도 사람이라는 것을 알았기에, 아담처럼 꾀어서 자기의 말을 듣게 만들어 그분을 자신의 종으로 삼으려고 하였다. 그 사건이 바로 예수께서 40일간 금식 기도하신 이후에 마귀가 시험한 사건이다(마 4:1~11). 하지만 예수께서는 마귀의 말을 듣지 아니하였고 오히려 기록된 말씀으로 사탄을 물리치셨다. 그래서 마귀는 그날 예수님에게 3 대 0으로 판정패 당하고 말았다. 그러자 마귀를 이기신 예수께서는 그때부터 마귀의 부하들인 귀신들을 쫓아내기 시작하셨다. 그러자 더욱 화가 치밀어 오른 마귀는 와신상담 끝에 예수님을 죽이려고 결단을 한다. 예수께서 사람이라면 그를 죽일 수 있다고 생각했기 때문이다. 그래서 사탄 마귀는 예수님을 시기하고 질투하는 사람들 곧 당시 유대 종교 지도자들과 정치 지도자들을 꼬드겨 예수님을 십자가에 죽게 만드는 일에 성공한다. 그러나 그것은 그가 사형 교사 죄를 지은 것이다. 그리하여 마귀는 마음으로 죄를 지은 것(사

14:13~14)에 말로 죄를 지은 것(창 3:4~5)과 더불어 행동으로까지 죄를 짓게 된 것이다.

그러나 마귀는 죄 없는 사람을 죽여서는 아니 되었다. 그것은 자신에게 주어진 권한이 결코 아니었기 때문이다. 그는 오로지 죄를 지은 사람만 사망으로 죽일 수 있었는데, 죄를 짓지 아니한 예수님을 죽여 버린 것이다. 그러므로 그것은 불법이었다. 그리하여 이제 마귀는 형무소에 갇히게 될 형국이 되었다. 그곳이 바로 '무저갱'이다(계 9:1, 11, 11:7, 20:1~2, 10). 그리고 하나님께서는 그가 가지고 있던 모든 것들을 빼앗아 이긴 자이신 예수님에게 주셨다. 그것은 바로 사망과 음부의 열쇠(권세)다(계 1:17~18). 그러므로 예수님의 십자가 사건 이후, 사람이 죽고 사는 모든 것과 음부에 떨어지는 모든 것은 이제 예수님의 권한 아래에 놓이게 된 것이다. 그리고 예수님은 그때 하늘 위와 땅 위의 모든 권세도 하나님으로부터 받았다(마 28:18~19). 동시에 마귀도 이 사건으로 인하여 이전에 하늘에 있을 때에 가졌던 모든 권세와 땅 위에서 그가 갖고 있는 모든 권세를 예수님에게 이양해야 했다. 그리하여 마귀가 가지고 있던 모든 권세가 예수님에게 돌려지게 된 것이다. 그리고 예수께서는 하늘과 땅의 모든 권세를 가진 자신의 이름을 이제는 우리 믿는 자들에게 선물로 주셨다(막 16:17~18). 하나님의 원수를 처단하라고 말이다. 그러므로 우리 인간이 비록 귀신들보다 능력은 떨어질 수 있어도, 하늘과 땅의 모든 권세를 가진 예수의 이름의 권세를 사용하여 귀신들을 물리칠 수가 있는 것이다.

8. 하나님의 경륜을 이룸에 있어서 귀신을 쫓아낸다는 것은 어떤 의미가 있는가?

그러므로 하나님의 경륜을 이룸에 있어서 우리 믿는 이들이 귀신을 쫓아낸다는 것은 아주 특별한 의미가 있는 것이다. 왜냐하면 예수님의 승천 이후로 마귀와 그의 천사들이 하늘에서 쫓겨나서 땅속으로 가게 되었는데, 그중에서 마귀는 무저갱에 갇혀 지금까지 그곳에서 나오지 못한 채 있기 때문이다. 이 세상의 임금(지배자)이 쫓겨나게 되었기 때문이다. 그러므로 그 사건 이후부터 계속해서 이 세상의 지배자는 우리 주 예수님이신 것이다. 그리고 마귀는 아무런 일을 하지 않는 것이 아니라, 지금도 음부에서 귀신들을 올려보내 사람들을 꼬드겨 죄를 짓게 하여 지옥으로 끌고 가는 일을 하고 있다. 그러므로 우리 인간이 하나님의 경륜을 깨닫고 생명을 얻어 더 풍성하게 얻으려면 필연코 우리 인간의 육체 속에 들어 있는 귀신들을 쫓아내야 한다. 그놈들이 우리 육체 속에 있는 한 우리는 언제라도 꾀임을 받아 죄를 지을 수가 있기 때문이다. 그러므로 우리 믿는 이들이 자신의 몸속에 있는 귀신들을 쫓아낸다는 것은 매우 큰 의미가 있는 것이다. 첫째로는 우리의 혼의 구원과 육체의 구원을 위해서는 반드시 시행해야 할 과업이기 때문이다. 그리고 둘째로, 하나님께 반역한 원수인 사탄 마귀의 일을 멸하는 일이 되기 때문이다. 귀신을 쫓아내서 음부로 보내는 일이야말로 하나님의 원수를 심판하는 일이 되기 때문이다. 그래야 궁극적으로 우리 믿는 이들이 천국에 들어갔을 때에 하늘의 상속자가 될 수 있고 천국에서 왕 노릇하는 자가 될 수 있기 때문이다.

9. 나오며

예수께서 육체를 입고 죽으심은 바로 마귀로 하여금 예수님을 죽게 함으로 결국 마귀의 죄성을 폭로시켜 그가 행한 죄 때문에 그를 처벌하기 위함이었다. 만약 예수께서 육체를 입은 사람이 되지 아니하셨다면 그래서 죽을 수 있는 사람으로 나타나지 않으셨다면 마귀는 결코 불법을 저지르지 않았을 것이다. 그러나 하나님께서 죽을 수 있는 사람이 되심으로 마귀는 예수님을 죽일 생각을 한 것이다. 왜 그런가? 선악과 사건 이후 자신에게는 사람의 육체를 죽일 수 있는 사망 권세가 들려 있었기 때문이다(창 2:17, 3:14). 하지만 예수님은 죄가 없는 분이셨기에 그를 죽여서는 아니 되었다. 하지만 예수님에게 판정패를 당하고 자기의 부하들이 쫓겨가는 것을 보았던 마귀는, 화가 나서 사람들을 시켜 죄 없는 예수님을 죽게 만들고 말았다. 마귀는 그날 예수께서 십자가에 매달려 있을 때에 사망의 귀신들을 보내어 예수님을 죽인 것이다. 그러므로 불법을 행한 자 마귀는 하나님의 심판을 받지 아니할 수가 없었다. 그래서 그 일에 동참했던 귀신들도 함께 그날 모든 계급장이 떨어져 나갔다. 무장 해제당한 것이다(골 2:15). 그리고 사탄 마귀는 그날 사망과 음부의 권세를 빼앗겼다(계 1:17~18). 그리고 예수님에게 하늘과 땅의 모든 권세가 다 주어졌다(마 28:18~19). 그러므로 예수께서 십자가에서 죽으신 것은 마귀로 하여금 죄를 짓게 만들어 그를 영원한 불못으로 보내기 위함이었던 것이다(계 20:10). 그러므로 지금도 이러한 사실을 깨닫고 마귀와 그의 졸개들인 귀신들을 쫓아내는 자를 주께서는 귀하게 보시는 것이다. 그러한 일은 인간 자신의 생명의 확장을 위해서도 필요한 일이며, 하나님의 뜻을 성취하기 위해서도 필요한 일이기 때문이다. 그러므로 우리 성도들은 이제라도 이 일에 적극 나서야 한다. 내가 예수님을 믿고 그분의 생명을 받은 것만으로 만족하지 말고 이제는 하나님의 뜻을 훼방한 자, 곧 하나님의 원수인 사탄 마귀와 귀신들을 처단하는 일에도 힘써야 하는 것이다. 그래야 천국에 들어갔을 때에 하늘나라의 땅을 기업으로 물려받는 상속자가 될 수 있기 때문이다.

제3장
우리가 누릴 생명이란 어떤 것이며, 그것의 속성과 특징은 무엇인가?

> 요한일서 1:1~2
> **1** 태초부터 있는 생명의 말씀에 관하여는 우리가 들은 바요 눈으로 본 바요 자세히 보고 우리의 손으로 만진 바라 **2** 이 생명이 나타내신 바 된지라 이 영원한 생명을 우리가 보았고 증언하여 너희에게 전하노니 이는 아버지와 함께 계시다가 우리에게 나타내신 바 된 이시니라

1. 들어가며

'생명'이란 무엇인가? 국어사전에서 찾아보면, 생명이란 첫째로, 사람이 살아서 숨 쉬고 활동할 수 있게 하는 힘이라고 하며, 둘째, 여자의 자궁 속에 자리 잡아 앞으로 사람으로 태어날 존재라고 하기도 하고, 셋째, 동물과 식물의, 생물로서 살아 있게 하는 힘이라고 정의하고 있다. 그러나 생명이 무엇인지는 아무도 알 수가 없다. 왜냐하면 생명 활동은 목격되지만 생명 자체를 볼 수 있거나 만질 수 있는 것이 아니기 때문이다. 식물의 예를 들자면, 어떤 씨앗이 생명을 가지고 있는지 없는지는 땅에 심어 보아야 한다. 움이 트고 싹이 나면 그 씨앗에 생명이 있었다고 말할 수 있지만, 그렇지 않으면 그 씨앗에는 생명

이 없었다고 말해야 하기 때문이다. 그렇다면 성경에서는 생명을 무엇이라고 정의하고 있으며, 생명이 갖고 있는 속성과 특징을 과연 무엇이라고 표현하고 있는가? 이번 장에서는 하나님 경륜의 분배의 첫 번째 과정으로서 생명 분배와 관련하여 생명이라는 것이 무엇인지를 살펴보고자 한다.

2. 성경에서 말씀하고 있는 '생명'이란 대체 어떤 것인가?

성경에서는 생명은 이 세상에 속한 것이 아니라고 말씀하고 있다. 왜냐하면 생명은 하나님 아버지만이 갖고 계시다가 아들에게만 주신 것이기 때문이다(요 5:26). 그렇다. 생명은 이 세상에 속한 것 곧 물질세계에 속한 것이 아니었다. 그것은 하나님만 존재하고 있었을 때에 하나님이 갖고 계셨던 것이다. 그러므로 생명은 하나님의 많은 속성들 가운데 하나이다. 그러므로 생명은 어찌 보면 영적인 것이라고 말해야 한다. 그런데 하나님께서 이 생명이 어떤 것인지를 나타내 보이셨으니 그것이 바로 예수님의 출현이다. 그러므로 요한 사도는 우리 인간들 중에 "아들을 가지고(모시고) 있는 자는 생명을 가지고 있지만, 아들이 없는 자에게는 생명을 가지고 있지 않다"(요일 5:12)라고 말한 것이다. 그리고 요한 사도는 이러한 생명을 자기를 포함한 12사도들이 보았으며 심지어 만져 보았다고 증언하고 있다(요일 1:1~2). 그러니까 하나님의 아들 예수님은 '나타난 하나님'이자(요 1:18) 동시에 '생명의 표현'이라고도 말할 수 있다(요일 1:1~2). 고로 만약 예수님이 아니었다면 우리는 영원히 생명의 본질에 접근할 수도 없었을 것이다. 그러므로 아들이 이 세상에 출현하기까지 생명은 사실 감추어진 상태에 있었던 것이다. 다만 하나님께서는 살아 있는 식물과 동물에게 일시적으로 생명이라는 것이 무엇인지 알 수 있도록 맛보기를 보여 주셨다. 그래서 우리는 생명이 어떤 것인지를 식물과 동물의 생명 활동을 통해서 어느 정도 알 수가 있다. 그러나 식물이나 동물은 생명의 그림자이요 예표일 뿐 생명 그 자체는 결코 아니다.

3. 드디어 예수께서 보여 주신 생명의 속성은 어떤 것인가?

그렇다면 예수께서 이 세상에 출현하시어 보여 주신 생명의 속성은 어떤 것인가?

첫째, 이 생명은 아버지로부터 나온 아버지의 생명이라는 것이다. 앞에서도 언급했지만 이 생명은 물질 세계에 있었던 것이 아니다. 하나님 아버지만이 갖고 있었던 것이다. 그것을 아들에게 주었고 아들이 그 생명을 가지고 이 세상 안으로 들어온 것이다.

둘째, 이 생명은 영원히 사는 생명이자 영원히 살게 해주는 생명이라는 것이다. 그러므로 예수님을 믿으면 영원한 생명 곧 영생을 얻을 수가 있는 것이다(요 3:16, 5:24). 그러므로 사람이 부모로부터 태어날 때에는 사람의 혼의 생명과 육의 생명만 가지고 태어날 뿐 영의 생명을 가지고 태어나지 않는다는 것을 알아야 한다. 이것은 받아야 한다. 이것은 생명이신 예수님에게서 받아야 한다. 고로 예수님을 마음속에 영접하지 못한 사람은 이 생명이 없는 사람이다. 그러므로 이 사람은 영생하지 못한다.

셋째, 이 생명은 사망도 이겨볼 수 없는 생명이라는 것이다. 예수께서 죽으실 때 그분은 육이 죽은 것인가 영이 죽은 것인가? 예수께서 십자가에서 죽으실 때에 그분이 죽으신 부분은 피와 살에 해당하는 육이 죽은 것이다(히 2:9, 14). 다시 말해 예수님의 영과 혼과 육체 중에 육체가 그날 죽으신 것이다. 그렇다면 영은 어떠한가? 어머니의 뱃속에서 태어나는 사람과는 달리 예수께서는 동정녀 마리아의 몸에서 태어날 때부터, 아니 더 나아가서는 이 세상에 들어오실 때부터 자신의 영 속에 생명을 가지고 들어오셨다. 그러니까 예수님의 영은 생명을 가진 영이었던 것이다. 그러므로 그 어떤 것도 이 생명을 해칠 수도 없고 죽일 수도 없는 것이다. 왜냐하면 예수께서 죽은 나사로를 살리실 때에 하시는 말씀이 "나는 부활이요 생명이니 나를 믿는 자는 죽어도 살겠고 무릇 살아서 나를 믿는 자는 영원히 죽지 아니하리니 이것을 네가 믿느냐"(요 11:25~26)고 말씀하셨기 때문이다. 예수님이 가지고 온 생명은 부활 생명으로서 사망이 죽일 수 없는 생명이었던 것이다. 그러므로 예수께서는 그 생명으로 죽은 육체를 3일 만에 다시 살리어 부활하신 것이다. 사망이 생명을 이겨볼 수 없다는 진리는 어둠이 결코 빛을 이겨보지 못하는 것과 똑같은 이치이다.

4. 생명의 특징은 무엇인가?

생명이 어떤 특징을 가지고 있는지 우리는 예수님과 예수님의 말씀을 통해서 확인해 볼 수가 있다. 왜냐하면 그 생명이 무엇인지에 관해 그 누구도 말해주지도 않았고 또한 그 누구도 그것을 보지 못했기 때문이다. 그런데 그 생명을 가지고 예수님께서 이 세상에 들어오셨다. 그리고 드디어 예수님의 말씀과 삶을 통해서 그 생명이 무엇인지를 알게 되었다. 예수께서는 당신이 가지고 있는 생명이 무엇인지를 비유를 통해서 세 가지로 말씀하셨다.

첫째, 예수께서는 생명을 '물'이라고 표현하셨다(요 4:14). 생명은 물과 같다는 것이다. 그럼 생명체에 물은 어떤 것인가? 물은 사실 생명체가 살아가는 데 필수적인 요소다. 물이 없으면 생명체는 죽기 때문이다. 또한 물은 근본적으로 목마름을 해소시켜 준다. 그러므로 우리는 생명이라는 것은 어떤 존재를 살게 해주는 요소이자 영원한 갈증을 해결해 주는 것임을 알 수 있다. 그러므로 사람이 예수님을 만나게 되면 그때 비로소 영혼의 갈증이 끝나서 만족감을 얻게 되고 행복을 느끼게 된다. 참된 만족과 평안, 기쁨을 얻을 수가 있는 것이다.

둘째, 예수께서는 생명을 '떡'이라고 표현하셨다(요 6:35). 여기서 떡이라 함은 사람이 먹을 양식을 가리키는 것이다. 사람의 힘은 양식을 먹어야 생긴다. 그리고 떡을 먹어야 생존이 가능하다. 그러므로 예수께서도 자신을 생명의 떡이라고 표현하셨다. 이는 자신을 먹어야 살수 있고 자신을 먹어야 힘을 낼 수가 있기 때문이다. 고로 예수님을 생명의 양식으로 취하지 않는 자는 죽게 된다. 그리고 육체적으로도 건강이 나빠진다.

셋째, 예수께서는 생명을 '빛'이라고 표현하셨다(요 8:12). 빛은 모든 생명체를 살아 있게 만들고 성장하게 만드는 힘이다. 특히 식물 생명체로 하여금 자라게 하여 꽃을 피워 아름답게 할 뿐만 아니라 열매를 맺게 한다. 이처럼 생명은 모든 생명체의 성장의 동인이자, 생명을 아름답게 만들어 주고, 열매를 맺게 하는 능력인 것이다. 그래서 또 다른 생명체를 산출하는 능력을 발휘한다. 사실 생명체만이 생명을 번식시킬 수가 있다.

5. 하나님의 경륜상 하나님의 생명 분배는 우리 인간에게 어떤 의미가 있는가?

하나님의 경륜의 관점에서 볼 때 생명 분배는 하나님의 경륜의 핵심 중의 핵심이다. 왜냐하면 하나님께서 우주 만물을 창조하시고 사람을 자신의 형상과 모양대로 창조하신 것은 그 사람 속에 자신의 생명을 분배해주기 위함이었기 때문이다. 그래서 볼 수도 없었고 만질 수도 없던 생명을 하나님께서 아들을 통해 나타내셨다. 아들은 표현된 생명으로서 그 생명을 가지고 이 세상 안으로 들어오셨으니 그분이 바로 우리 주 예수님이시다. 그리고 예수께서는 당신을 사람들이 물과 양식과 빛으로 취하도록 죽음의 과정을 거쳐 생명 주는 영이 되셨다. 그리고 믿는 자들 속에 들어가시기 시작하셨다. 그러므로 주 예수님을 믿는 자는 자기의 영 속에 하나님의 생명을 갖게 된다. 그러므로 믿는 자들은 보이지도 않고 만질 수도 없지만 자기 안에 분명하게 아버지의 생명, 영원한 생명, 사망이 죽일 수 없는 생명을 갖고 있는 것이다. 다시 말해 생명이신 한 분 하나님께서 생명을 가지고 아들로 이 세상에 들어오셨고, 아들은 생명 주는 영이 되어서 지금도 우리 믿는 이들의 영 안에 거처를 삼고 계시는 것이다. 그러므로 우리가 이 놀라운 생명의 풍성함을 누리기 위해서는 예수님을 자기 마음속에 영접해야 한다. 그리고 그분의 이름을 불러 그분이 가진 생명을 누리며 살아야 한다. 왜냐하면 그분의 이름을 부르는 자는 구원을 받으며, 그분의 이름을 부를 때에 부요하게 된다고 성경이 우리에게 가르쳐주기 때문이다(롬 10:12). 그러므로 우리가 약해지고 힘이 없어질 때면 이렇게 외쳐 보라. "주 예수여, 당신은 나의 생명이십니다." "주 예수여, 당신은 나의 풍성이십니다.", "주 예수여, 당신은 나의 완전하신 능력이십니다."

제4장
이제 나도 하나님의 경륜을 성취하는 사람이 되려면?

> 고린도후서 4:16~18
>
> 16 그러므로 우리가 낙심하지 아니하노니 우리의 겉사람은 낡아지나 우리의 속사람은 날로 새로워지도다 17 우리가 잠시 받는 환난의 경한 것이 지극히 크고 영원한 영광의 중한 것을 우리에게 이루게 함이니 18 우리가 주목하는 것은 보이는 것이 아니요 보이지 않는 것이니 보이는 것은 잠깐이요 보이지 않는 것은 영원함이라

1. 들어가며

하나님의 경륜의 핵심은 무엇인가? 그것은 뭐니 뭐니 해도 '생명 분배'라고 할 수 있다. 왜냐하면 생명 분배가 되어야 생명이 사람의 혼과 육에도 확장되며, 이러한 생명이 혼과 육에게까지 확장된 사람이 하늘에서 '땅의 분배'를 받기 때문이다. 그러므로 우리가 하나님의 경륜을 성취하는 데 참여하는 자가 되려면, 과연 자신에게서 생명이 얼마나 확장되고 있는지를 살펴보면 된다. 그런데 이러한 생명의 확장은 생명이 사람의 영 속에 들어감으로 시작되는 것이다. 그러므로 사람이 거듭나서 하나님의 자녀가 되어야 한다. 그럼에도 불구하고 자신의 생명이 혼과 육에게까지 확장되지 않는 사람이 있다면 반드시

그 이유를 찾아보고 그것을 뚫어야 한다. 그래야 천국에서 땅을 기업으로 차지하는 사람이 되기 때문이다. 그래서 이번 장은 하나님의 경륜의 마지막 시간으로서, 어떻게 하면 내 혼과 육의 영역에서 생명이 확장되게 할 수 있는지를 살펴보고자 한다.

2. 사람의 영 속에 들어온 생명이 확장되어야만 하는 이유는?

하나님의 경륜에 따르면, 하나님의 생명은 우리의 영 속에 들어온다(요 5:26, 고전 15:45). 그런데 사람의 영 속에 들어온 생명이 거기에만 머물러 있어서는 아니 된다. 왜냐하면 예수께서 이 세상에 오신 목적이 양으로 생명을 얻게 하고 더 풍성히 얻게 하려는 데에 있기 때문이다(요 10:10). 만약 하나님의 생명이 영 속에만 머물러 있는 사람이 있다면 그는 하나님의 자녀는 될 것이다. 왜냐하면 하나님의 생명이 영 속에 들어오면 그 사람도 하나님의 생명을 받아 거듭나게 되고 그러면 그는 하나님의 자녀가 되기 때문이다. 그런데 하나님께서 우리 인간을 위해 준비해 놓은 것은 하나님의 자녀가 되는 것으로 끝나는 것이 아니라 하나님의 상속자가 되는 것이다. 그러기 위해서는 생명이 성장해야 하고 또한 성숙해져야 한다. 그것이 바로 영 속에 들어간 생명이 혼과 육체 속으로 흘러들어 가는 것이다. 그래서 혼을 장악하고 육체를 장악해야 한다. 그래야 최종적으로 육체가 의의 병기로서 하나님께 드려지기 때문이다. 그러므로 하나님의 생명이 혼의 영역을 장악하지 못한 채 있는 사람은 여전히 옛사람에 머물러 있는 것이다.

그런데 옛사람으로는 하나님의 뜻에 복종하지 않을 뿐더러 하나님을 기쁘시게 할 수 없다. 그러므로 영이 구원받은 사람은 이제 혼도 구원시키고(벧전 1:9) 육까지도 구원시켜야 하는 것이다(고후 4:10~11). 그것은 예수의 생명이 죽을 육체에까지도 나타나게 하는 것이다.

3. 하나님의 경륜을 이루는 데 가장 방해가 되는 요소는 무엇인가?

그러므로 하나님의 경륜을 이루는 데 가장 큰 방해 요소는 자신의 혼과 육체다. 자신의 혼 곧 자아가 살아 있는 자는 육체 속에 들어 있는 죄된 본성 곧 귀신의 유혹을 결코 물리칠 수 없다. 그러므로 자신의 영에 생명을 받은 자가 되었다면 이제부터는 혼과 육을 처리해야 한다. 왜냐하면 사람의 혼은 이미 육체 속에 들어 있는 죄된 본성 곧 귀신과 하나가 되어 있어 죄를 짓기 때문이다. 그러므로 예수께서는 자신의 혼을 구원하기 위해서는 자기 자신을 부인해야 한다고 말씀하셨다(마 16:24, 갈 2:20). 곧 혼인 자아를 십자가에 못 박아 죽음에 넘겨야 하는 것이다. 그리고 자신의 혼을 새롭게 함으로 변화를 받아 자신의 생각을 영에 둠으로써 영의 통제를 받게 하는 것이다. 이것이 혼의 구원을 이루는 방법이다. 그리고 육체도 그리스도와 함께 십자가에 못 박고(갈 5:24), 성령의 소욕에 자신의 몸을 내어 드리는 것이다(갈 5:16). 그리고 육체 속에 들어 있는 귀신들을 회개하여 내보내는 것이다(창 3:14, 마 12:43~45).

그런데 사도 바울은 고린도후서의 편지에서, 속사람과 겉사람에 관하여 말해주었다. 겉사람은 바깥쪽에 있는 사람을 가리키고, 속사람은 안쪽에 있는 사람을 가리킨다고 하였다(고후 4:16). 이때 '속사람'이란 사람의 영을 가리키는 것으로서 그 속에 영원한 생명이신 그리스도를 받아들일 수 있는 안쪽의 사람을 가리킨다. 그리고 속사람을 제외하고 보다 더 바깥쪽에 위치해 있는 사람은 겉사람인데, 이것은 육과 하나 되어 있는 혼(자아)을 가리킨다. 그러므로 겉사람이란 혼과 육이 하나가 되어 있는 사람을 가리킨다. 그런데 아담의 타락 이후로 육체와 혼은 서로 결탁하여 하나가 되어 있다. 서로 끈끈한 정이 있다.

4. 자아의 파쇄와 영의 해방은 어떤 상관관계가 있는가?

사람의 구조를 보면, 사람은 크게 영과 혼과 육으로 구성되어 있다(살전 5:23, 히 4:12). 사람의 육체는 사람의 바깥을 싸고 있는 것이며, 사람의 영은 사람의 안쪽 깊숙한 곳에 있다. 그리고 그 중간에 혼이 있는 것이다. 그러므로 내 안에 있는 영이 바깥으로 뚫고 나오려면 자아가 파쇄되어야 한다. 혼이 십자가에 못 박혀 죽임을 당해야 하는 것이다. 그렇지 않으면 영이 바깥으로 나오지 못한다. 그런데 우리는 예수님의 말씀을 기억해야 한다. 예수께서는 "살리는 것은 영이니 육은 무익하니라. 내가 너희에게 이른 말이 영이요 생명이라"(요 6:63)라고 말씀하셨다. 살리는 것은 영이 하는 일이지 결코 육이 할 수 없다는 것이다. 그러므로 우리는 영이 살아나서 활동하게 해야 하는데, 그 영이 혼과 육체에 뒤덮여 있는 것이다. 그러므로 영이 해방되어 사람을 살리는 기능을 수행하게 하려면 반드시 혼과 육체를 죽음에 넘겨야 한다. 단단해져 있는 자아를 파쇄해야 하는 것이다. 그래야 안에 있는 영이 흘러나오기 때문이다. 즉 안에 있는 영은 그리스도를 통해 생명을 받아 둘이 하나 된 존재로서 연합된 영이 밖으로 나올 수가 있기 때문이다. 사람이 주님께 얼마나 그리고 어떻게 쓰임 받느냐 하는 문제는 사실 사람의 영에 있지 않고 혼과 육에 결합된 겉사람의 파쇄에 달려 있는 것이다.

5. 천국에서 받을 상(賞)은 어떻게 결정되는가?

우리 성도들이 이 땅에서 열심히 살아가는 것은 사실 천국에서 상을 받기 위해서다. 왜냐하면 만약 이 땅에서 살면서 천국에서 받을 상을 준비하지 못한다면 그는 천국에는 혹시 들어갈 수 있을지 모르겠지만 거기에 들어갈지라도 집도 없이 꽃밭에서 살면서 남을 섬기는 자로 살아가게 될 것이기 때문이다. 그러므로 성도들은 자신의 영이 구원을 받았으면 그다음부터는 혼의 구원과 육의 구원을 위해 더욱 열심히 살아가야 한다. 그것은 천국에서 누릴 우리의 천국 집과 지위와 신분 그리고 이기는 자만 받게 될 면류관을 결정하기 때문이다. 그런데 수많은 그리스도인들은 자신의 수고와 노력 그리고 땀이 천국에서 어떻게 저장되고 있으며, 훗날에는 어떻게 되찾게 되는지를 잘 모른다. 놀랍게도 옛사람이 활동하여 일한 것은 천국에서 상이 되지 못한다는 것을 모르고 있다. 왜냐하면 혼적인 삶으로 일한 것은 천국 집을 지을 재료가 올라갈 때에 아예 계산되어 작게 올라가기 때문이다. 왜냐하면 그의 혼의 활동은 자기를 드러내기 위한 것이고 자기를 자랑하기 위한 것이었으므로 상으로 변환이 되지 않기 때문이다. 그러므로 우리는 반드시 자아를 파쇄하고 혼을 죽음에 넘겨야 한다. 그리고 그리스도와 함께 자신을 죽음에 넘겨야 한다. 날마다 십자가에 못 박는 것이다. 그러고 난 뒤에 자신의 육체마저 의의 병기로 하나님께 드려야 한다. 그래서 혼의 구원을 통하여 천국에서 받을 보상(미스도스)과 동시에 승리자가 받을 상(賞)(브라베이온)을 준비해야 한다. 그리고 한 걸음 더 나아가 천국에서 누릴 영광을 바라보고 있다면, 그는 천국에서 자신의 머리에 쓸 면류관을 잘 준비하는 성도가 되어야 한다.

에필로그

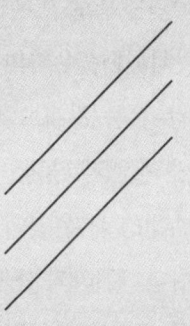

에필로그

'하나님의 경륜'이라는 장대한 지도를 들고 시작했던 우리의 여정이 이제 끝에 이르렀습니다. 처음에는 낯설고 거대하게만 느껴졌던 이 단어가, 이제는 창세기부터 요한계시록까지 성경 전체를 꿰뚫는 하나님의 심장 박동 소리처럼 우리 가슴에 울리고 있기를 소망합니다.

우리는 이 책을 통해 구원이 단순히 지옥의 형벌을 면하는 소극적인 개념이 아님을 확인했습니다. 구원은 창세 전부터 시작된 하나님의 적극적이고 위대한 경영 계획, 곧 당신의 생명을 우리 안에 나누어 주시는 '생명 분배'와, 그 생명으로 충만해진 우리를 당신의 상속자로 세워 하늘의 기업을 물려주시는 '땅의 분배'라는 장엄한 프로젝트입니다.

이것이 바로 이 책의 핵심적인 해석입니다. 하나님은 죄인을 구원하시는 것에서 멈추지 않으시고, 그들을 당신의 자녀로 삼아, 마침내 당신과 함께 온 우주를 다스릴 왕으로 세우기를 원하십니다.

이 책의 최종 결론은 이것입니다. 우리의 신앙 여정은 구원받은 것으로 끝나는 것이 아니라, 왕이 될 존재로 준비되는 과정이라는 것입니다. 하나님은 우리 각 사람의 영과 혼과 육, 전인(全人)이 당신의 생명으로 충만해져서, 당신의 영광을 온전히 표현하고 당신의 통치에 동참하기를 기다리고 계십니다. 우리의 구원은 '영의 구원'에서 시작하여 '혼의 구원'을 거쳐 '육의 구원'으로 완성되는 장대한 여정입니다.

그러므로 책을 덮는 당신에게 간절히 권면하고 축복합니다.

이제, 영(靈)의 구원에만 머무르지 마십시오. 예수 그리스도를 믿음으로 하나님의 생명을 얻고 그 이름이 생명책에 기록된 것으로 만족하지 마십시오. 그것은 경주의 출발선에 선 것일 뿐입니다.

여러분의 생각과 감정과 의지를 다스리는 '혼(魂)의 구원'이라는 거룩한 싸움을 시작하십시오. 날마다 옛사람의 자아를 십자가에 못 박고, 당신의 생각을 영에 둠으로써 그리스도의 마음을 품으십시오. 당신의 기질과 성품이 주님의 아름다움을 닮아가는 변화를 포기하지 마십시오.

그리고 마침내, 여러분의 몸을 성령의 전으로 온전히 내어드리고, 그 안에 견고한 진을 치고 있는 어둠의 세력과 맞서 싸우는 '육(肉)의 구원'을 향해 담대히 나아가십시오. 여러분의 몸 안에 견고하게 지어진 '귀신의 집'이 무너지고, 그 자리에 성령의 보좌가 세워지는 영광을 날마다 체험하십시오. 육체의 정욕과 저주를 이기고, 당신의 몸을 하나님 나라를 위한 거룩한 의의 병기로 드리는 삶을 살아내십시오.

그러나 그 길은 결코 쉽지 않을 것입니다. 때로는 넘어지고, 자신의 연약함에 절망할지도 모릅니다. 그러나 기억하십시오. 이 싸움은 우리 홀로 싸우는 것이 아닙니다. 우리 영 안에 생명 주는 영으로 와 계신 그리스도께서 당신의 모든 어떠하심으로 우리와 함께하십니다. 그분의 이름에는 하늘과 땅의 모든 권세가 담겨 있습니다.

부디 이 책이 여러분의 남은 생을 영원한 관점에서 재설계하는 축복의 도구가 되기를 소망합니다. 그리하여 마침내 주님 앞에 서는 그날, '잘하였도다, 착하고 충성된 종아' 칭찬받으며 당신을 위해 예비된 영광의 보좌에 앉게 되시기를 간절히 기도합니다.

하나님의 경륜이 온전히 성취될 그날을 소망하며

정보배 목사